KB119714

난세의 혁신 리더
유성룡

난세의
혁신 리더

이덕일 지음

WISDOM HOUSE 역사의아침

서애 유성룡과 전란의 시대
임진왜란 7주갑을 맞아

1.

2012년은 임진왜란 7주갑周甲이다. 환갑을 일곱 번 지났다는 뜻이다. 칠주갑 전인 1592년 4월 13일. 남해안을 새까맣게 메운 일본군은 부산에 상륙했다. 그후 조선군이 연전연패하자 당시의 '많은 식자識者들은 조선이 회복될 수 없으리라고 여겼다'고 선한다. 조선이 망하리라고 여겼다는 뜻이다. 그러나 조선은 외부의 공격이 아니라 내부에서 곪아가는 환부患部 때문에 이미 시한부 생을 살고 있었다. 선조는 신립이 충주 탄금대에서 패전했다는 소식을 듣자마자 도주할 생각부터 했다. 『선조수정실록』은 선조의 어가御駕가 떠나자 백성들이 난입해서 "먼저 장례원掌隸院과 형조刑曹를 불태웠다"고 전한다. 유성룡도 『징비록懲毖錄』에서 선조가 도성을 버리고 도주하는데 "도성 안을 돌아다보니 남대문 안 큰 창고에서 불이 나서 연기와 불꽃이 이미 공중에 치솟고 있었다"라고 전했다. 일본군이 쳐들어오자 백성들이 먼저 불을 질렀는데 장예원과 형조에 불을 지른 이유에 대해 『선조수정실록』은 "두 곳의 관서에 공사 노비의 문적文籍이 있기 때문이었다"라고 그 이유를 밝히고 있다. 장예원과 형조는 모두 노비 문제를 관할하는 부서였다.

선조 일행은 5월 4일 황해도 평산군 북쪽 보산관寶山館까지 도주했는데, 최종 목적지는 압록강 건너 요동이었다. 이를 요동내부책遼東內附策이라고 하는데 간단하게 말해서 조선을 버리겠다는 뜻이었다. 선조는 왜 그렇게 도주하기 바빴을까? 보산관에서 선조가, "적병 중의 절반은 우리나라 사람이라고 하던데 그러한가?"라고 윤두수에게 물은 것에 그 해답이 있다. 조선 백성들은 일본군과 맞서 싸우기는커녕 일본군에 대거 가담했다. 장예원과 형조를 불태운 것에서 알 수 있는 것처럼 노비 및 하층민은 대거 일본에 가담했다. 그래서 조선은 망했다고 보았다. 이렇게 조선은 일본군이 쳐들어오기 전에 내부 환부가 곪아터진 불치병 환자였다.

2.

조선은 어떻게 다시 살아날 수 있었을까? 이 질문에 답하려면 서애 유성룡의 인생을 되돌아봐야 한다. 그간 외면해왔던 그의 개혁정책을 되살펴보지 않으면 안 된다. 그가 천거한 이순신이 밖에서 쳐들어온 일본군과 싸웠다면 유성룡은 영의정 겸 도체찰사 자격으로 조선을 죽음 직전까지 이르게 한 내부의 병들과 싸웠다. 한 나라나 체제를 죽음으로 몰아가는 병의 원인은 동서고금을 막론하고 같다. 정치·사회적으로는 신분제 문제고, 경제적으로는 독점 문제다. 나머지 문제들은 대부분 이 두 문제에서 파생된다. 유성룡은 두 가지 문제를 근본적으로 손보지 않으면 조선이 멸망할 것이라는 절박감 속에서 혁명에 가까운 개혁정책들을 주도했다.

먼저 신분세 문제를 해결하기 위해 면천법免賤法과 호포법戶布法을 실시하고 속오군束伍軍을 설치했다. 면천법은 노비들이 군공軍功을 세우면 벼슬까지 주는 법이며 호포법은 양반 사대부들에게도 군포軍布를 걷는 법이고 속오군은 양반 출신에게도 병역의 의무를 부과하는 법이다. 모두 양반 사대부의 기득권을 뒤흔든 법이었다.

또한 작미법作米法도 추진했는데 훗날 대동법大同法이라고 불리던 세제稅制였다. 한마디로 농토가 많은 양반 사대부는 그만큼 세금을 더 납부하라는 법이었다.

양반 사대부들은 자신들의 신분적 이해를 침해하는 이런 정책들에 격렬하게 반발했다. 나라보다는 자신들의 계급적 이익을 우선했기 때문이다. 하지만 유성룡이 사대부들의 온갖 반발을 무릅쓰고 추진한 개혁정책으로 떠났던 백성들의 마음이 돌아왔다. 그렇게 조선이란 중환자는 다시 회생하기 시작했다.

3.
그러나 여기까지였다. 일본의 도요토미 히데요시豊臣秀吉가 사망하고 조선으로 건너온 왜군의 철군령이 내려지자 7년 전쟁을 진두에서 이끌었던 유성룡은 탄핵당한다. 탄핵의 이유는 '종계변무宗系辨誣'를 위한 사신길을 자청하지 않았다는 것이다.

태조 이성계의 부친이 고려 말의 권신 이인임李仁任이라고 기록된 명나라 『대명회전大明會典』의 내용을 고쳐달라는 요청이 종계변무인데, 태조 3년(1394) 처음 불거진 것으로 이미 200년도 더 된 사건이었다. 전시 사령관을 탄핵할 문제는 아니었다. 이것으로 유성룡을 탄핵하는 설득력이 약하자 강화를 주창했다는 주화主和 혐의를 추가했다. 그러나 유성룡을 실각시킨 북인들이 편찬한『선조실록』이나 그의 반대당파인 서인들이 작성한『선조수정실록』, 그 어디에도 유성룡이 강화를 주창했다는 기록은 없다. 결국 유성룡이 전시에 강행했던 각종 개혁입법들을 무효화시키고 다시 양반 사대부 특권체제로 돌아가려는 양반 사대부들의 음모에 선조가 가세한 결과였다. 그렇게 유성룡은 정치무대에서 내려와야 했다.

하지만 백성들은 알고 있었다. 파직 후 안동 하회마을로 낙향했던 유성룡은 선조 40년(1607) 5월 숨을 거두었다. 시민들은 4일간이나 시장 문을 닫으면서 애도했다. 허목許穆은「서애유사西厓遺事」에서 시민들이 시장 문을 닫으면서 "선생이 아니었던들 우리들이 지금 어떻게 살아남았겠는가", "우리들이 이 어진 정승을 잃은 것은 어린아이가 어머니를 잃은 것과 같다"고 말했다고 적고 있다. 또한 양심적인 사대부들도 성남城南 옛집 터에 신위를 마련하고 친척상처럼 통곡을 했다고 전했다.

시민들이 슬퍼한 것은 단순히 유성룡의 죽음이 아니었다. 그가 전시에 만들어서 추진했던 개혁입법들이 폐기되고 조선이 다시 환자 상태로 돌아간 데 대한 슬픔이었다. 그런 슬픔은 임진왜란이 종전하고 30여 년 후에 발생한 정묘호란과 병자호란 때 조선이 저항한 번 못해보고 초토화되는 것으로 나타났다. 백성들은 임진왜란 초기처럼 손을 놓고 저항하지 않았다.

4.
우리 사회에 개혁이 화두가 된 것이 몇 년인지 기억조차 가물가물

하다. '개혁피로증'이라는 말까지 회자된다. 피로증이 운위된다는 것은 말로만 개혁이 계속되었다는 뜻이다. 개혁 시늉만 내왔다는 반증이기도 하다. 자신이 속했던 사대부의 신분적 특권을 내려놓는 혁명에 가까운 개혁을 주도했던 유성룡은 결국 그가 추구한 개혁 때문에 쫓겨났고, 그 후에도 십만양병설을 반대했다는 등의 거짓말로 매도되기도 했다. 그의 인생의 의미를 임진왜란 7주갑을 맞이하는 지금 되돌아보아야 하는 이유가 여기에 있다. 그가 우리 사회에 환생한다면 어떤 대접을 받을까? 필자는 여기에 우리 사회의 현재와 미래에 대한 답이 담겨 있다고 생각한다. 그의 인생을 되돌아보는 일이 단순히 과거사에 대한 반추가 아니라 현재 우리를 되돌아보게 하는 계기이자 또한 우리의 미래를 예측하는 길이 되는 까닭이 여기에 있다.

임진왜란 7주갑을 맞이하는 2012년 6월
천고遷固 이덕일 기記

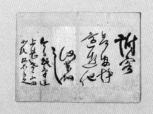

제1부

전란의 시대,

칼끝에

서다

1_ 도주 길에 오른 신조

신립申砬의 탄금대 패전 소식에 부랴부랴 도주 길에 오른 선조는 거의 제정신이 아니었다.

제정신을 잃은 채 '이모야 유모야' 하던 선조가 대신들을 잇달아 부른 것은

압록강을 건너 명나라로 도주하자고 말하기 위해서였다.

신립이 패했다는 보고를 들은 선조는 조선은 이미 망한 것이나 진배없다고 생각했다.

선조 25년(1592. 임진년) 5월 1일.

임진나루 건너 동파관東坡館은 어수선했다. 아직도 어제 내린 비가 마르지 않아 땅은 질척했다. 빗속을 뚫고 모래재〔沙峴〕와 벽제역碧蹄驛을 지나 한밤중에 겨우 동파관에 도착했다. 왜란이 발생한 지 20일도 채 되지 않아 임진강 북쪽까지 쫓겨온 것이다. 『선조수정실록(이하 『선수실록』)』은 이날의 동파관 정경을 생생하게 묘사하고 있다.

이날 아침에 상이 대신 이산해와 유성룡을 불러 손으로 가슴을 두드리며 괴로운 모습으로 일렀다.

"이모李某(이산해)야 유모柳某(유성룡)야! 일이 이렇게까지 되었으니 내가 어디로 가야 하겠는가? 꺼리거나 숨기지 말고 속에 있는 생각을 털어놓고 말하라."

또 윤두수를 불러 앞으로 나오게 하여 그에게 하문하니, 신하들이

엎드려 눈물을 흘리면서 얼른 대답하지 못했다.(『선수실록』 25년 5월 1일)

신립申砬의 탄금대 패전 소식에 부랴부랴 도주 길에 오른 선조는 거의 제정신이 아니었다. 제정신을 잃은 채 '이모야 유모야!' 하던 선조가 대신들을 잇달아 부른 것은 압록강을 건너 명나라로 도주 하자고 말하기 위해서였다. 신립이 패했다는 보고를 들은 선조는 조선은 이미 망한 것이나 진배없다고 생각했다. 선조가 도승지 이 항복李恒福을 돌아보며 물었다.

"승지의 뜻은 어떠한가?"

"거가車駕(임금의 수레)가 의주에 머물 만합니다. 만약 형세와 힘이 궁하여 팔도가 모두 함락된다면 바로 명나라에 가서 호소할 수 있 습니다."

'명나라로 가서'라는 말이 선조의 속뜻과 부합했다. 윤두수는 평 안도가 아니라 함경도로 가자고 말했다.

"북도北道(함경도)는 군사와 말이 날래고 굳세며, 함흥咸興과 경성 鏡城은 모두 천연적 요새로 믿을 만하니 재를 넘어 북쪽으로 가는 것이 좋습니다."

선조가 말을 받았다.

"승지의 말이 어떠한가?"

의주로 가는 방안을 논의하자는 것인데, 의주행은 곧 요동행을 뜻했다. 나라는 망해도 선조 자신은 살길을 찾겠다는 것이다. 선조 의 뜻이 요동행에 있음이 분명해지면서 그대로 결정되려는 찰라, 말을 자르고 나서는 인물이 있었다. 좌의정 유성룡이었다.

領議政 西厓 柳成龍 像

유성룡 조선 중종 37년(1542)에 경상도 의성에 있
는 외가에서 태어났다. 본관은 풍산豊山이며, 자는
이현而見, 호는 서애西厓, 시호는 문충文忠이다.

"안 됩니다. 대가大駕가 우리 국토 밖으로 한 걸음만 떠나면 조선은 우리 땅이 되지 않습니다."

상이 일렀다.

"내부內附하는 것이 본래 나의 뜻이다."

유성룡이 거듭 안 된다고 하였다.(『선수실록』 25년 5월 1일)

내부란 중국에 가서 붙는 것을 뜻하는데, 이것이 요동내부책遼東內附策이다. 이 경우 조선은 완전히 명나라의 속국이 되는 것이다. 유성룡은 절체절명의 위기라고 생각했다. 국왕과 대신들이 나라를 버리고 도주하면 그것으로 조선은 멸망하는 것이다. 그래서 "대가가 우리 국토 밖으로 한 걸음만 떠나면 조선은 우리 땅이 되지 않습니다"라고 단호하게 자른 것이다.

이것이 중요한 전기였다. 이때 만일 선조와 대신들이 압록강을 건넜다면 조선은 이래저래 망했을 것이다. 일본이 차지하거나 명나라의 완전한 속국이 되었을 것이다. 아니면 일본과 명나라가 반씩 나누어 가졌을지도 모른다. 유성룡이 두 번씩이나 강력하게 만류했기에 선조는 압록강을 건너려던 계획을 관철시키지 못했다. 이항복과 유성룡은 이 문제를 두고 논쟁했다.

이항복이 아뢰었다.

"신이 말한 것은 곧장 압록강을 건너자는 것이 아니라 극단의 경우를 두고 한 말입니다."

이항복과 반복하여 논쟁하는 도중에 유성룡이 말했다.

"지금 관동關東(강원도)과 관북關北(함경도) 등 여러 도가 그대로 있고 호남에서 충의로운 인사들이 곧 벌떼처럼 일어날 텐데 어떻게 이런 일을 갑자기 논할 수 있겠는가."

이항복은 끝내 대답하지 못했다. 유성룡이 물러나와 이항복을 책망하며 말했다.

"어떻게 경솔히 나라를 버리자는 의논을 내놓는가. 그대가 비록 길가에서 임금을 따라 죽더라도 궁녀나 내시의 충성밖에 되지 못할 것이다. 이 말이 한번 퍼지면 인심이 와해瓦解될 것이니 누가 수습할 수 있겠는가."

이에 이항복이 사과하였다.(『국조보감國朝寶鑑』 선조 25년 5월)

『선조실록』도 유성룡의 질책에 "이항복이 사과하였다"라고 전한다. 이항복은 서인, 유성룡은 남인이지만 이는 당파싸움이 아니었다. 이항복이나 유성룡 모두 당파보다는 국가를 앞세우는 인물들이었다. 이항복은 이후 여러 차례 유성룡을 옹호할 정도로 당파를 뛰어넘어 사고했다. 유성룡의 강력한 반대로 다시는 '압록강을 건너' 운운하는 말은 나오지 못했다.

유성룡의 말대로 아직 반격할 기회는 있었다. 이순신이 일본 수군을 격퇴하면서 호남을 보호했고, 그런 호남에서 의병이 일어나고 있었던 것이다. 이때 대가가 압록강을 건넜다면 끝장이었다. 임금과 대신들이 도망갔는데 누가 목숨 바쳐 의병을 일으키고 일본군과 싸우겠는가?

그러나 유성룡은 이 일로 선조의 눈 밖에 난다. 선조는 눈 밖에 난 사람에게는 반드시 보복을 가하는 인물이었다. 그리고 그 순간은 그리 오래지 않아 다가온다.

2_ 당쟁의 시대

이때에 와서는 양쪽이 붕당으로 뭉쳐짐이 더욱 심해서 서로 상대방을 공박하고

자파自派를 성원하자 선생은 조정에 있기 싫어진 데다, 정경부인貞敬夫人(모친)도 노환으로 와병 중이라,

근친하러 간 김에 그냥 향리에 머물러 있었다. 가을에 특명으로 함경도 관찰사에 제수되었으나

어머니 병환 때문에 사퇴했고, 성균관 대사성으로 바꾸어 제수되었으나 취임하지 않았다.

조선에서 양명학 서적을 처음 접하다

명종 13년(1558). 17세의 유성룡은 부친의 임지인 의주로 향했다. 그는 34년 후에 이곳까지 쫓겨올 것이라고는 꿈에도 생각지 못했을 것이다. 유성룡은 압록강 가를 거닐다가 내던져진 짐바리를 발견했다. 사은사 심통원沈通源이 북경에서 돌아오다가 규정 이상의 물품을 사왔다고 탄핵당해 버리고 간 것이었다.

심통원이 명나라에 사은사로 간 목적은 종계변무宗系辨誣 문제 때문인데, 나중에 유성룡도 이 문제로 큰 곤욕을 치르게 된다. 명나라 『대명회전大明會典』에 태조 이성계가 고려 말의 권신 이인임李仁任의 아들이라고 기록된 내용을 바로잡으려는 것이 종계변무인데, 개국 이래 양국의 현안이었다. 공양왕 2년(1390) 윤이尹彝 · 이초李初가 명나라로 도망가 이성계가 이인임의 아들이고, 고려의 여러 왕

압록강 유성룡은 압록강 가를 거닐다가 심통원이 버리고 간 짐바리 속에서 『양명집』을 발견한다.

들을 죽였다고 말하면서 시작되었는데, 조선에는 태조 3년(1394) 이런 내용이 알려졌다. 조선은 여러 차례 사신을 보내 이를 개정하도록 요청했으나 명나라는 명 태조의 유훈이 『대명회전』에 기록되어 있다는 이유로 거부하면서 오랜 현안이 된 것이다. 명종 12년(1557) 10월 조정에서 이 문제로 사은사를 보내는 일을 논의했을 때 심통원이 보내야 한다고 주장해 그가 가게 된 것이다.

유성룡은 심통원이 버리고 간 짐바리 속에서 책 꾸러미를 찾아냈다. 그런데 전혀 못 보던 책이 있었다. 바로 『양명집陽明集』이었다.

당시에는 아직 왕양명王陽明의 글은 우리나라에 들어오지 않았다. 내가 그것을 보고 기뻐서 곧 아버님에게 말씀드리고, 글씨 잘 쓰는 아전을 시켜 베껴내게 하여 상자 속에 간직한 지가 어언 35년이다.(『양명집』 뒤에 쓰다」)

이렇게 유성룡은 심통원에 이어 조선에서 가장 먼저 양명학을 접하게 된다. 아직 어렸지만 그전 해 향시鄕試에 급제한 유성룡이 이해하기 어려운 것은 아니었다. 심통원이 『양명집』을 버리고 갔다는 것은 새로운 책이라 구입해왔을 뿐 정작 책 내용에는 큰 관심이 없었다는 사실을 말해준다.

유성룡은 조선에서 양명학을 최초로 접하지만 그의 주변 환경은 양명학과 앙숙인 성리학 일색이었다. 그가 태어나기 두 달 전인 중종 37년(1542) 8월 풍기 군수 주세붕周世鵬은 경상도 영주에 백운동서원을 세워 안향安珦을 제향祭享했다. 이렇게 시작된 백운동서원은 명종 5년(1550) 이황李滉의 건의로 조선 최초의 사액賜額서원인 소수서원紹修書院이 되면서, 성리학을 신봉하는 사림파가 조선의 지성계를 장악하는 데 결정적 영향을 끼친다. 유성룡의 본관인 안동부 풍산현과 백운동서원이 위치한 영주는 가까운 곳이라 유성룡은 어린 시절부터 자연스럽게 성리학을 접하며 자랐다.

우복愚伏 정경세鄭經世(1563~1633)가 쓴 『서애선생 연보(이하 『연보』)』는 유성룡이 4세 때부터 "글을 읽을 줄 알았다"라고 전하는데, 부친 유중영柳仲郢이 스승이었을 것이다. 부친 외에 특별한 스승이 없던 유성룡은 21세 때인 명종 17년(1562)에 퇴계 이황을 찾아가 수개월간 머무르면서 『근사록近思錄』 등을 배우면서 이황의 제자가 된다. 『근사록』은 조선 사대부들이 주자朱子로 떠받들던 남송南宋의 유학자 주희朱熹와 여조겸呂祖謙이 편찬한 일종의 성리학 해설서다.

유성룡은 『양명집』을 발견한 지 35년 이후까지 간식하고 있었다. 물론 틈틈이 읽어보기도 했을 것이다. 유성룡은 조선 유학자로는 특이하게 양명학과 성리학을 모두 공부한 것이다. 그러나 『연보』는 유성룡이 시종 양명학을 비판했다고 강조한다. 유성룡은 28세 때인 선조 2년(1569) 성절사 서장관 겸 사헌부 감찰로 북경에 갔을 때 명나라 태학생들에게 양명학을 비판했다고 적고 있다.

그때 태학생 수백 명이 몰려와 구경하였다. 선생은 이들에게 물었다.

"요즈음 중국에서는 누구를 도학의 종주로 삼소?"

태학생들은 서로들 돌아보며 한참 있다가 답했다.

"왕양명王陽明…… 입니다."

선생은 이 말을 듣고 말했다.

"(……) 왕양명의 학문은 오로지 선학禪學에서 나온 것이오. 내 생각으로는 설 문청薛文淸을 으뜸으로 삼고 싶소."

(……) 오경吳京이란 신안新安 사람이 기뻐하며 앞에 와서 감탄하며 말했다.

"요즘 학문하는 방법이 잘못되어 학자들이 목표를 잃었기 때문에 태학생들의 대답이 이와 같습니다. 그대가 정당한 의논을 내어 배척하였으니, 이단의 배척에 깊은 관심을 가진 것을 알겠소." (『연보』)

유성룡 자신도 표면적으로는 성리학자를 자처하면서 양명학을 선학禪學이라고 비판했지만 그 장점도 일부 흡수하고 있었다. 그러자 그가 양명학을 공부한다는 비방이 잇따랐다. 사경士敬 조목趙穆이 그중 한 명으로, 유성룡이 양명학을 공부한다고 비판하자 이렇게 응수한다.

"무릇 강서江西의 학문學問(양명학)이 노맥路脈(노선과 학맥)은 비록 다르지만 몸과 마음으로 힘써 행한 공부로서 역시 우연히 이루어진 것이 아니니, 그날그날 한가롭게 세월이나 보내는 자들이 미칠 바가 아닙니다. 그 잘못된 점을 말한다면 선현들의 변론에서 볼 수 있고, 그 어려운 점에 대해 말한다면 저로서는 쉽게 본받을 수 있는 것이 아니었습니다."(「사경 조목에게 답함」)

'강서의 학'이란 왕양명과 함께 양명학의 쌍두마차로 부르는 남송의 육상산陸象山이 강서 금계金溪 출신이기 때문에 나온 말이다. 양명학은 육상산과 왕양명의 성을 따서 육왕학陸王學이라고도 한다. 유성룡이 양명학에 대해 '그날그날 한가롭게 세월이나 보내는 자들이 미칠 바가 아니다'라고 변호한 것은 주자학이 유일 사상체제로 굳어져가던 당시의 분위기에서는 파격적인 발언이었다. 게다가 양명학 비판의 선봉장은 유성룡이 한때 사사한 이황이었다. 이황은 『전습록변傳習錄辨』에서 '사문斯文(주자학)의 화禍'라고 비판했지만 양명학의 핵심인 '치양지설致良知說'에 대해서는 비판하지 못했으니 『전습록』 전체를 보지 못하고 비판한 셈이었다. 어쨌든 학맥이 곧 정파政派가 되는 조선 풍토에서 스승이 비판의 선봉으로 나선 양명학을 부분적으로나마 옹호한 것은 유성룡이 내심 양명학 논리에 공감하고 있었음을 뜻한다.

양명학은 왜 비판받았는가?

양명학과 주자학의 가장 큰 차이는 사민四民(사·농·공·상)을 바라보는 시각이다. 주자학은 사대부와 일반 백성의 신분 차이를 하늘이 정해준 천경지의天經之義로 생각하는 반면 양명학은 사민평등을 주장한다. 왕양명은 사대부 계급의 우위를 인정하지 않고 사민을 평등하게 바라보았다.

"옛날 사민은 직업은 달랐지만 도는 같았으니[異業而同道], 그것은 마음을 다하는 점에서 동일하다. 선비는 마음을 다해 정치를 펼쳤고, 농부는 먹을 것을 갖추었고, 장인은 기구를 편리하게 하였으며, 상인은 재화를 유통시켰다."(왕양명, 「절암 방공 묘표節庵方公墓表」)

중요한 것은 왕양명이 타고난 신분이 아니라 능력에 의해서 직업이 결정된다고 보았다는 점이다.

"각자는 타고난 자질에 가깝고 능력이 미칠 수 있는 것을 직업으로 삼아 그 마음 다하기를 구하였다. 이러한 직업들의 궁극적 목적은 생인生人의 도道에 유익함이 있기를 바라는 점에서 동일할 뿐이다."(왕양명, 「절암 방공 묘표」)

정치를 하는 선비도 사대부 계급만이 할 수 있는 것이 아니라 일반 백성 중에서 능력이 있는 자가 해야 한다는 주장이다. 왕양명은 『전습록』「서애록徐愛錄」에서 주희가 『대학』의 '재친민在親民'을 '재신민在新民'으로 바꾼 것에 대해서도 비판했다. '신민'은 백성을 교화 대상으로 바라보는 사대부의 계급 우월의식에서 나온 것으로 원래대로 친민이 맞다는 주장이다.

유성룡은 이황이 양명학을 비판하는데도 그 장점은 배워야 한

『**양명집초**』 명나라 중기의 유학자 왕양명이 쓴 책.(국립중앙도서관 소장)

다고 생각했다. 김우옹金宇顒에게 보낸 편지에서도 그렇게 말했다.

　"양명학에 대해서는 노 선생老先生(이황)께서 이미 충분하게 물리
쳐서서 유학자들이 대대로 지켜왔으니, 지금 설명하지 않아도 명
확합니다. 그렇지만 정신적으로 깨달은 장점은 스스로 감출 수가
없으므로 옛 성현들도 취하였으니, 그것이 어째서 나쁘겠습니까.
(……)벗들 사이에서도 나의 참뜻을 알지 못하고 번번이 선학이라
고 비방하는 것을 늘 웃어 넘겼더니, 뜻밖에도 또 편지를 보내 이
와 같이 말씀하시는군요. 그러나 앞으로는 마땅히 통절하게 반성
할까 합니다."(「숙부 김우옹에게 답함」)

　유성룡은 양명학의 장점은 취하고 단점은 버리면 된다는 실사구
시實事求是의 자세를 갖고 있었다. 그는 한때 불서佛書를 본다는 비
판도 받았다.

　"제가 요즘 불서를 본다고 깨우쳐주셨는데 이는 말을 전한 자가

사실보다 지나치게 한 말입니다. 지난번에 이웃에 사는 스님이 우연히 그 책을 가져왔기에 무료하던 참에 한번 슬쩍 보아 넘겼을 뿐이며 그 권卷도 다 보지 못하고 그만두었습니다. 그런데 그 가운데에서 선현들이 불교의 나쁜 점을 논박한 것은 더욱 명백하였습니다. 그렇기 때문에 친구에게 약간 언급한 것인데 그것이 잘못 전달되어 어르신께 이토록 걱정을 끼쳐드릴 줄은 미처 생각하지 못하였습니다.”(「사경 조목에게 답함」)

유성룡은 표면적으로는 성리학자를 자처했지만 교조적 신봉자는 아니었다. 모든 학문의 장점을 살려야 한다는 열린 자세를 갖고 있었다. 성리학 외에 다른 학문이 모두 이단異端으로 몰리던 닫힌 시대의 열린 사고였다.

유성룡은 노비조차도 인간으로 바라보는 양명학에 끌렸음에 틀림없다. 유성룡이 훗날 영의정이자 도체찰사로서 노비 등용을 주장하는 혁명적 정책을 제시한 데는 이 시절 양명학을 읽으면서 받은 충격이 영향을 끼쳤을 것이다.

단숨에 승진한 배경

유성룡은 17세 때 양명학을 접했으나 과거에도 매진한다. 24세 때 성균관에 들어가 이듬해인 명종 21년(1566) 대과에 급제하는데, 태학생이 된 지 1년 만의 급제는 드문 경우로 보통 4~5년 공부하는 것이 기본이었다. 첫 관직은 승문원承文院 권지부정자權知副正字(종9품)로 말단 보직이지만 국가문서를 다루는 승문원은 엘리트 관료들이 가는 중요한 관서였다. 그 후 외교문서를 작성하는 예문관藝文館과 역사서를 편찬하는 춘추관春秋館, 성균관成均館 등을 돌며 하위 관료생활을 이어나갔다.

그런데 성균관 전적典籍(정9품)으로 일하던 유성룡은 선조 2년(1569) 한번에 6계품을 뛰어넘어 공조좌랑工曹佐郎(정6품)이 된다. 28세 때였다. 어떻게 이런 승진이 가능했을까? 인종仁宗의 신주神主를 모시는 문제에서 영의정 이준경李浚慶과 맞서 이겼기 때문이다.

세종은 종묘 밖에 따로 문소전文昭殿을 짓고 태조와 사친四親(목조穆祖·익조翼祖·도조度祖·환조桓祖)의 신주를 모신 이후 역대 임금들의 신주도 이곳에 모셨다. 그런데 성종이 부친을 덕종德宗으로 추존하면서 문제가 생겼다. 예종의 신주를 이미 문소전에 모셨기 때문에 자리가 없자 덕종의 신주는 별전에 모시고 연은전延恩殿이라 불렀다. 따지자면 연은전은 문소전보다 격이 낮은 전각인 셈이다. 덕종은 즉위하지 못한 추존왕이기 때문에 연은전에 모셔도 문제가 되지 않았지만 인종은 달랐다. 재위 기간은 짧았지만 왕위에 있던 인종은 문소전에 모셔야 했는데, 내심 인종을 부인하던 문정왕후와 윤원형이 인종의 신주를 격이 낮은 연은전에 모신 것이다. 인종은 사림에 우호적이었기 때문에 특히 많은 사림들이 분개했으나 명종 즉위 초 을사사화로 수많은 사림들이 죽어가는 상황에서 이 문제를 제기할 수는 없었다.

그러나 명종이 승하하자 이 문제가 다시 제기되었다. 사림의 영수 이황이 나서 명종과 인종을 모두 문소전에 모시자고 주장했지만 영의정 이준경이 "조종祖宗에서 정한 좌향을 쉽게 변경할 수 없다"면서 받아들이지 않아 좌절되고 말았다.

이때 정9품 성균관 전적 유성룡이 상소를 올려 인종도 문소전에
모셔야 한다고 주장하고 나섰다. 당돌한 젊은 관료의 주장은 예상
을 뒤엎고 많은 사람들의 동조를 받아 공론公論이 되어갔다. 그러자
영의정 이준경도 종전 주장을 버리고 유성룡의 견해를 따르면서
인종의 신주를 비로소 문소전으로 옮겨 모신 것이다.

이 사건으로 유성룡은 일약 전국적 인물로 떠올랐다. 정9품이
정1품 영의정을 꺾은 것도 사건이지만 인종의 문소전 봉사奉祀는
사림의 숙원사업이었기 때문이다.

이준경은 보통 영상이 아니라 어린 선조를 보필하던 원상院相이
었다. 이렇게 막강한 영상에 맞서 인종의 문소전 봉안奉安을 관철했
으니 단번에 주목받은 것도 당연했다. 이후 유성룡은 핵심 코스를
밟아나가는 엘리트 관료가 된다. 성절사 서장관으로 북경에 가서
국제 감각을 익히고, 귀국 후에는 사간원 정언正言 · 이조좌랑吏曹佐
郎 · 병조좌랑兵曹佐郎 같은 주요 보직에 보임된다. 유성룡은 대간臺
諫으로 부르던 사헌부 · 사간원에서 국정에 대한 비판의식을 갖게
되고, 문관 인사권을 가진 이조좌랑과 무관 인사권을 가진 병조좌
랑을 역임하면서 행정 실무를 익힌다. 31세 때인 선조 5년(1572) 홍
문관 수찬修撰(정6품)으로 있을 때는 이준경과 또 한 번 인연을 맺는
다. 첫 관계는 악연이었지만 이번에는 정반대였다.

붕당의 조짐

영의정 이준경이 선조 5년(1572) 7월 죽음을 앞두고 올린 유차遺箚가

사건의 시작이었다. 이준경이 "지하로 가는 신 이준경은 삼가 네 가지의 조목을 죽은 뒤에 들어주실 것을 청하오니 전하께서는 살펴주소서"라면서 올린 유차의 네 번째 내용에서 '붕당朋黨의 사론私論을 없애야 한다'고 요청하면서 큰 문제가 발생한 것이다.

"넷째, 붕당의 사론을 없애야 합니다. 지금 사람들은 과실이 없고 또 법에 어긋난 일이 없더라도 자기와 한마디만 서로 맞지 않으면 배척하여 용납하지 않습니다. (……) 이 일은 바로 전하께서 공평하게 듣고 보신 바로써 이런 폐단을 제거하는 데 힘쓰셔야 할 때입니다."(『선조실록』 5년 7월 7일)

이준경이 누구라고 지칭하지 않았지만 율곡 이이李珥는 자신을 비판한 것으로 받아들이고 글을 올려 이준경을 공격했다.

"조정이 맑고 밝은데 어찌 붕당이 있겠습니까? 이는 임금과 신하를 갈라놓으려는 것이옵니다. 사람이 죽음에 임해서는 말이 착한 법인데 이준경은 죽음에 이르러 그 말이 악하옵니다."

이이의 제자인 사계沙溪 김장생金長生이 쓴 『율곡행장栗谷行狀』에서 "정승 이준경은 (……) 정승의 업적이 볼 만한 것이 없으니 많은 선비들이 시원치 않게 생각했다"라고 비판했는데, 정작 이 사건에 대해서는 간략하게 언급했다.

이준경이 병들어 죽을 무렵에 차자를 올려 말했다.

"조신朝臣들 사이에 당파가 있어서 전하께서는 누구 말이 옳은지 알 수 없으시니 반드시 당파를 없애야 합니다."

임금이 깜짝 놀라 "그게 사실인가?"라고 물었다. 선생이 상소하여 그 의혹을 풀어드렸다.(『율곡행장』)

그러나 이준경 유차의 파문은 '선생이 상소하여 의혹을 풀어드리는 것'으로 간단하게 끝나지 않았다. 이준경은 곧 사망했으나 이이의 지지자들이 장악한 삼사三司에서 이준경 비판에 나서 벼슬 추탈을 주장했다. 관례에 따른 유차 한마디로 벼슬이 추탈될 판이었다. 사림의 영수 이이가 비판하고 삼사가 가세한 이준경의 관작 추탈을 막을 사람은 아무도 없어 보였다. 그러나 이에 반대하고 나선 인물이 있었다. 홍문관 수찬 유성룡이었다. 이건창李建昌은 『당의통략黨議通略』에서 이렇게 기술했다.

> 이때 삼사에서는 이준경의 생전 관작을 삭탈하게 하려 했는데, 유성룡이 홀로 여기에 참여하지 않고 말했다.
> "대신이 죽음에 임박하여 임금에게 올린 말이 부당하다면 물리치는 것이 옳지만 죄를 주기까지 한다면 너무 심한 것이 아닙니까?"
> 또 좌상 홍섬洪暹 등도 말했다.
> "이준경은 살아 있을 때 공덕이 있습니다. 죄를 주는 것은 옳지 못합니다."
> 이에 의논이 중지되었다.(『당의통략』)

유성룡의 반론 때문에 이준경은 겨우 관작 추탈을 면하게 된다. 그런데 문제는 이준경이 죽은 지 4년 후에 그의 예언이 사실로 입증되었다는 점이다. 선조 8년(1575) 사림은 동인東人과 서인西人으로 갈리는데, 이해가 을해년이어서 이를 을해당론乙亥黨論이라고 한다.

유성룡은 김우옹ㆍ허엽許曄ㆍ우성전禹性傳 등과 함께 동인으로 분류되지만 사실 그는 사림이 동ㆍ서로 갈릴 때 아무런 역할도 하

부용대 태백산맥 맨 끝부분에 있는 부용대에서는 하회마을 전체를 조망할 수 있다. 부용은 연꽃을 뜻한다.

지 않았다. 이조좌랑으로 있던 선조 6년(1573) 7월 부친상을 당해 선조 8년(1575) 9월까지 형 유운룡柳雲龍과 시묘살이를 했기 때문이다. 『연보』는 "아침저녁으로 성묘하여 아무리 큰 추위나 더위나 비가 내려도 한결 같았다"고 전하는데, 상복을 벗자마자 홍문관 교리에 제수되었으나 사양하다가 35세 때인 선조 9년(1576) 사간원 헌납

(정5품)으로 정계에 복귀한다.

유성룡은 한 당파에 가담하기보다는 당파가 나뉜 것을 걱정했다. 『연보』는 "동서 당론이 처음 일어날 때부터 선생은 크게 근심하여 뜻이 맞는 여러 동지들과 적극적으로 타협하여 진정시킬 계획을 하였으나 끝내 뜻대로 되지 않았다"라고 전한다. 창석 이준李埈이 쓴 『서애 유 선생 행장』은 유성룡이 42세 때(선조 16년, 계미년) 무렵에도 조정의 당파 싸움 때문에 크게 고민했다고 전한다.

이 무렵 조신들의 의견이 둘로 갈라졌는데 선생은 벌써부터 이를 크게 우려하여 여러 동지들과 함께 힘써 화평시키고 진정시키고자 했으나 뜻대로 되지 않았다.

이때에 와서는 양쪽이 붕당으로 뭉쳐짐이 더욱 심해서 서로 상대방을 공박하고 자파自派를 성원하자 선생은 조정에 있기 싫어진 데다, 정경부인貞敬夫人(모친)도 노환으로 와병 중이라, 근친하러 간 김에 그냥 향리에 머물러 있었다. 가을에 특명으로 함경도 관찰사에 제수되었으나 어머니 병환 때문에 사퇴했고, 성균관 대사성으로 바꾸어 제수되었으나 취임하지 않았다.(『서애 유 선생 행장』)

유성룡이 동인 쪽에서 당파를 화해시키려고 노력했다면 서인 쪽에서는 이이가 그랬다. 이이는 이준경의 예언대로 사림이 동·서로 나뉜 것을 크게 반성하고 두 당파를 화해시키려고 노력했다. 그러나 이미 이이는 서인이란 낙인이 찍혔기 때문에 동인들에게서 집중적으로 비판받았고, 끝내 두 당파를 화해시키지 못한 채 선조 17년(1584) 세상을 떠나고 말았다. 두 당파는 서로 대립하다가 선조

22년(1589) 영원히 화해할 수 없는 사건에 말려든다. 기축옥사己丑獄事라고도 부르는 정여립鄭汝立 사건이 그것이다.

의혹에 쌓인 정여립 사건

유성룡은 38세 때인 선조 12년(1579)에는 홍문관 직제학(정3품)에 제수되었다가 같은 해 승정원 동부승지에 제수되었다. 홍문관 직제학과 동부승지는 같은 정3품이지만 직제학은 당하관인 데 비해 동부승지는 당상관堂上官으로 격이 달랐다. 당상관이 되어야 비로소 주요 국정에 참여할 자격이 생기는 것이다. 게다가 유성룡은 국왕의 경연관經筵官을 겸해서 매일같이 선조와 얼굴을 맞대고 정사를 논의하게 된다.

유성룡은 중앙의 청요직淸要職에 있거나 지방관으로 있거나를 막론하고 고담준론高談峻論보다는 실제적인 일을 중시했다. 선조 12년(1579) 승정원 동부승지로 있을 때는 종이 문제 해결에 나섰다. 승정원에서 쓰는 종이가 지나치게 크고 두꺼워서 비용이 많이 들었지만 실세 부서인 승정원의 일이기 때문에 누구도 말을 하지 못했다. 동부승지로 부임한 유성룡은 먼저 한 달치 양을 정하고 지질도 얇게 바꾸는 것으로 낭비를 없애고 납품하는 백성들도 편하게 해주었다.

한편 상주 목사로 있을 때는 아전衙前제도 개선에 나섰다. 봉급도 없고, 승진할 길도 없는 아전의 부정은 필연적이었지만 지방관들은 못 본 체 눈감아주었고, 그 부담은 모두 백성들이 지는 상황이었다.

상주 목사 시절 아전 문제의 본질을 파악한 유성룡은 이렇게 말했다.

"아전이 아무리 성실하고 깨끗해 보았자 승진되는 길이 없으니 부정하여 축재하는 길이 조그마한 명예보다 더 실속이 있다고 느끼게 된다. 처음부터 청렴결백한 아전을 양성하는 법을 갖추지는 않고 청렴결백하지 않다고 야단만 치면 어찌 착하고 능력 있는 아전이 길러져서 서민庶民들의 모범이 되겠는가?"

『연보』는 유성룡이 아전의 급료제도를 정해 매월 1일마다 성적 평가를 거쳐 지급하려 했으나 매듭짓지 못했다고 전한다. 상주뿐 아니라 전국의 아전이 모두 걸린 문제여서 혼자 결정할 수 없었고, 목사로 재임한 기간이 채 1년도 안 되었기 때문에 마무리할 시간도 부족했다. 그러나 이는 명분보다는 실질을 중시하는 유성룡의 관직관이 드러난 사례들이다.

유성룡은 어떤 자리에 있든지 목청만 높은 명분론보다는 가장 시급한 현안 해결에 매달렸지만, 주요 보직을 역임하면서 자신도 모르게 동인의 영수가 되어갔기 때문에 서인들의 공세에 시달리기도 했다. 이 무렵 당쟁은 조정에 있는 이상 그 누구도 벗어날 수 없었다. 율곡 이이도 마찬가지였다. 그는 당론 조제調劑(당론 조정)와 보합保合(당파 화합)을 자신의 정치 목적으로 삼았으나 동인들은 계속 그를 공격했다. 이이가 동인들의 공세를 받아 서인이 된 것처럼 유성룡도 서인들의 공세를 받아 동인이 된 것이다.

선조는 당쟁 시대에 이이를 크게 신뢰했다. 선조는 재위 16년 (1583) 이이를 탄핵한 허봉許篈 등 동인 세 사람을 모두 귀양 보내 '계미년에 세 신하가 귀양가다'는 뜻의 계미삼찬癸未三竄이란 말을 만들어낼 정도였다. 서인이 집권당이 되었으나 이이가 당론 조절에 나섰기 때문에 두 당파의 큰 충돌은 일어나지 않았다. 그러나 이듬해 이이가 사망하면서 상황은 크게 변해갔다. 이이의 사망은 서인에게는 당론을 조절할 조정자가 사라진 것을 뜻했다. 게다가 선조는 이이가 죽은 후 태도가 돌변해 동인들에게 정권을 내주었다. 서인들은 동인들을 몰아낼 수 있는 결정적 기회를 노리고 있었는데, 이런 배경에서 발생한 것이 정여립鄭汝立 사건이다.

율곡 이이의 제자인 정여립은 서인이었으나 이이가 죽은 후 동인으로 당적을 옮겼다. 정여립의 당적 변경은 배사背師 행위로 여겨져 그는 동인 집권기인데도 벼슬을 내놓고 시골로 내려갈 수밖에 없었다.

전주로 낙향한 정여립은 대동계大同契를 조직했다. 『국조보감』은 정여립이, "이웃 고을의 여러 무사, 공사천公私賤 중 씩씩하고 용감한 사람 등과 대동계를 만들어 매월 15일 한곳에 모여 활쏘기를 겨루고 주식酒食을 장만하여 즐기었다"라고 전하고 있다. 그러나 그의 대동계는 비밀조직이 아니었다. 선조 20년(1587) 전라도 손죽도에 왜구가 침범했을 때 전주 부윤 남언경南彦經이 대동계 동원을 요청하자 왜구 격퇴에 나서기도 했다. 대동계는 국가권력에 의해 반승인된 상태였던 것이다.

그러나 정여립을 배사 인물로 보는 서인들에게 대동계는 좋은 역모의 소재였다. 정여립의 활동 공간은 호남이었으나 정작 그의 반란혐의를 고변한 곳이 황해도라는 점이나, 고변을 배후에서 주도한 인물이 서인의 모사 송익필宋翼弼이라는 점은 정여립 사건이 당쟁에서 시작되었음을 말해준다.

정여립에 대한 고변이 접수되었을 때 정승인 동인 이산해李山海

와 정언신鄭彦信은 고변자를 처벌하려 했으나 서인 대사헌 홍성민洪聖民의 저지로 실패했다. 의금부에서 체포하러 내려가자 아들과 함께 죽도로 도망간 정여립은 자살한 시신으로 발견되었고, 아들 정옥남鄭玉男만 체포되었다. 타살설도 분분했으나 선조가 이 사건의 진실 파악보다 배사 인물 정여립에 대한 사감私憾과 명문가 출신 동인 엘리트 세력을 약화하는 계기로 이용하면서 사건은 크게 확대되었다.

선조가 노수신·정언신 등 동인 위관委官을 파직시키고 그 자리에 서인 강경파 정철을 앉히면서 희생자가 급증했다. 정철이 사건의 실체적 진실보다는 동인 세력 약화를 기도했기 때문에 희생자는 기하급수적으로 늘어났다. 이발李撥·최영경崔永慶·정개청鄭介淸·백유양白惟讓 등이 희생되었으며, 이발의 팔순 노모와 열 살이 채 안 된 어린 아들까지 국문을 받다가 죽고 말았다.

진안 죽도 정여립이 죽도로 도망가 자살했다는 설에는 의문이 많다.

거의 모든 동인 엘리트들이 연루되었으므로 유성룡도 예외일 수는 없었다. 사건 와중에 장사杖死(곤장 맞다 죽음)한 부제학 백유양이 정여립에게 보낸 편지가 문제였다. 백유양이 정여립에게 보낸 편지에서 유성룡에게 다시 관직에 나가도록 종용하라고 권하는 내용이 들어 있었기 때문이다. 유성룡이 관직을 사양하고 고향에 은거해 있자 이런 편지를 보낸 것이다. 편지 한 장이 저승의 초대장이 되는 상황이었다. 유성룡은 그간의 사정을 솔직히 설명하는 상소를 올렸다.

신이 10여 년 전에 호남에 정여립이란 자가 독서와 학문에 부지런하다 하여 자못 이름이 났다는 말을 들었으나 그가 어떠한 사람인지는 알지 못하였습니다. (……) 그 뒤 명성이 점차 성대해지고 전하는 자가 더욱 많아지자, 모두 요로에 천거하려고 했으나 (……) 오직 고故집의 이경중李敬中만이 그를 극력 배척하였습니다. (……) 이로부터 외정外庭이 왁자지껄하게 떠들면서 모두 이경중이 선사善士(아름다운 선비)를 시기하고 미워한다고 하였습니다. 신사년(선조 14) 여름에 사헌부에서 '아름다운 선비를 가로막았다'고 발론하여 마침내 이경중을 전조銓曹(이조)에서 내쳤는데 이른바 아름다운 선비란 곧 여립입니다. (……) 만일 환난을 미연에 말한 공을 논한다면 이경중이 거기에 해당되고, 나머지 사람은 취한 듯 바보인 듯 전후 사류士類가 일체 그의 술책에 떨어져서 그럭저럭 날짜를 보냈을 뿐 명백하게 들어서 거론하지 못했습니다. (……) 신이 역적에게는 전에 10년 동안 취하지 않은 마음이 있었고 뒤에 은미함을 살피고 드러난 것을 안 기회가 있었습니다. 그런데도 조정에 벼슬할 적에 도도히 뒤섞인 채 일찍이 한마디

말로 그의 간사한 정상을 피력하지 못하였습니다. (……) 이로써 나라를 저버린 죄는 피할 길이 없습니다…….(『선수실록』 22년 12월 1일)

유성룡이 정여립을 배척한 유일한 인물로 지목한 이조좌랑 이경중은 이 때문에 선조 14년(1581) 정인홍鄭仁弘 · 박광옥朴光玉 · 정탁鄭琢 등 동인 대간臺諫들의 논박을 받아 파직된 인물이다. 이경중은 선조 18년(1585) 이미 사망했는데, 유성룡은 이경중 한 명만이 정여립을 극력 배척했고, 나머지는 같이 어울렸다고 설명한 것이다. 유성룡의 이 상소는 기축옥사의 향배에 중요한 전기가 되었다. 이경중 외에 대다수의 사대부들은 정여립과 어울렸지만 역적으로 몰기에는 무리라는 이야기였기 때문이다. 이 상소 말미에 사관史官은 이렇게 평하고 있다.

유성룡은 그의 이름이 백유양이 역적에게 보낸 서찰 중에 나왔을 뿐이고 애당초 억옥에는 간여됨이 없었다. 그러나 이때에 조신이 역모의 일을 빚어낸 것을 한쪽의 사류(동인)에게 죄를 돌렸으므로 유성룡이 상소하여 정여립의 사상事狀을 두루 진달하여 여립을 끊지 않은 죄는 피차가 다름이 없음을 밝혔을 뿐이다. 정인홍이 이로 인하여 죄를 얻어 드디어 성룡과 틈이 벌어져 남인 · 북인의 사이가 벌어진 것이다.(『선수실록』 22년 12월 1일)

유성룡의 상소를 본 선조는 정여립 사건이 한없이 확대되는 데 제동을 걸게 되었다. 서인 이항복도 사건이 확대되는 데 제동을 걸었다. 문사낭청問事郎廳으로 사건 수사에 참여한 이항복은 "죄수가

이항복 서인이면서도 남인 유성룡과 친밀하게 지냈다.

많이 연루되어 옥사가 빨리 끝나지 않음으로써 남이 화를 당하는 것을 바라는 자의 마음을 열어놓는 상황을 민망히 여긴 나머지 죄상이 의심스러울 때는 바로잡아 억울한 사람을 살렸다(신흠, 「영의정 백사 이공 신도비명」)"는 것이다.

동인 유성룡, 서인 이항복이 사건 확대에 제동을 걸면서 기축옥사는 차차 진정되기 시작했다. 『연보』는 "무고를 당한 명사名士들이 차츰 풀려나자 그 당시의 여론이 선생이 한번 상소한 힘이라 하여 서울 장안의 인사들이 상소문을 돌려가며 읽었으며, 부녀자들도 한글로 번역하여 읽었다"라고 전한다. 반면 『선수실록』의 기록대로 정인홍이 삭탈관직되면서 동인이 남인과 북인으로 갈리는 단초가 되기도 했다.

정여립 옥사 사건으로 좌의정 정철을 중심으로 한 서인들이 다시 실권을 잡았다. 그러나 영의정 이산해, 우의정 유성룡이 모두 동인이므로 서인들이 독주하지는 못했다. 게다가 서인들은 얼마 못 가서 다시 몰락하고 만다. 이른바 세자 건저建儲(세자를 세우는 것) 사건 때문이다.

조정에는 아직 세자가 책립되지 않았는데 조정의 신하들이 다 광해군光海君을 바라보고 있었으나 임금은 인빈仁嬪의 소생인 신성군信城君을 사랑하였다.

정철이 왕세자 세우는 것을 청하고자 이산해와 임금을 대면할 것을 약속하자 이산해도 허락하였다. 약속한 하루 전에 이산해는 몰래 인빈의 동생 김공량金公諒을 불러 말했다.

"지금 정승인 정철이 광해군을 세우고자 하면서 신성군 모자와 그대를 죽이려 하네."

김공량이 크게 놀라서 곧바로 궁으로 들어가 인빈에게 고하니 인빈이 선조에게 울며 하소연했는데 선조가 미덥지 않아 말하였다.

"이것은 헛소문이다."

다음날 이산해가 병을 칭하고 조회에 나오지 않아 정철과 유성룡 둘이서 임금을 대좌하게 되었는데, 정철이 제일 먼저 세자 세우는 문제를 아뢰니 선조가 크게 화를 내며 말했다.

"지금 내가 살아 있는데 경은 무엇을 하고자 하는가?"

정철은 황망중에 나오고 유성룡도 감히 말하지 못하고 물러나왔다.(『당의통략』)

이 사건으로 서인들은 정권을 동인들에게 다시 빼앗겼다. 정여립 옥사 사건으로 서인에 대한 감정이 극도로 악화된 동인들은 서인들에게 보복하려고 했지만 유성룡은 이에 반대했다. 이 문제를 두고 동인들은 둘로 갈리는데, 서인에 대한 강경 처벌을 주장하는 인물들은 영상 이산해와 함께 북인이 되고, 온건한 처분을 주장하는 사람들은 유성룡과 함께 남인이 된다.

서인에 대한 동인의 감정은 이해하지만 유성룡은 지금이 당파를 나누어 싸울 때가 아니라고 생각했다. 남쪽 일본에서는 풍신수길豊臣秀吉(도요토미 히데요시)이 열도를 통일하고 대륙 진출을 꾀하고 있었으며, 북쪽에서는 여진족 통합의 기운이 높아지고 있었다. 조선을 둘러싼 국제정세가 근본적으로 변하고 있었다. 이처럼 사림이 동서로 갈리고, 집권 동인이 다시 남인과 북인으로 갈린 상황에서 운명의 해 임진년이 밝아오고 있었다.

3_ 전란의 그림자

조선통신사 일행은 3개월 만인 1590년 7월 말 국도 교토에 들어가

대덕사大德㖟(다이도쿠지)에 짐을 풀었으나 문제는 계속되었다.

풍신수길이 동쪽 정벌에 나서 국도에 없다는 것이었다.

통신사 일행은 풍신수길이 올 때까지 기다릴 수밖에 없었다.

통신사 황윤길과 김성일의 상반된 보고

선조 24년(1591) 정월, 일본에 간 통신사 황윤길黃允吉과 김성일金誠一
이 귀국했다. 이들이 일본으로 향한 때가 전해 3월이니 무려 10개
월이나 걸린 노정이었다. 정사 황윤길과 부사 김성일의 서로 다른
귀국 보고는 400년이 지난 현재까지도 유명하다. 그 내용을 『국조
보감』에서 살펴보자.

　통신사 황윤길 등이 일본에서 돌아왔다. 왜국의 사신 평조신平調
　信 등과 함께 오면서 황윤길이 그간의 실정과 형세를 치계馳啓하면서
　"필시 병화兵禍가 있을 것이다"라고 하였다. 복명復命한 뒤에 상이
　불러 보고 하문하니, 황윤길은 전일의 치계 내용과 같은 의견을 아
　뢰었다.

김성일이 아뢰었다.

"그러한 정상은 발견하지 못했는데, 황윤길이 장황하게 아뢰어 인심이 동요되게 하니 사의에 매우 어긋납니다."

상이 하문했다.

"풍신수길이 어떻게 생겼는가?"

황윤길이 아뢰었다.

"눈빛이 반짝반짝하여 담과 지략이 있는 사람인 듯하였습니다."

김성일이 아뢰었다.

"그의 눈은 쥐와 같았는데 두려워할 위인이 못 됩니다."

이는 김성일이 일본에 갔을 때 황윤길 등이 겁에 질려 체모를 잃은 것에 분개하여 말마다 이렇게 서로 다르게 한 것이다.(『국조보감』 선조 24년)

풍신수길 직전신장 휘하에서 중용되다가 직전신장의 뒤를 이어 실권을 장악한 후 1587년 일본을 통일했다.

이 기사는 『선수실록』과 흡사한데, 다만 『선수실록』은 이 기사 뒤에 "대체로 황윤길의 말을 따르는 이들에 대해서는 모두 '서인들이 세력을 잃었기 때문에 인심을 요란시키는 것이다'라면서 구별하여 배척하였으므로 조정에서 감히 말을 하지 못하였다(『선수실록』, 24년 3월 1일)"라고 덧붙였다. 동인들이 장악한 조정에서 황윤길의 말을 따르는 것은 모두 서인이란 이유로 배척했다는 뜻이다. 이런 상황에서 동인에 속한 유성룡은 어떤 태도를 취했을까? 『선수실록』은 이 기사 뒤에 유성룡의 이야기를 덧붙였다.

> 유성룡이 김성일에게 말했다.
> "그대가 황윤길의 말과 고의로 다르게 말했는데, 만일 병화가 있게 되면 어떻게 하려고 그러시오?"
> 성일이 말했다.
> "나도 어찌 왜적이 나오지 않을 것이라고 단정하겠습니까. 다만 온 나라가 놀라고 의혹될까 두려워 그것을 풀어주려 그런 것입니다."
> (『선수실록』 24년 3월 1일)

유성룡은 일본이 공격할 가능성이 있다고 생각했다. 김성일도 '단정'할 수 없다고 대답했다. 그런데 왜 김성일은 선조 앞에서는 달리 말했을까? 이 수수께끼를 풀려면 두 사람의 통신사 길을 따라가야 한다.

수수께끼의 일본 사신 귤강광

전국시대를 끝내고 열도를 통일한 풍신수길은 조선과의 교역을 전담하던 대마도주 종의조宗義調(소 요시시게) · 종의지宗義智(소 요시토시) 부자에게 특수 임무를 주었다. 명나라를 공격할 길을 빌려달라는 '가도입명假道入明'을 관철시키고, 조선국왕을 일본으로 입조入朝시키라는 명이었다. 조선과의 무역으로 먹고사는 대마도 도주島主는 조선 사정에 밝아서 '가도입명'이나 '국왕 입조'는 전혀 실현불가능하다는 사실을 잘 알고 있었다.

그래서 그는 한 가지 꾀를 냈다. 단절된 조선통신사 파견을 성사시키는 것이었다. 두 나라가 서로 교류하면 전쟁을 막을 수 있다고 생각한 것이다. 그래서 종의조는 자신의 가신 귤강광橘康廣(다치바나 야스히로)을 일본 국왕사國王使라며 조선에 보냈다. 사실은 대마도주 사에 지나지 않지만 국왕사라고 칭한 것이다. 선조 20년(1587) 9월 부산에 도착한 귤강광은 '일본 국왕이 완미하여 폐하고 새 국왕을 세웠다'며 화친을 요청했다. 직전신장織田信長(오다 노부나가)을 폐하고 풍신수길을 세웠다는 뜻이다. 선조는 신하가 왕을 시해하고 그 자리를 빼앗은 것을 인정할 수 없다며 받아들이지 말라고 명했으나 대신들이 이구동성으로 반대했다. 대신들의 뜻이 관철되어 귤강광은 겨우 서울로 올라왔지만 풍신수길이 보낸 서계書契의 첫 문장이 알려지면서부터 다시 문제가 발생했다.

'이제 천하가 짐朕[풍신수길]의 한 줌[一握] 안에 들어 있도다.'

짐은 황제의 자칭이기 때문이다. 귤강광은 서울까지 올라오면서 많은 화제를 낳았다. 인동仁同을 지날 때는 "너희들의 창자루가 몹시 짧구나"라고 조롱하고, 기생들의 가무로 접대하는 상주 목사 송 응형宋應洄에게는 이렇게 말했다.

"이 사람은 오랫동안 싸움터에서 자랐으니 터럭이 이렇게 세었지만 노래와 기생 속에 파묻혀 아무런 근심 없이 지내온 사또께서는 어찌하여 머리칼이 그렇게 셌소이까?"

또한 서울에서 압연관狎宴官인 예조판서가 술자리를 베풀자 그는 고의로 호초胡椒를 흩어놓았다. 비싼 호초를 줍느라고 기공伎工들의 대열이 흩어지자 객관에 돌아와 역관에게 말했다.

"이 나라의 기강이 이미 허물어졌으니 거의 망하게 되었다."

귤강광은 조선과 일본 지배층의 차이를 극명하게 보여주었다. 조선이 일본을 오랑캐의 나라로 깔보고 있었다면 귤강광은 조선을 문약文弱의 나라로 무시하고 있었다.

그러나 수수께끼 인물인 귤강광은 통신사 파견 요청에도 그다지 큰 노력을 기울이지 않았다. 결국 조선은 조선통신사 파견을 거부했고, 귤강광은 풍신수길에게 사형당하고 말았다. 조선 편을 들었다는 이유였다.

대마도주 종의조는 이에 굴하지 않고 현재의 후쿠오카인 박다博多(하카다)의 성주사聖住寺 주지 현소玄蘇를 정사正使, 자신의 아들 종의지를 부사로 삼아 거듭 조선에 보내 통신사 파견을 요청했다. 계속되는 요청을 무작정 거부할 수 없던 조선은 조건을 내걸었다. 선조 20년(1587) 2월 흥양興陽을 침범해 녹도보장鹿島堡將 이대원李大源을 전사시킨 왜구 두목과 조선인 사화동沙火同 그리고 붙잡아간 조선인들의 쇄환을 요구한 것이다. 사화동은 고된 부역과 공납貢納으로 바치는 전복全鰒의 수량이 지나치게 많아서 살 수 없다며 일본에 붙어 왜구를 손죽도로 안내한 조선 백성이다. 조선통신사 파견에 사활을 건 대마도주는 이 요구를 선뜻 수락하여 긴시요라緊時要羅 등 왜구 3명과 사화동 그리고 조선 포로 김대기金大機 등 116명을 돌려보냈다. 조선은 긴시요라와 사화동의 목을 베었는데, 일본이 요구를 들어주었으니 조선도 통신사를 보내지 않을 수 없었다.

교꾼의 목을 벤 종의지

선조 23년(1591) 3월 정사 황윤길, 부사 김성일, 서장관書狀官 허성許筬은 이런 우여곡절 끝에 일본을 향해 떠났다. 세종 25년(1443) 통신사 변효문卞孝文을 파견한 이래 150여 년 만에 재개된 행차였다. 임란 때의 의병장 조경남趙慶男은 『난중잡록亂中雜錄』에서 이때 선조가 술을 내리면서 당부한 말을 적어놓았다.

"나라의 체통을 존중하고 왕의 위령威靈을 멀리 폄이 이 한 번의 길에 달렸으니, 경들은 어김이 없도록 하라."

부산으로 내려간 통신사 일행은 4월 29일 그믐날 다대포를 출발해 태풍 때문에 고생하다가 대마도 대포大浦항에 도착하는데, 이것이 수백 년 간 논란의 대상이 되는 조선통신사 일정의 시작이었다. 대포항에서 하룻밤을 자고 물 위에서 사흘을 자면서 대마도주가 있는 부중府中에 도착한 날이 5월 4일. 황윤길과 김성일은 이때부터 서로 성격이 맞지 않는다는 사실을 알게 된다.

대마도 국분사國分寺 환영회 석상에 부사 종의지가 뒤늦게 나타난 것이 그 계기였다. 부사가 정사보다 늦은 데다 가마를 타고 대청까지 올라온 것이다. 며칠 전 대마도 동산東山에서도 종의지는 말을 타고 장막 앞까지 왔었다. 김성일이 황윤길에게 자리를 파하자고 말했으나 거부하자 김성일은 혼자 돌아갔다. 문제가 생겼음을 눈치 챈 종의지가 역관 진세운에게 까닭을 묻자 "병 때문에 먼저 들어가셨다"고 답했다. 이를 알게 된 김성일은 '왜 병을 핑계댔느냐?'며 역관 진세운에게 곤장을 쳤다.

이 소식을 알게 되자 종의지는 당황했다. 사신이 본국으로 돌아

종의지 풍신수길의 통신사 파견
요청서를 가지고 조선에 왔다.

대포항 부산 다대포를 출발한 조선통신사 일행은 갖은 고생 끝에 대마도 대포항에 도착했다.

가기라도 하면 풍신수길은 귤강광의 목을 벤 것처럼 자신의 목을 벨 것이기 때문이다. 그래서 종의지는 가마를 메고 온 교꾼의 목을 베었다. 문간에 들어갈 때 가마를 멈추라고 했는데도 멈추지 않았다는 이유였다. 교꾼에게 책임을 돌려 죽일 것이라고는 전혀 예상하지 못했으나 김성일은 '사람이 죽은 것은 참혹하지만 이로써 깎인 나라의 치욕을 조금 씻게 되었다'고 말했다. 그러자 이번에는 서장관 허성이 김성일에게 편지를 보내 사신의 체모만 따지다가 사람이 죽었다고 비판했다. 김성일은 곧 허성에게 반박 답장을 보냈다.

"대개 이 섬이 우리나라와 어떤 관계에 있습니까. 대대로 우리나라의 은덕을 받아서 우리의 동쪽 울타리가 되었으니, 의리로 말하면 임금과 신하 사이고, 땅으로 말한다면 부용국附庸國입니다. (……) 이번에 사신이 나올 때에는 평의지平義智(종의지)가 직접 행차를 호위하였고, 관소館所에서 접대하는 것도 전보다 더함이 있었습니다. 왕명을 전달하는 날에는 뜰 복판에서 절하고 조아려서 공경하게 받들기를 의식대로 하였습니다. 그리고 상견相見할 때에도 앞에 와서 두 번 절하여 감히 도주의 예로 자처하지 않았으니, 공손하다고 할 만합니다. 우리들의 실수는 그들의 환심을 얻고자 지나치게 겸양하여 낮춘 데 있습니다. 그러므로 저들이 문득 교만한 마음을 내어 며칠 뒤에는 이미 처음에 우리를 대하던 태도와는 다르다는 것을 알 수 있었습니다."(김성일, 「허 서장관에게 답하는 편지」)

김성일은 통신사 일행이 '그들의 환심을 얻고자' 지나친 겸양으로 대하자 일본인들이 조선통신사를 깔보았다고 한 것이다. 김성일은 비록 '우리들의 실수'라고 표현했지만 내심 황윤길을 지목한 것이다.

이후 두 사람은 사사건건 부딪쳤는데, 선위사宣慰使 문제에서도 충돌했다. 당사국은 선위사를 국경 부근에 보내 국도國都에 도착할 때까지 수행하는 것이 관례였지만 통신사 일행이 대마도에 도착했을 때 선위사가 보이지 않았다. 김성일이 일본인 역관에게 따지자 "바닷길이 많이 막혀서 지금 미처 오지 못한 것입니다"라고 변명했다.

김성일은 황윤길에게 선위사가 오기 전까지 움직이지 말자고 제안했지만 황윤길은 그의 권유를 무시하고 그냥 출발해버렸다. 배를 출발시키는 문제에서도 두 사신은 서로 부딪쳤다. 황윤길은 종의지에게 허락받은 후에야 출발시킬 수 있다고 주장한 반면 김성일은 그냥 출발해도 괜찮다고 주장한 것이다. 김성일은 종의지가 자신들의 기를 꺾기 위해서 일부러 출항을 허가하지 않는 것이라고 주장했다.

"사신의 배가 출발하면 저들은 뒤따라오기에 바쁠 것인데, 어찌 허락을 기다린단 말입니까. 스스로 중하게 할 줄은 모르고 다만 왜놈들의 마음을 거스르고 왜놈들이 노여워할까만을 염려하니, 이것이 무슨 사체事體입니까." (김성일, 「허 서장관에게 보내는 편지」)

통신사의 배는 조선 것이므로 김성일 말대로 그냥 출발하면 대마도의 일본인들은 따라오기에 급급했을 것이다. 그러나 황윤길은 끝내 종의지에게 허락을 받은 뒤에 출발했다. 일기도에 도착하자 비로소 선위사가 도착했다는 연락이 왔다.

여기에서 또 문제가 발생했다. 김성일은 선위사의 면담 요청을 받고 나서 만나자고 주장한 반면 황윤길과 허성은 그냥 먼저 가서 만나자고 주장한 것이다. 김성일은 "아무리 서로 만나보는 것이 급하다 하더라도 주인이 마땅히 손님을 청할 일이지, 손님이 먼저 청할 일이 아니다"라고 주장했다. 황윤길과 허성은 역관 진세운을 시켜 선위사에게 면담을 요청했으나 선위사는 적관赤關(시모노세키)에서 만나자며 거절했다. 적관에 도착하니 몸이 아프다고 핑계를 대었다. 처음에는 하인을 보내 문안이라도 하더니 나중에는 그것도 없어졌다. 통신사 일행이 선위사의 영접을 받은 곳은 지금의 오사카 사카이시〔界市〕인 계빈堺濱이다. 일본 본토에 상륙해서야 선위사를 만난 것이다. 실제로 선위사가 일기도까지 왔는지 의심하지 않을 수 없는 대목이다. 그런데 선위사를 만났다고 해서 끝이 아니었다.

조선통신사 일행은 3개월 만인 1590년 7월 말 국도 교토에 들어가 대덕사大德寺(다이도쿠지)에 짐을 풀었으나 문제는 계속되었다. 풍신수길이 동쪽 정벌에 나서 국도에 없다는 것이었다. 통신사 일행은 풍신수길이 올 때까지 기다릴 수밖에 없었다. 풍신수길은 한 달 반을 기다린 끝에 9월 초 귀경했으나 이번에는 궁전인 취락정聚樂亭이 수리 중이어서 만날 수 없다고 했다. 일본에 도착한 지 5개월이 지나도록 풍신수길을 만나지 못하자 사신들은 점차 초조해졌다.

그러자 풍신수길의 측근인 법인法印과 현량玄亮에게 뇌물을 써서라도 관백關白(풍신수길)을 빨리 만나자고 권하는 사람들이 나타났다. 김성일은 「객客의 난설難說에 대해 상사上使(황윤길)에게 답한 편지」에서 자신에게 뇌물을 써서라도 관백을 빨리 만나라고 권하는 객客이 있다면서 이렇게 말했다.

"사신이 왕명을 받들고 국경을 나와서는 비록 한결같이 예법대로 하여 구차스럽게 하지 않더라도 오히려 실수하여 왕명을 욕되게 할까 염려되는 법입니다. 그런데 하물며 좌우 사람에게 뇌물을 줄 수가 있겠습니까?"(김성일, 「객의 난설에 대해 상사에게 답한 편지」)

취락정 풍신수길은 취락정이 수리 중이라는 핑계를 대고 조선통신사를 만나주지 않는다.

    일본은 정사 황윤길이 초조해하는 것을 꿰뚫어보고 있었다. 일본은 황윤길의 이런 심사를 약점으로 삼았다. 이때 종의지가 조선의 음악을 들려달라고 청했다. 조경남의 『난중잡록』은 조선통신사 일행이 200여 명이라고 적었는데 그중에는 장악원掌樂院 소속의 악단이 포함되어 있었다. 조선은 통신사 파견을 조선의 우수한 문화를 전파하는 계기로 삼아서 악단을 대동한 것이었다. 종의지가 객홈을 보내 음악단을 요청했으나 김성일이 거절했다.

    "사신이 왜도倭都에 들어온 지 지금 몇 달이나 되었다. 저들이 왕명을 중하게 여기지 않아서 빈 산속에 버려둔 채 공손히 받을 뜻도 없으면서 도리어 '너희들이 음악을 가지고 왔으니, 우리가 들어보고 싶다' 하니, 그 욕됨이 심하다 하겠다. 관백도 오히려 그렇게 해서는 안 되는데, 하물며 하찮은 왜놈이겠는가."(김성일, 「부관이 우리의 음악을 청한 데 대한 설說」)

김성일은 단순히 악단을 빌려주고 빌려주지 않고의 문제가 아니라고 생각했다.

"왕명을 받든 신하가 외국에 사신으로 가서 왕명을 전하지 못했다는 것은 시집가지 않은 처녀와 마찬가지입니다. 시집도 가지 않은 처녀가 기생처럼 노래를 팔아 사람들을 기쁘게 한다면, 어찌 나라 사람들이 천하게 여기지 않겠습니까? 왕명을 풀밭에 팽개치게 되었는데도 마음 아파하지 않으면서 우리의 음악을 도중都中에서 연주하여 왜인들의 마음을 기쁘게 하는 자료로 삼는다면, 처녀가 기생처럼 노래를 파는 것과 무엇이 다르겠습니까? (……) 저들이 애걸해도 불가하거늘 하물며 명령을 내리는데 가하겠습니까?"(김성일, 「부관이 우리의 음악을 청한 데 대한 설」)

답서를 둘러싼 실랑이

풍신수길은 조선통신사의 진을 다 빼놓은 다음에야 면담을 허락했다. 이제야 국서를 전할 수 있게 된 것이다. 유성룡은 정사 황윤길과 부사 김성일의 국서 전달 장면을 『징비록』에 비교적 자세히 기록해놓았다.

그들이 우리 사신을 접대할 적에 교자를 타고 그들의 궁전으로 들어가는 것을 허락했으며, 날라리[笳]와 피리[角]를 불고 앞에서 인도하여 당堂에 올라와서 예를 행하게 하였다.

수길은 용모가 작고 못생겼으며 낯빛이 검어서 남다른 위의威儀는 없으나, 다만 눈빛이 반짝반짝하여 사람을 쏘아보는 것처럼 느껴졌다고 한다. (……) 잠시 후에 수길이 갑자기 일어나 안으로 들어갔는데 자리에 있던 사람들은 모두 움직이지 않았다. 조금 있다가 어떤 사람이 편복便服 차림으로 안에서 어린애를 안고 나와, 당 안을 이리저리 왔다 갔다 하므로 쳐다보니 바로 수길인데, 자리에 있던 사람들은 고개를 숙여 엎드려 있을 따름이었다. 잠깐 뒤에 수길이 난간으로 나와 앉더니, 우리나라 악공樂工을 불러 여러 가지 음악을 성대히 연주토록 하여 듣고 있다가, 어린애가 옷에 오줌을 싸므로 수길이 웃으면서 시자侍子를 부르니, 한 왜인 여자가 그 소리를 듣고 달려 나오자, 어린애를 주고서 다른 옷으로 갈아입었는데, 모두가 제멋대로이고 매우 자만自滿하여, 마치 옆에 사람이 없는 것과 같은 태도였다.(『징비록』)

조선통신사는 겨우 선조의 국서를 풍신수길에게 전할 수 있었다. 선조의 국서는 앞으로 사이좋게 지내자는 의례적인 내용이었다. 그런데 풍신수길은 선조의 국서를 받고도 곧장 답서를 써 주지 않았다. 황윤길과 김성일은 이 문제로 다시 대립했다.

우리 사신이 장차 돌아가려고 하매, 답서를 즉시 써 주지 않으면서, 먼저 가라고만 하였기에 김성일이 말했다.
"내가 사신이 되어 국서를 받들고 왔는데 만약 답서가 없다면, 이것은 국명을 풀밭〔草莽〕에 버리는 것과 같다."
황윤길은 더 머물게 할까 두려워, 서둘러 출발하여 계빈으로 와서 기다리니 답서가 그제야 왔으나, 글 내용이 거칠고 거만하여 우리가 바라던 바가 아니었다.(『징비록』)

답서를 써 주지 않자 김성일은 답서를 받기 전에는 교토를 떠나지 않겠다고 주장했으나 황윤길은 자신을 억류할까 두려워서 황급히 떠났다. 황윤길은 전쟁을 일으키려는 풍신수길이 자신을 억류해 인질로 삼을 수 있다고 두려워한 것이다. 정사가 떠났는데 부사만 남아 국서를 달라고 요구할 수는 없었다. 김성일은 황윤길이 "호랑이 입에서 몸이 빠져 나오는 것만을 다행으로 여겨서, 의리와 사명이 있는 것은 돌아보지 않고 빈손으로 나왔으니, 이것이 무슨 사신의 체모란 말인가"라고 비판했다.

황윤길이 두려움을 느낀 것은 이유가 있었다. 접견 때 풍신수길

조선통신사도 선조 23년 조선통신사는 일본으로 떠난다. 세종 25년(1443) 이래 150여 년 만에 재개된 행차다.

의 대도가 위협적이었기 때문이다. 『학봉전집』의 '언행록'에는 『인재록訒齋錄』을 인용해 정랑正郎 박성朴惺이 김성일에게 마음이 흔들린 순간을 묻자 '일본에 갈 때 풍랑에 배가 뒤집히려 할 때'와 '풍신수길이 사납고 드센 위엄을 크게 보이면서 으르고 협박할 때'라고 적어놓았다.

황윤길과 김성일이 계빈에서 하염없이 기다리는데 드디어 풍신수길의 답서가 왔다. 답서가 온 것은 다행이지만 내용이 문제 투성이었다. 풍신수길의 「국서」는 통상적인 국서의 형식과는 사뭇 달랐다. 국서에 "나의 어머니께서 일찍이 나를 잉태하셨을 때 해가 품속으로 들어오는 꿈을 꾸었는데, 상사相士(점쟁이)가 '햇빛은 비치지 않는 데가 없으니 커서 필시 팔방에 어진 명성을 드날리고 사해에 용맹스런 이름을 떨칠 것이 분명하다'라고 말했다"는 내용까지 담겨 있었다. 국서에 태몽을 거론하며 자화자찬을 늘어놓는 것은 일본이 그만큼 동아시아 국제질서에서 소외됐다는 것을 뜻한다. 더 큰 문제는 다음 구절이었다. 명나라를 침략하겠다는 내용이었다.

사람의 한평생이 백 년을 넘지 못하는데 어찌 답답하게 이곳에만 오래 있을 수 있겠습니까. 국가가 멀고 산하가 막혀 있는 것도 관계없이 한번 뛰어서 곧바로 대명국大明國에 들어가 우리나라의 풍속을 4백여 주에 바꾸어놓고 제도帝都의 정화政化를 억만 년토록 시행하고자 하는 것이 나의 마음입니다. 귀국이 선구先驅가 되어 입조入朝한다면 원대한 생각은 있고, 가까운 근심은 없게 되는 것이 아니겠습니까. (……) 내가 대명大明에 들어가는 날 사졸을 거느리고 군영軍營에 임한다면 더욱 이웃으로서의 맹약盟約을 굳게 할 것입니다. 나의 소원은 다른 게 아니라 삼국三國(명나라 · 조선 · 일본)에 아름다운 명성을 떨치고자 하는 것일 뿐입니다. 방물方物은 목록대로 받았습니다…….(『국조보감』 선조 24년)

명나라를 공격할 테니 조선이 앞장서라는 뜻이다. 선조가 군사를 거느리고 군영에 임하라는 말까지 있다. 내용은 둘째 치고 용어부터가 예법에 맞지 않았다. '조선국왕 전하殿下'라고 해야 할 것을 정1품 신하의 호칭인 '합하閤下'라고 썼으며, 대등한 관계에서 '예폐禮幣'라고 써야 하는데 수령이 임금에게 바치는 예물을 뜻하는 '방물方物'이라고 한 것도 문제다. '한번 뛰어 곧바로 대명국으로 들어간다'느니 '귀국이 선구가 되라'는 것도 국서에 쓸 수 없는 거만한 말이다.

『국조보감』에는 "(김성일이) 현소에게 서신을 보내 대의를 들어 깨우치고 만일 이 글을 고치지 않으면 우리는 죽음이 있을 뿐, 가져갈 수는 없다고 했다"고 나와 있다. 현소는 할 수 없이 부사 종의지를 시켜 풍신수길에게 아뢰어, '합하'와 '방물'이란 단어를 고쳐 주었다. 그러나 김성일이 문제 삼은 '입조入朝'라는 용어에 대해서는 조선왕이 입조한다는 뜻이 아니라 '일본이 대명에 입조한다(入朝大明)'는 뜻이라면서 고쳐주지 않았다. 김성일은 여러 차례 서신을 보내 잘못된 부분을 고치도록 청했으나 정사 황윤길과 서장관 허성은 빨리 일본을 떠나려 했다. 『국조보감』을 살펴보면 "김성일이 두세 차례 서신을 보내 고치도록 청하였으나 따르지 않았다. 반면 황윤길과 허성 등은 '현소가 그 뜻을 달리 해석하는데 굳이 서로 버티면서 오래 지체할 것이 없다'면서 돌아왔다"는 것이다.

이렇게 우여곡절 끝에 통신사 일행은 무려 10개월이 지난 뒤에야 돌아왔다. 김성일의 『해사록』뿐만 아니라 『국조보감』 같은 여러 기록들을 종합해보면 사신 역할을 제대로 수행한 인물은 김성일이다.

그러나 그는 사신 과정은 적절히 수행했으나 가장 중요한 결과 보고에서 실수하면서 두고두고 구설수에 휘말린다. 이미 기술한 대로 황윤길은 '병화가 있을 것 같다'고 보고한 반면 김성일은 '그렇지 않다'고 상반되게 보고한 것이다. 『국조보감』에는 '일본에 갔을 때 황윤길 등이 겁에 질려 체모를 잃은 것에 분개'해서 김성일이 이렇게 말했다고 적혀 있다.

황윤길이 일본인들의 무인기질에 겁먹었다면 유신儒臣 김성일은 학문적 우월감으로 일본인들의 무인기질을 우습게 본 것이다. 즉 명나라를 공격하겠다는 공언을 허풍으로 본 것이다. 김성일은 사신에 대한 예우 등 국가의 체통과 관련한 문제에는 잘 대처했으나 결과 보고에서 『국조보감』이 간파한 대로 개인적 감정을 앞세움으로써 훗날 임진왜란 발발의 모든 책임이 그에게 있는 것처럼 공격당한 것이다. 김성일의 사신 행적에 대해서는 김시양金時讓이 광해군 4년(1612) 함경도 종성鐘城에서 귀양살이 하는 동안 집필한 『부계기문涪溪記聞』에서 내린 평가가 비교적 객관적이라 할 만하다.

학봉鶴峰 김성일은 동지同知 황윤길 등을 따라 일본에 사신으로 가서 비굴함이 없는 꿋꿋한 태도로 조금도 두려워하거나 겁내는 일이 없었다. 회답의 글을 받는 일이나 여러 가지 논의에 모두 힘껏 다투어 바로잡았으나 동행한 사람은 목을 움츠리고 적인敵人은 경탄하였다. 그 또한 목숨을 바쳐 힘쓴 군자라고 할 수 있다. 그러나 사방에 사신으로 가서 임금의 명을 욕되게 하지 않았다는 말로 일컫는 것에 이르러서는 나는 부끄러워해야 할 바가 있지 않을까 생각된다. 저 전대專對(사신이 외국에 가서 의외의 사건에도 자유자재로 대처하는 것)라는 것이 어찌 요행僥倖이나 절목節目의 일을 가리키겠는가.

학봉이 돌아오니, 상이 적인의 실정을 물었다. 윤길 등은 모두 적이 침입할 조짐이 있다고 말하니, 학봉은 그렇지 않다고 항변하여 수천 마디 말로 깊이 윤길 등을 공격하고, 스스로 적의 실정을 자세히 살폈다고 말하였다. 다음해에 적이 전 국력을 기울여 가지고 침략하여 종묘사직을 지키지 못하고 민생民生이 주륙되는 데에 이르렀으니, 병화兵禍의 참혹함이 옛날부터 임진년과 같은 적은 없었다. 그가 요령을 얻지 못함이 이와 같다.(『부계기문』)

그러나 임란에 대처하지 못한 책임을 김성일에게만 돌릴 수는 없다. 조선통신사가 받아온 서계에는 분명 명나라를 침략하겠다는 내용이 적혀 있었다. 그뿐 아니었다. 풍신수길은 조선통신사가 돌아갈 때 종의지와 현소를 회례사回禮使로 임명해 함께 보냈는데, 이들의 입에서도 내년(임진년)에 침략하겠다는 말이 공공연히 새어나왔다. 일본 사신들을 접대한 선위사 오억령吳億齡은 현소를 만난 후 일본의 침략 정보를 정확히 보고했다.

오억령이 현소에게 묻자, 명년에는 군사를 크게 일으켜 조선의 길을 빌려 명나라를 바로 침범할 것이라고 분명히 말하였다. 오억령이 즉시 들은 대로 왜적이 침입할 정세임을 장계하였다. 이때 국사를 담당하고 있는 자들은 왜병이 움직이지 않는다는 한쪽 말만 주장하고 있어 오억령의 장계가 오자 조정과 민간이 크게 해괴하게 여겨 즉시 아뢰어 오억령을 교체시켰다.(『연려실기술』, 「선조조 고사본말」)

오억령이 일본이 침략할 것이라고 아뢰자 도리어 그를 교체시킨 것이다. 오억령은 교체되었지만 일본이 임진년에 침략하리라는 내용은 조정은 물론 민간에도 널리 알려졌다. 그러나 조정에서는 현실을 외면하고 '보고 싶은 것만 보고', '믿고 싶은 것만 믿었다'. 전쟁은 보고 싶지 않은 것이었고, 믿고 싶지 않은 것이었다. 이런 상황에서 전쟁은 시시각각 다가오고 있었다.

4 유성룡과 이순신

이순신은 훈련원 근무 8개월 만에 충청 병사의 군관으로 좌천된다.

그러다가 선조 13년(1580) 7월 전라 좌수군 산하 발포鉢浦(전남 고흥군 도화면) 만호萬戶(종4품)로 승진했다.

그 배경은 무엇일까? 『행록』은 "서애西厓 유 정승만이 같은 동리에서 살던 어린 시절의 친구로서

공이 장수의 재목이라고 알아주었다"라고 전하고 있듯이

유성룡은 권력 실세들과 척이 져 지방으로 쫓겨난 이순신을 생각해준 유일한 인물이다.

임진왜란 직전의 상황

임진왜란이 가까이 온 시점에서 조정은 무엇을 하고 있었을까? 유
성룡은 또 무엇을 하고 있었을까? 조정이라고 김성일의 보고만 믿
고 아무 일도 안 한 것은 아니다. 임란이 일어나기 두 달 전 조정은
신립과 이일李鎰을 보내 군사태세를 점검하게 했다.

　　대장 신립과 이일을 여러 도에 보내서 병비兵備를 순시하도록 하였
다. 이일은 양호兩湖(충청·호남)로 가고, 신립은 경기京畿와 해서海西(황
해)로 갔다가 한 달 뒤에 돌아왔다. 그러나 순시하며 점검한 것은 궁
시弓矢와 창도槍刀(창칼)에 불과했으며 군읍郡邑에서도 모두 형식적으
로 법을 피하기만 하였다. 신립은 본래 잔포殘暴하다고 일컬어졌으므
로 수령들이 두려워하여 주민들을 동원하여 길을 닦고 대접하는 비용

을 대신의 행차와 같이하였다. 당시 조야에서는 모두 신립의 용력과 무예를 믿을 만하다고 하였고 신립 자신도 왜노倭奴들을 가볍게 여겨 근심할 것이 못된다고 생각했는데, 조정에서는 그것을 믿었다.(『선수실록』 25년 2월 1일)

조정이 군사태세를 점검하라고 보낸 대장 신립은 자신의 위엄을 세우는 데 더 관심이 있었다. 『징비록』은 "신립은 가는 곳마다 사람을 죽여 자신의 위엄을 세웠다"고 전한다. 수령들은 방어태세가 허술한 것을 걱정하기보다는 신립에 대한 대우가 후하지 못해 화를 낼까 봐 더 우려했다. 유성룡도 전쟁 직전 신립에게 만일 왜적이 침입하면 막을 수 있겠느냐고 물었다.

임금께 복명復命한 후인 4월 초하루에 신립이 나를 찾아 사제私第로 왔기에 내가 물었다.
"멀지 않아 변고가 있으면 공이 마땅히 이 일을 맡아야 할 터인데, 공의 생각에는 오늘날 적의 형세로 보아 그 방비의 어렵고 쉬움이 어떠하겠소."
신립은 대단히 가볍게 여기고 대답했다.
"그리 걱정할 것이 없습니다."(『징비록』)

4월 초하루는 임진란 발발 열이틀 전이었다. 그러나 대장 신립은 '걱정할 것이 없다'고 호언할 뿐이었다. 신립의 호언장담에 유성룡은 근심했다.

『징비록』 유성룡이 전란 후 벼슬에서 물러나 저술한 책으로 임진왜란의 원인·전황 등이 자세하게 기록되어 있다. 국보 제132호로 지정되었다.

"그렇지 않소. 그전에는 왜적이 다만 칼·창만 믿고 있었지만 지금은 조총鳥銃과 같은 장기長技까지 있으니 가벼이 볼 수는 없을 것이오."

신립은 말했다.

"비록 조총이 있다 해도 어찌 쏠 때마다 다 맞힐 수가 있겠습니까?"

나는 말했다.

"나라가 태평한 지가 매우 오래 되었으므로, 사졸士卒들은 겁이 많고 나약해졌으니 과연 급변이 생긴다면 항거하기가 매우 어려울 것이오. 내 생각으로는 몇 해 뒤에 사람들이 자못 군사 일에 익숙해진다면, 난을 수습할 수 있을는지 알 수 없지만 지금으로는 매우 걱정이 되오."

신립은 도무지 반성하고 깨달은 점 없이 가버렸다.(『징비록』)

문신인 유성룡이 일본의 침입을 걱정하고 있는데, 무신인 신립이 '걱정할 것 없다'고 호언하는 상황이었다. 조정에서는 혹시 일본의 침략위협이 사실일지도 모른다는 생각에 신립과 이일에게 군사태세를 점검하라고 시켰으나 두 대장은 천하태평이었다. 두 대장의 사고가 정상이라면 일본에 간자間者라도 보내서 정보를 수집해야 했지만 그런 조치는 전혀 없었다.

이순신의 뒤늦은 출사

전란의 조짐은 여러 군데서 나타나고 있었지만 대장 신립부터 '걱정할 것 없다'라고 무시했으니 다른 사람들은 더 말할 것이 없었다. 그나마 이런 상황에서 '한 사내가 오솔길의 길목을 지키면 천 사내를 두렵게 할 수 있다(一夫當逕足懼千夫)'고 부하들을 격려한 이순신이 전라 좌수사로 있던 것이 다행이었다. 그러나 이순신이 전라 좌수사가 되기까지는 수많은 우여곡절이 있었다.
　이순신이 왜 문과가 아닌 무과를 지원했는가는 수수께끼다. 문관을 우대하고 무관을 천시한 조선에서 홍문관 박사 이거李琚와 대제학 이변李邊을 배출한 집안의 후예로 왜 무장이 되려 했을까? 조카 이분李芬이 쓴 『이 충무공 행록(이하 『행록』)』은 "처음에 두 형들을 따라서 유학을 공부했는데 재기才氣가 있어 유자儒者로 성공할 수도 있었으나 매번 붓을 던지고 싶어 했다"고 전한다. 기질 자체가 무장에 맞은 것이다. 대제학 이식李植이 쓴 이순신의 「시장諡狀」에는 "독서를 하여 대의를 통달했으나 글 읽는 것을 우습게 여겨 마음에

이순신 32세 때 무과에 급제한 후에 전라 좌도 수군절도사가 되어 거북선을 제작하는 등 군비 확충에 힘썼다. 본관은 덕수德水, 자는 여해汝諧, 시호는 충무忠武다.

두지 않았다"라고 적고 있다. 문관의 길을 '글 읽는 것을 우습게 여겨' 포기하고 무관의 길을 자청했다는 것이다.

그러나 무관의 길 또한 많은 어려움이 있었다. 28세 때인 선조 5년(1572) 훈련원 별과시에 응시했다가 말에서 떨어져 다리가 부러진 이야기는 유명하다. 이순신은 선조 9년(1576) 32세 때 식년무과에 다시 응시해 필기시험이라 할 무경武經은 만점을 받았으나 정작 급제는 가장 낮은 점수인 병과丙科였다. 서른두 살에 백두산 밑 동구비보董仇非堡의 권관(종9품)이 그의 첫 보직이었다. 이 무렵 세 살 위의 유성룡은 홍문관 교리校理(정5품)와 홍문관 부응교副應敎(종4품)를 역임하며 조정의 실세로 발돋움하고 있었다.

뒤늦게 시작한 이순신의 벼슬살이는 순탄하지 못했다. 『행록』은 "성품이 엽관 운동을 좋아하지 않았으므로 서울에서 출생해서 서울에서 자랐는데도 아는 사람이 드물었다"라고 적고 있는데, 이런 성격 때문에 많은 곤란을 겪었다. 동구비보로 2년 간 근무한 이순신은 선조 12년(1579) 2월 훈련원 봉사奉事(종8품)로 전보되어 서울로 올라왔다. 일종의 영전榮轉인 데다가 승진 기회가 많은 중앙 생활이었다. 이순신에게도 출세할 수 있는 기회가 찾아온 것이다.

공이 훈련원 봉사로 있을 적에 병조판서 김귀영金貴榮에게 서녀庶女가 있어서 공을 맞이하여 사위로 삼으려고 하였는데, 공은 말하기를, "내가 이제 처음으로 벼슬길에 나섰는데 어찌 세도가에게 발을 붙이겠는가" 하고, 그 자리에서 중매쟁이를 쫓아버렸다.(김육金堉, 「통제사 이 충무공 신도비명」)

그러나 이순신은 병조판서 김귀영의 서녀를 첩으로 맞을 수 있는 기회를 박차버린다. 게다가 병조의 인사권을 장악하고 있는 병조정랑 서익徐益과 척을 지는 사건이 발생한다. 서익이 이순신에게 자신이 아는 지인을 참군參軍으로 승진시키려고 서류를 꾸며 올리라고 명하자 이순신이 거부한 것이다. 화가 난 서익은 패지牌旨를 보내 이순신을 호출해 섬돌 아래 세워놓고 힐난했으나 이순신은 논리정연하게 항변했다. 백호 윤휴는 「통제사 이 충무공 유사遺事」에 "서익은 본디 기가 세서 동료들이 그의 뜻을 감히 거스르지 못했는데 (……) 훈련원의 여러 아전들이 서로 혀를 내두르며, '병부낭중이 훈련원의 하급 관원에게 굴복당한 일은 일찍이 없었다. 게다가 이 관원이 감히 본조本曹(병조)에 대항하다니, 그는 유독 앞길을 생각하지 않는단 말인가?'라고 말했다"라고 적고 있다.

이순신은 훈련원 근무 8개월 만에 충청 병사의 군관으로 좌천된다. 그러다가 선조 13년(1580) 7월 전라 좌수군 산하 발포鉢浦(전남 고흥군 도화면) 만호萬戶(종4품)로 승진했다. 그 배경은 무엇일까? 『행록』

은 "서애西厓 유 정승만이 같은 동리에서 살던 어린 시절의 친구로서 공이 장수의 재목이라고 알아주었다"라고 전하고 있듯이 유성룡은 권력 실세들과 척이 져 지방으로 쫓겨난 이순신을 생각해준 유일한 인물이다. 선조 12년(1579)부터 13년(1580)까지 유성룡은 홍문관 직제학, 승정원 승지, 홍문관 부제학, 상주 목사, 홍문관 부제학을 역임했다. 상주 목사를 빼고는 대부분 경연참찬관經筵參贊官으로서 임금과 매일같이 얼굴을 맞대는 자리였다. 유성룡 외에 병조 핵심 실세에게 미움받는 이순신을 끌어줄 사람은 없었다.

그러나 발포 만호 자리도 순탄하지 못했다. 전라 좌수사 성박成鏄이 발포 만호진鎭 객사 앞의 오동나무로 거문고를 만들려고 하자 "이것은 관물官物"이라며 거절했기 때문이다. 얼마 후 성박의 후임으로 온 이용은 전라 좌수군 산하 5포浦의 결원을 조사해 3명의 결원이 있는 발포 만호 이순신을 처벌하도록 요청했다. 이순신이 다른 4포의 결원 현황을 입수하니 발포의 결원 숫자가 가장 적었다. 이순신의 항의를 받은 수사 이용이 부랴부랴 사람을 보내 장계를 되찾아올 수밖에 없었던 것도 조정에서 유성룡이 이를 문제 삼을 수 있었기 때문이다.

그러나 직속상관인 수사가 이순신에게 보복할 수 있는 길은 여럿이었다. 이용은 매년 6월 15일과 12월 15일에 실시하는 인사고과인 전최殿最에서 이순신에게 최하위인 전殿을 주어 파면시키려 했다. 그런데 문서 작성을 맡은 도사都事 조헌趙憲이 이를 거부했다.

"나는 이모李某(이순신)의 군사 실력이 도내에서 제일이라는 말을 익히 들어왔소. 다른 진포를 모두 하하등下下等으로 할망정 이모는 깎아내릴 수 없소."(『행록』, 「이 충무공 전서」)

조헌 임진왜란 때 옥천에서 의병을 일으켜 영규 등 승병과 합세해 청주를 탈환했다.

조헌은 서인 강경파 이지만 그 역시 이이나 유성룡처럼 당파의 시각으로 사물을 바라보지 않았다. 이순신은 조헌 덕분에 무사했지만 그리 오래가지는 못했다. 선조 15년(1582) 1월 군기시軍器寺에서 무기 상태를 점검하는 군기경차관軍器敬差官이 들이닥쳤는데, 그가 바로 과거에 다툰 적이 있는 병조정랑 서익이었다. 발포의 무기상태가 가장 좋았으나 이순신은 파직당하고 말았다. 그의 나이 38세 때였다.

유성룡은 이순신의 앞길을 열어주기 위해 이이를 찾아갔다. 이순신이 파직당한 선조 15년(1582) 초 이이는 이조판서였다.

율곡 이이 선생이 이조판서로 있을 적에 서애를 통하여 공을 만나보기를 청했으나, 공은 만나려고 하지 않으면서, "같은 문중 사람이니 만나보아도 괜찮겠지만, 인사권을 가진 자리에 있으니, 만나보아서는 안 된다"라고 말했다.(김육, 「통제사 이 충무공 신도비명」)

'같은 문중 사람'이란 동성동본이란 뜻이다. 『행록』에는 이 내용이 과거 급제 후 보직을 기다리던 선조 9년(1576)의 일로 기록되어 있다. 그러나 이이가 이조판서로 있던 때는 선조 15년 1월부터 7월까지다. 이조판서 이이가 파직당한 이순신을 만나려고 유성룡에게 청을 넣었을 리는 없다. 유성룡이 이순신을 복직시키기 위해 이이에게 청을 넣었을 것이다. 그러나 이순신은 만남을 거부했다. 이순신은 현실 앞에서 원칙을 꺾지 않는 인물이었다.

발포 만호에서 파직당한 지 4개월 만인 1582년 5월 이순신은 종8품 훈련원 봉사로 발령받는다. 8계품이나 강등되었으나 이순신은 14개월을 묵묵히 근무했다. 선조 16년(1583) 7월 함경도 남병사南兵使 이용이 이순신을 군관으로 발탁하는데, 『행록』은 이용이 "전날 공을 알지 못한 것을 깊이 후회했다"고 비로소 이순신의 진가를 알게 되었다고 적고 있다. 그러나 이용이 3개월 만인 선조 16년(1583) 10월 이순신을 건원보乾原堡 권관權管(종9품)으로 보낸 것은 과연 그가 이순신의 진가를 알고 발탁했는지를 의심케 한다. 그 직후 함경도 남병사는 김우서金禹瑞로 교체됐는데, 이때 이순신은 여진족 우두머리 우을기내于乙其乃를 유인해 체포하는 커다란 전공을 세웠다.

그러나 함경도 남병사 김우서가 이순신이 사전 승인 없이 군사를 움직였다고 비난하는 장계를 올리는 바람에 이순신은 아무런 보상을 받지 못했다. 이순신은 그해 11월 훈련원 참군參軍(정7품)으로 승진했는데, 『행록』은 "정해진 훈련원 근무 기간이 만기가 되었기 때문"이라며 "공은 명성이 자자했지만 권세가들을 분주히 찾아다니지 않아 벼슬이 뛰어오르지 못해 사람들이 안타깝게 생각했다"고 전하고 있다.

이순신은 그해(1583) 부친 이정李貞이 충청도 아산에서 사망하자 3년 간 시묘살이를 마친 후 선조 19년(1586) 1월 종6품 사복시司僕寺 주부로 복직되었다가 곧 함경도 조산 만호(종4품)로 승진되었다. 4계품을 뛰어넘은 발령에 대해 『행록』은 "오랑캐의 소란이 한창 심하였는데, 조산은 오랑캐 땅에 근접했으므로 조정은 조산 만호로 보낼 사람을 아주 엄선해서 보내야 한다고 하여 공을 만호로 천거했다"고 전한다. '엄선했다'는 것은 그만큼 논란이 많았음을 뜻하는데, 그를 '만호로 천거'한 사람은 과연 누구일까? 『선조실록』 30년 1월 27일 기사에는 이순신이 한창 공격당할 때 유성룡이 "이순신은 성종 때 사람 이거의 자손인데, 그 자리를 감당할 만하다고 여겨서 당초에 신이 조산 만호로 천거했습니다"라고 말했다고 전한다. 예조판서 겸 홍문관 제학 유성룡이 이순신을 조산 만호로 천거한 것이다. 역시 그의 배후에는 유성룡이 있었다.

계속되는 이순신의 불운

조산 만호 이순신은 함경도 순찰사 정언신의 명령으로 녹둔도鹿屯島 둔전관을 겸임한다. 녹둔도는 조산 만호영에서 20리 정도 떨어진 두만강 하구의 삼각주 섬이다. 이순신은 녹둔도 주둔병력으로는 여진족의 기습공격을 막을 수 없다고 판단하고 함경도 북병사 이일에게 여러 차례 병력 증강으로 요청했다. 그러나 이일이 계속 묵살하는 가운데 선조 20년(1587) 8월 여진족 사송아沙送阿가 기습하는 사건이 발생했다. 경흥慶興 부사 이경록李慶祿이 봉수군烽燧軍을 거느리고 추수하고 있을 때였다. 사송아는 저항하는 조선군을 공격해 녹둔도 수비 군관 오언吳彦과 둔전 감관 이경번李景藩 그리고 군사 10명을 전사시키고 포로로 잡은 조선인들에게 추수한 곡물을 지게 하고 퇴각했다. 급보를 받은 이순신은 전승대戰勝臺에 군사들을 매복시켰다가 급습해 끌려가던 남녀 60여 명을 구출했다. 그러나 북병사 이일은 군관과 병사들이 전사한 책임을 이순신에게 전가하기 위해 이순신을 영문營門으로 압송했다. 백사白沙 이항복李恒福은 이 사건을 이렇게 적고 있다.

녹둔도 전투 때 한창 싸우다가 공이 유시流矢를 맞았는데, 남몰래 스스로 화살을 뽑아버리고 낯빛도 동요하지 않았으므로 온 군중에서 그 사실을 아는 자가 없었다. 당시 주장主將(이일)이 공을 체포하여 영문으로 송치시켰다. 장차 들어가 조사를 받게 되자, 친구 선거이宣居怡가 공이 죄를 면치 못할까 두려워하여 손을 잡고 눈물을 흘리면서 술을 권하여 놀란 마음을 진정시키려 하니, 공이 정색하여 말했다.
"죽고 사는 것은 명命에 달린 것인데, 술은 무엇 하러 마신단 말인가." (이항복, 「고故 통제사統制使 이 공李公의 유사」)

이일은 이순신에게 패군敗軍의 정상을 공술하게 했다. 이순신의 자백을 명분으로 목을 베려고 한 것이다. 그러나 이순신은 이일에게 조목조목 따졌다.

나는 녹둔도의 군졸이 단약單弱하기 때문에 누차 군졸을 늘릴 것을 청하였으나, 주장이 허락하지 않았습니다. 군부軍簿(문서)가 여기에 있으니, 만일 조정에서 그 사실을 알면 죄가 나에게 있지 않을 것입니다. 또 나는 힘껏 싸워서 적을 물리치고 쫓아가 우리 쪽 사람들도 다시 빼앗아 돌아왔는데, 패군으로 논죄하려고 해서야 되겠습니까.(윤휴, 「통제사 이 충무공 유사」)

또한 "이일은 부끄러운 생각에 기가 꺾여 그를 죽이지는 못했다"라고 적고 있다. 이로써 목숨은 건졌지만 이순신은 백의종군에 처해진다. 첫 번째 백의종군이었다. 백의종군하며 조산 만호 직책을 그대로 수행하던 이순신은 곧 큰 공을 세운다. 여진족 우두머리 우을기내를 유인해 사로잡은 것이다. 우을기내는 변방을 소란케 하는 큰 우환거리였으므로 이순신은 큰 공을 세운 것이다. 그러나 그는 백의종군만 면했을 뿐 다른 상을 받지 못했다.

게다가 선조 21년(1588) 윤6월에는 조산 만호 직에서도 제관除官되었다. 44세 때 다시 실직자가 된 것이다. 『행록』에는 "그때 조정에서는 차례를 무시하고 뽑아 쓸 무사를 천거했는데, 공이 두 번째에 들어 있었으나 임명되지 못했다"라고 전하고 있다. 같은 동인 계열의 정언신과 이산해가 추천했으나 뽑히지 못한 것이다. 서울에 있는 집으로 돌아온 불우한 무신 이순신에게 미래는 없어 보였다. 그러나 선조 22년(1589) 이순신은 전라 순찰사 이광李洸의 요청으로 순찰사 조방장助防將(종4품)으로 복직했다. 그 배경에는 역시 유성룡이 있었다.

이순신을 정읍 현감으로 삼았다. 순신이 감사 이광의 군관이 되었는데 이광이 그 재주를 기이하게 여겨 주달하여 본도의 조방장으로 삼았다. 유성룡이 이순신과 이웃에 살면서 그의 행검을 살펴 알고 빈우賓友로 대우하니, 이로 말미암아 이름이 알려졌다. 과거에 오른 지

14년 만에 비로소 현감에 제수되었다.(『선수실록』 22년 12월 1일)

　게다가 그해 겨울에는 정읍 현감이 되었다. 정읍 현감은 종6품
으로 종4품 조방장보다 품계는 4계품 낮으나 문관들이 가는 자리
로 사실상 승진이었다. 선조 22년(1589) 10월 유성룡은 이조판서가
되었고, 그 두 달 후 이순신은 정읍 현감이 되었다. 과거 급제 후
14년 만에 현감이 된 이순신은 평소 마음의 빚을 갚기로 마음먹는
다. 요사夭死한 두 형 이희신李羲臣·이요신李堯臣의 아들인 조카들
일이었다. 그는 어머니와 조카들을 정읍으로 데리고 갔다. 그러자
너무 많은 식솔들을 데려간다며 남솔濫率(처자를 많이 데려가는 것)이란
비난이 일었다. 『행록』은 이순신이 눈물을 흘리며, "내가 차라리
남솔의 죄를 지을지언정 이 의지할 데 없는 어린 것들을 차마 버리
지 못하겠습니다"라고 말하자 듣는 이들이 의롭게 여겼다고 전한
다. 유성룡도 마찬가지였다.

　　그의 두 형 희신·요신은 다 먼저 죽었다. 이순신은 이 두 형의 어
　린 자녀들을 자기 친자식같이 어루만져 길렀다. 출가시키고 장가보내
　는 일도 반드시 조카들이 먼저 하게 해주고 자기 자녀는 나중에 하게
　했다.(『징비록』)

　이순신이 조카들을 데려갔다고 민폐를 끼친 것은 아니다. 『선수
실록』에 '고을(정읍)을 다스리는 데에 성적聲績이 있었다'라고 기록
된 것이 이를 말해준다. 인근 태인 현감이 결원이어서 이순신이 겸
임했는데, 이순신의 일 처리 방식을 지켜본 태인 사람들이 어사御史

에게 이순신을 태인 현감으로 발령해달라는 청원서를 내기도 했다. 정읍 현감으로 성가를 올리면서 이제 이순신의 오랜 불운은 끝나고 있었다.

그러나 유성룡은 정읍 현감이 이순신의 정위치가 아니라고 보았다. 이순신은 무관의 자리에 있어야 한다고 생각했다. 유성룡이 이순신을 거듭 천거한 이유는 무재武才를 살리기 위해서였다. 유성룡은 선조 23년(1590) 7월 이순신을 고사리高沙里 첨사로 옮겼으나 대간에서 논박하는 바람에 가지 못했고, 다시 만포 첨사로 옮겼으나 대간에서 다시 '너무 갑자기 승진했다'며 논박하는 바람에 다시 취소되고 정읍 현감으로 되돌아왔다. 만포 첨사는 당상관이므로 유성룡이 힘껏 천거했으나 무위로 돌아간 것이다.

그러나 유성룡은 이순신을 계속 정읍 현감으로 눠둘 수 없었다. 빨리 군문으로 돌려보내야 했다. 전운이 감돌았기 때문이다. 선조 24년(1591) 2월 이순신은 진도 군수(종4품)로 승진했다가 곧바로 종3품 가리포加里浦(전남 완도) 첨사로 자리를 옮겼다. 그리고 다시 전라 좌수사로 승진했다. 전라 좌수사는 정3품 당상관이다. 그야말로 눈부신 승진이니 대간에서 논박하지 않을 수 없었다.

사간원에서 아뢰었다.

"전라 좌수사 이순신은 (정읍) 현감으로서 아직 (진도) 군수에 부임하지도 않았는데 좌수사에 초수超授(뛰어넘어 제수하는 것)하시니 그것이 인재가 모자란 탓이긴 하지만 관작의 남용이 이보다 심할 수 없습니다. 체차시키소서."(『선조실록』 24년 2월 16일)

그러나 선조는 "지금은 상규에 구애될 수 없다"라며 받아들이지 않았다. 일본의 동태가 심상치 않았기 때문이다. 유성룡도 이렇게 말했다.

이때 왜가 침범하리라는 소리가 날로 급해졌으므로 임금은 비변사에 명령해서 각기 장수가 될 만한 인재를 천거하라고 하셨다. 내가 순신을 천거했다. 순신은 드디어 정읍 현감을 뛰어넘어 수사水使로 임명되었다.(『징비록』)

이때가 선조 24년(1591) 2월 16일, 임진왜란이 일어나기 1년 2개월 전으로 일본이 침략할 것이라는 소문이 떠돌았다. 이 무렵 이순신에게 제수된 벼슬들을 보면 유성룡의 의중을 잘 알 수 있다. 진주 부사나 가리포 첨사 그리고 여수에 수영水營이 있던 전라 좌수사는 모두 일본이 침략할 경우 최전선 지역이다. 이곳들이 무너지면 곡창지대 호남이 위태로워지는 것이다. 이렇게 불우한 무인 이순신은 임진왜란 한 해 전에 '전라 좌수사'가 되었다. 이순신을 빈우로 대한 유성룡이 있었기에 '전라 좌수사 이순신'이 일본과 맞서 싸울 수 있었던 것이다. 미수眉叟 허목許穆이 쓴 「서애유사西厓遺事」는 "선조께서 비변사와 각 대신에게 명해서 재능 있는 장수를 추천토록 하니 선생은 권율과 이순신을 천거했다. 그 당시 권율과 이순신은 모두 하급 무관이어서 이름이 크게 알려지지 않았다"라고 전하고 있다. 유성룡이 추천한 두 장수가 임란 3대첩 중 행주대첩과 한산도대첩을 승전으로 이끈 것이다.

5_ 전란대비

국초에는 각 도의 군병을 모두 진관에 나누어 소속시켰다가 위급한 상황이 발생할 경우

진관이 속읍을 물고기의 비늘처럼 잘 통솔하고 주장主將의 호령을 기다렸습니다.

우선 경상도를 예로 들어 말하면 김해·대구·상주·경주·안동·진주가 6진鎭이 됩니다.

그러다가 적군이 쳐들어와 한 진鎭의 군대가 혹 패하더라도

다른 진이 차례로 군사를 엄중히 단속해 굳게 지켰으므로 여러 진이 연달아 붕괴되지 않았습니다.

율곡 이이의 십만양병설은 사실인가?

호암湖岩 문일평文一平은 「근교 산악사화」에서 유성룡의 서울 집이 묵사동墨寺洞이라며 "서애의 공적에 대해서 흔히 논평하기를 율곡의 십만양병설에 반대한 것은 아주 잘못된 일이나 충무공을 추천한 것은 매우 잘한 일이라 한다"고 말했다. 이순신과 권율 등을 등용한 것은 잘했지만 이이의 십만양병설을 반대한 것은 잘못했다는 뜻이다.

이이가 주장한 십만양병설을 유성룡이 반대해 무산되었다는 이야기는 한때 교과서에도 실려 있었다. 서애의 십만양병설 반대가 전국민적 상식이 된 데는 역사학자 이병도李丙燾의 역할이 결정적이다. 그가 『조선사대관朝鮮史大觀(1948)』과 수정판 『국사대관(1955)』, 『한국사대관(1983)』에 거듭 이 사실을 실었기 때문이다.

"특히 이이는 선조에게 군사 10만을 양성하여 완급緩急에 대비하자는 것을 건의하여 만일 그렇게 아니하면 10년을 넘지 못하여 토붕土崩(흙이 무너짐)의 화를 당하리라 하였다. 이때는 임진왜란이 일어나기 10여 년 전의 일이니, 장래를 투시하는 그의 선견先見의 명明이 어떠하였던가를 알 수 있다. 그러나 이에 대하여 당시의 국왕 선조는 아무런 반응이 없었고 조신朝臣들 중에도 찬동 지지하는 사람이 별로 없었다. 동료 중에 식견이 높은 유성룡까지도 무사한 때에 양병養兵(군사를 기르는 것)은 도리어 화禍를 기를 뿐이라고 하여 반대하였다. 당시 조신들이 얼마나 타성과 고식에 기울어졌던가를 추측할 수 있다."(이병도, 『한국사대관』)

이병도 박사는 『한국사대관』「참고」에서 율곡의 십만양병설에 대해 장황한 부연설명을 덧붙였다.

"본문에 말한 그의 양병십만론은 연월은 미상未詳하나 그의 문인 김장생金長生(1548~1631) 소찬所撰의 『율곡행장』 중에 적혀 있으니 이것이 설령 그의 만년지사晚年之事라 할지라도 임란 전 10년에 해당한다. 이 건의에 반대하던 한 사람인 유성룡이 후일에 그 선견의 명明을 추억하면서 '이이는 진성인眞聖人이라'고까지 하였다 함은 역시 위의 행장에도 실려 있지만 유명한 이야기이다."

이병도 박사의 글은 먼저 문장 자체가 모순이다. 문장의 앞부분에서는 "연월은 미상하나"라고 시기를 특정할 수 없다고 써놓고 뒷부분에서는 "임란 전 10년에 해당한다"라고 시기를 특정했다. 이병도 박사의 고민이 느껴지는 대목인데, 앞부분은 김장생이 쓴 『율곡행장』을 보고 쓴 것이고 뒷부분은 송시열宋時烈(1607~1689)의 『율곡연보』를 보고 쓴 것이다. 십만양병설의 문제점은 이병도가 문장의 앞부분에서 말한 대로 '연월이 미상'하고 그 근거도 제자 김장생이 쓴『율곡행장』에 의지했다는 데 있다. 십만양병설의 근거가 된 김장생의『율곡행장』을 보자.

"일찍이 경연에서 (율곡이) 청하기를 '10만의 군병을 미리 길러 위급한 사태에 대비해야 할 것입니다. 그렇지 않으면 10년이 지나지 않아서 장차 토붕와해土崩瓦解의 화가 있을 것입니다'라고 하자 정승 유성룡이 '사변이 없는데도 군병을 기르는 것은 화근을 기르는 것입니다'라고 말했다. 그때 오랫동안 태평이 계속되어 모두가 편안에 젖어 있었으므로 경연에서 주대奏對하는 신하들이 다 선생先生(율곡)의 말을 지나친 염려라고 여겼다. 선생이 밖에 나와 성룡에게 이르기를 '나라의 형세가 누란의 위기에 처했는데도 속유俗儒들은 시무에 통달하지 못하니 다른 사람에게는 기대할 것이 없지만, 그대 또한 어찌 이런 말을 하는가'라고 하였다. 임진란을 맞은 후에 유 정승(유성룡)이 조정에서 다른 사람에게 말하기를 '지금 보니 이 문성李文成(율곡의 시호)은 참으로 성인이다. 만약 그의 말을 채용했더라면 국사가 어찌 이 지경에 이르렀겠는가……'라고 하였다."(김장생,『율곡행장』)

이것이 이이가 임진왜란을 예견하고 '십만양병설'을 주장했다는 국민적 상식의 근거가 되는 기록이다. 송시열이 쓴『율곡연보』,『선수실록』, 이정구李廷龜의「시장諡狀」, 이항복의「신도비문」등은 모두 김장생의 이 기록을 보고 쓴 것이다. 이후 십만양병설에 관한 대부분의 기록은 이 기술을 약간 변형한 것에 불과하다.

김장생이 편찬한『율곡행장』을 보면 '이이가 몇 년 몇 월에 무슨 말을 했고 무슨 상소를 올렸다'는 식으로 시기를 자세하게 특정했다. 그런데 이렇게 중요한 십만양병설을 주장한 시기에 대해서는

"일찍이 경연에서〔嘗於筵中〕"라고 모호하게 표현했다. 김장생의 이런 고민을 씻어준 인물이 그의 제자인 송시열이다. 송시열이 지은 『율곡연보』에 그 시기가 정확하게 나타난다.

"선생이 경연에서 아뢰기를 '국세國勢가 부진한 것이 극도에 달했으니 10년이 지나지 않아 마땅히 토붕와해의 화가 있을 것입니다. 원컨대 10만의 군병을 미리 길러서 도성에 2만 명을 두고, 각도에는 1만 명을 두어 호역戶役을 면제하고, 재능 있는 자를 훈련시켜 6개월로 나누어 교대로 도성을 지키게 하고 사변이 있으면 10만 명을 합하여 도성을 지키도록 하여 위급한 때에 대비하게 하소서. 그렇지 않으면 하루아침에 사변이 일어나 백성들을 몰아내 싸우게 함을 면치 못할 것이니 큰일이 실패할 것입니다'라고 하니 유성룡 공公이 불가하다면서, '무사한 때에 군사를 기르는 것은 화를 기르는 것입니다'라고 말했다. 경연의 신하들도 모두 선생의 말을 지나친 염려라고 여겨 행하지 않았다. 선생이 물러나서 유 공柳公에게 말하기를 '속유俗儒는 진실로 시의에 통달하지 못해 그렇지만 공 또한 어찌하여 이런 말을 하는가' 하고는 한참 동안 수심에 잠겨 있었다. 임진왜란이 일어나자 유 공이 조정에서 감탄하기를 '이 문성李文成은 참으로 성인이다'라고 하였다."

송시열은 『율곡연보』에서 율곡이 경연에서 이 주장을 했을 때가 선조 16년(1583) 4월이라고 적고 있다. 옛날에는 해를 셀 때 만滿으로 따지지 않았으니 선조 16년 4월은 임진왜란이 일어나기 정확히 10년 전이다. 송시열이 편찬한 『율곡연보』에 따르면 이이는 임진왜란이 일어날 해와 달까지 정확히 예언한 예언가가 된다. 이병도가 "연월은 미상하나 …… 임란 전 10년에 당한다"라고 앞뒤가 다르게 기록한 것은 김장생과 송시열의 기록이 머릿속에서 채 정리되지 않은 채 쓰다가 나온 기술이다. 이이의 십만양병설은 『선조실록』에는 나오지 않는 반면 『선수실록』 15년 9월 1일자에 등장한다. 그런데 실록 본문 기사에는 기록하지 못하고 본문 기사의 끝에 "이이가 일찍이 경연에서[珥嘗於經席]"라면서 사관이 덧붙이는 평으로 등장한다. 『선수실록』 15년 9월 1일자 본문은 이이가 네 가지 시폐의 개정을 청한 상소문인데 여기에서 이이는 "신이 늘 경연에서 아뢴 것은 공안貢案을 개정하고 수령을 줄이고 감사를 구임久任(오래 근무시킴)시키는 세 가지뿐이었습니다"라고 말한다. 정작 이이의 말을 실은 본문과 사관이 평한 이야기는 전혀 상반된 이야기다. 그래서 논란 많은 이런 부분들을 해석할 때는 사료비판이 필수적이다.

이 이야기를 이해하려면 『선수실록』의 편찬 동기와 그 시기에 대해서 이해해야 한다. 북인들이 편찬한 『선조실록』에는 10만 양병 운운하는 내용이 한마디도 등장하지 않는다. 이이의 제자들인 서인들이 인조반정을 일으켜 집권한 후 『선조실록』에 수정을 가한 것이 『선수실록』인데, 인조 21년(1643)부터 수정을 시작해 효종 8년(1657)에 완성되었다. 서인들은 인조반정을 일으키면서 산림山林을 높인다는 명분을 내세웠는데 산림의 대표가 같은 당파의 김장생이었다. 『선수실록』을 편찬할 때 김장생의 『율곡행장』이 중요하게 다루어졌다는 뜻이다. 그러나 이때도 "일찍이 경연에서……"라고만 쓰고 시기를 특정하지 못했다. 더구나 같은 날짜 본문의 네 가지 시폐의 개정을 청한 상소문의 네 번째에서 이이는 세금 징수의 폐단을 개혁하자면서 "백성들이 곤궁해지고 재물이 고갈되어 뿔뿔이 흩어져 떠나버렸으므로 백성이 더욱 적어지고 부역은 날이 갈

수록 심해지니 이러한 형세로 나간다면 백성들은 필시 한 사람도 남지 않게 되고야 말 것입니다"라고 우려한다. 백성들의 과중한 부담을 개혁하지 않으면 '백성들은 한 사람도 남지 않게 될 것'이라고 말한 다음에 '10만 양병' 운운했다는 것이니 앞뒤가 맞지 않을 뿐 아니라 말도 되지 않는다. 『선수실록』 사관들의 고민을 그대로 말해주는 것이다. 같은 상소에서 이이는 백성들의 비참한 상황에 대해서 이렇게 토로한다.

> 지금 백성은 흩어지고 군사는 쇠약하며 창고의 양곡마저 고갈되었는데 은혜가 백성에게 미치지 않고 신의도 여지없이 사라졌습니다. 혹시라도 외적이 변방을 침범하거나 도적이 국내에서 반란을 일으킨다면 방어할 만한 병력도 없고 먹을 만한 곡식도 없고 신의로 유지할 수도 없는데, 모르겠습니다만 전하께서는 이 점에 대해 어떻게 대응하려 하십니까? 지금 듣건대 조사詔使(명나라 사신)가 곧 나온다는데 서도西道(평안도) 백성들은 이미 지탱할 계책이 없다고 합니다.(『선수실록』 15년 9월 1일)

이이는 외적이 변방을 침범하더라도 방어할 만한 병력도 없고 먹을 만한 곡식도 없는 상황이라고 한탄하고 있다. 명나라 사신을 접대할 곡식을 걱정하는 상황에서 10만 상비군을 기를 곡식은 어디에서 나온다는 말인가?

십만양병설이 김장생의 창작에 송시열이 덧붙인 것이라는 중요한 증거가 두 사람이 각각 쓴 『율곡행장』과 『율곡연보』에 있다. 다름 아닌 유성룡이 임란이 발생한 후 다른 사람에게, "이제 와서 보니 이 문성은 참으로 성인이다"라고 말했다는 대목이다. 서애 유성룡은 선조 40년(1607)에 사망했다. 그런데 율곡 이이에게 문성文成이란 시호가 내린 때는 유성룡이 사망한 지 17년 후인 인조 2년(1624)이다.

유성룡은 자신이 죽은 지 17년 후에 이이에게 문성이란 시호가 내릴 것을 알고 "이제 와서 보니 이 문성은 참으로 성인이다"라고 말했다는 격이다. 율곡이 예언가가 아니라 유성룡이 예언가가 되는 셈이다. 김장생이 나중에 썼을 수도 있지 않겠느냐고 볼 수도 있겠지만 김장생이 『율곡행장』을 쓴 것은 선조 30년(1597)으로 율곡이 문성이란 시호를 받기 27년 전이다. 김장생의 창작에 송시열을 비롯해서 여러 사람들이 그럴듯하게 가필에 가필을 거듭하면서 '십만양병설'이란 신화가 만들어진 것이다. 실제로 병조판서를 역임했던 이이는 국방 문제에 대해서 고민을 많이 했다. 그래서 선조에게 '국방 문제에 대한 종합보고서'라고 할 수 있는 「군정책軍政策」을 올렸다. 여기에서 율곡은 이렇게 말한다.

> 공자께서 말씀하시기를, "먹을 것을 넉넉히 하고 군비를 넉넉히 하면 백성들이 신임한다"라고 하였고, 또 "예부터 모두 죽음은 있으나 백성이 믿음이 없으면 존립하지 못한다"라고 하였습니다. 그렇다면 믿음(信)이 나라를 지키는 금성탕지金城湯池요, 군병은 족히 말할 것이 못 됩니다. 이로써 보면, 나라에서 마땅히 먼저 해야 할 바는 인의와 믿음에 있지 않겠으며, 나중에 할 바는 군정에 있지 않겠습니까.(이이, 「군정책」, 『율곡전서』)

율곡이 "군병은 족히 말할 것이 못 됩니다"라고 말한 이유는 백성들의 삶이 더 중요하다고 생각했기 때문이다. 이이는 시종일관

양병養兵 대신 양민養民을 주장한 개혁정치가다. 송시열은 이이가 선조 16년(1583) 4월 십만양병설을 주장했다고 기술했지만 『선조실록』은 그 두 달 전에 이이가 전혀 다른 주장을 하고 있다는 사실을 보여준다.

군민軍民을 기른다는 것에 대하여 말씀드리겠습니다. 양병養兵은 양민養民이 밑바탕이 되어야 합니다. 양민을 하지 않고서 양병을 하였다는 것은 옛부터 지금까지 들어본 적이 없습니다. 오나라 부차夫差의 군대가 천하에 무적이었지만 결국 나라가 망한 것은 양민을 하지 않았기 때문입니다. 지금 민력民力이 이미 고갈되어 사방이 곤궁한데 당장 대적大敵이라도 나타난다면, 비록 제갈양諸葛亮이 앉아 계략을 짜고 한신韓信·백기白起가 군대를 통솔한다 하여도 어찌할 방법이 없을 것입니다. 왜냐하면 조발하려 해도 조발할 군대가 없고 먹이려 해도 먹일 곡식이 없으니, 아무리 슬기로운 자라 할지라도 어찌 재료가 없음을 핑계 삼지 않겠습니까.(『선조실록』16년 2월 15일)

양병보다 양민에 주력해야 한다던 이이가 두 달 후에 느닷없이 십만양병설을 주장할 수는 없는 일이다. 이 경우 선조가 "경은 두 달 전에는 다른 말을 하더니 갑자기 왜 다른 소리를 하는가?"라고 물으면 할 말이 없기 때문이다. 또한 이이는 도망간 군사들이 다시 돌아올 수 있게 군사정책을 바꾸어야 한다면서, "훈련 방법에서는 우선 양민부터 하고 나서 논의할 일입니다"라고 주장했다.

이이도 당시 조선의 군사 숫자가 부족하다는 사실은 알고 있었다. 그러나 군사를 늘리려면 군사비가 필요했다. 이이가 병조판서로 있던 선조 16년(1583) 2월 여진족 니탕개尼湯介가 경원慶源을 공격했지만 병사가 부족했다. 병사를 늘릴 자금은 더욱 부족했다. 그래서 이이는 비용을 들이지 않고 군사를 늘리는 방법을 고민하다가 그 방법을 제시했다. 서자들이나 천인賤人들이 자원해서 육진六鎭에 나가 3년을 근무하면 서자들에게는 과거의 응시 자격을 주고 천인들은 양인良人으로 면천免賤시키자는 것이다. 신분제의 틀을 완화시켜 군사를 늘리고자 한 의도였다. 이렇게 하면 국가는 돈 한 푼 들이지 않고 군사를 늘릴 수 있었다.

그러자 특권의식에 젖은 사대부들은 이이가 자신의 서자 아들을 등용시키려고 서자들에게 과거 응시 자격을 주는 '서얼庶孼 허통법'을 주창한 것이라고 비난했다. 나아가 양사兩司는 이이의 파직까지 주창했다. 모두 이이의 개혁정책을 막으려는 술책이었다. 유성룡은 비록 당파는 다르지만 이순신을 이이에게 소개시켜주려고 했을 정도로 이이와 가깝게 지냈다. 아마도 개혁을 주창했던 정치 성향이 서로 비슷했기 때문일 것이다. 특히 두 사람은 신분제의 틀을 흔들어 백성들의 지위와 생활을 향상시켜야 한다는 생각을 갖고 있었다. 정치 성향을 따지면 개혁론자였던 이이는 김장생이나 송시열처럼 자신의 이념과는 반대로 행동하는 인물들보다는 유성룡과 더 가까웠을 것이다.

마지막으로 이이의 십만양병설이 사실이라고 주장하는 사람들이 근래에 와서 펼치는 논리가 있다. 김장생이 『율곡행장』을 쓴 것은 선조 30년(1597)으로서 선조가 살아 있을 때 어떻게 이런 주장을 펼칠 수 있겠느냐는 것이다. 일견 그럴듯하지만 이 또한 조금만 사료를 상고하면 그 진위를 금방 알 수 있는 일이다. 김장생의 문집을 처음 본 임금은 숙종이었다. 『숙종실록』 11년(1685) 9월 30일자는 "봉조하奉朝賀 송시열이 문원공文元公 김장생의 유고遺稿를 진헌進獻하였다"라고 전하고 있다. 송시열은 이때 "가만히 엎드려 듣건대, 성명聖明께서 옥당玉堂에 명하여 신의 스승인 문원공 김장생의 유고를 올리게 하라"고 말했다고 전하고 있다. 김장생의 문집이 조정에 있었다면 숙종이 이런 명령을 내리지는 않았을 것이다. 선조는 김장생이 십만양병설에 대해서 글을 썼다는 사실 자체를 몰랐다.

유성룡이 이이의 십만양병설을 반대해서 임란의 참화를 초래했다는 이야기는 김장생의 창작에 지나지 않는다. 그런데 김장생이 만든 말은 이것뿐이 아니다. 김장생은 '기축옥사 때 유성룡이 위관이 되어 이발의 팔십 노모와 어린 아들을 죽게 만들었다'는 이야기도 만들었다. 김장생은 정철의 행장인 『송강행록松江行錄』에서 이렇게 주장했다.

송강이 이미 위관委官에서 갈리고 나서 유 정승이 대신 맡아 이발李潑의 팔십 노모와 어린 아들을 잡아다 국문하여 극도로 형벌을 가해서 마침내 형장刑杖 아래서 죽게 만들었다. (……) 저 늙은 부녀자와 어린 자식을 유성룡이나 이양원李陽元 등 여러 사람들도 어찌 살리려고 하지 않았겠는가마는 끝내 구하지 못한 것은 사세가 그런 것이었다. 그런즉 이발·최영경을 죽인 죄를 공公(정철)에게 모두 돌리는 것은 편벽되지 않은가? (……) 지금 공을 모함하고 미워하는 연소배年少輩들은 이발의 노모와 어린 자식을 죽인 죄를 모두 공에게로 돌리고 있다. 모르고서 그렇게 말하는 사람은 이상하게 생각할 것이 없지만 그렇지 않은 줄 분명히 알면서도 오히려 시론時論에 아첨하여 부화뇌동하는 사람이 있다.(김장생,『송강행록』)

기축옥사 때 유성룡이 정철의 뒤를 이어 위관이 되어 이발의 노
모와 어린 아들을 유성룡이 죽였다는 주장이다. 김장생은 이 글에
서 유성룡과 정철의 대화를 인용하고 있다.

　　공(정철)이 유성룡에게, "이발의 노모와 어린 자식을 공(유성룡)은
　어찌하여 죽였소?"라고 묻자, 유성룡이 "공이라면 그 죽음을 구제할
　수 있었겠소?"라고 답했다. 공은 "나라면 능히 구제할 수 있었지요"
　라고 답하자 유성룡이, "능히 그럴 수 있었을까?"라고 답했다.(김장
　생,『송강행록』)

두 사람의 대화를 인용해 사실인 것처럼 만드는 게 김장생의 특
기다. 김장생은『율곡행장』에서도 십만양병설 논의 때 이이가 유성
룡에게, "그대 또한 어찌 이런 말을 하는가?"라고 말하고, 나중에
유성룡이 "지금 보니 이 문성(이이)은 참으로 성인이다"라고 했다고
적고 있다. 정철과 유성룡의 대화나 이이와 유성룡의 대화 모두 김
장생의 머릿속에서 만들어낸 창작품이다.
　이발의 노모와 어린 아들이 형벌을 받은 날자는 선조 23년(1590)
5월 13일이다. 유성룡은 그해 4월부터 휴가를 얻어 어머니를 만나
러 안동 고향에 내려가 있다가 5월 20일에는 정경부인貞敬夫人 이씨
李氏를 군위에 장사지내고, 5월 29일에 우의정에 제수되어 6월에 서
울로 올라와 우의정을 사양하는 상소를 올렸다. 이발의 노모와 어
린 아들이 옥사할 때 유성룡은 안동에 있었던 것이다. 그리고 유성

룡은 기축옥사의 위관을 맡은 적도 없다.

김장생은 북인의 종주인 남명南冥 조식曺植에 관해서도 비슷한 창작을 한 적이 있다. 김장생은 성운成運이 『남명행장』에서 "조식이 기대승奇大升을 크게 비판했다"고 썼다고 주장했으나 성운은 『남명묘갈명南冥墓碣銘』을 쓴 적은 있어도 『남명행장』을 지은 적은 없는데, 『남명묘갈명』에는 남명이 기대승을 비판했다는 이야기가 전혀 없으니 이 역시 김장생의 악의적 창작인 것이다.

이처럼 반대 당파의 인물들에 대한 악의적 창작을 일삼은 김장생은 서인의 종주가 되어 성균관 문묘에까지 종사되고, 서인과 그 후예인 노론이 계속 집권하면서 그의 글에 대한 진위를 검증하는 것은 성역이 되어버렸다. 그리고 노론 계열의 역사학자들이 현재까지도 이를 사실인 것처럼 인용하면서 국민적 상식이 되어버린 것이다.

김장생과 송시열이 스승 이이를 높이려는 마음은 긍정할 만하지만 없는 내용까지 창작하면서 높이는 것은 이이를 욕보이는 것이다. 이이와 유성룡은 불우한 이순신을 등용하기 위해 상의했을 정도로 당파를 뛰어넘은 인물들인데, 이이를 높이기 위한 도구로 유성룡이 이이의 십만양병설을 반대했다고 창작한 것은 반대당파에 대한 악의적 조작과 다름없다. 이 창작으로 인해 『율곡행장』에 기술된 다른 행적들도 의심하게 만든다면 이는 오히려 스승을 모독하는 것에 지나지 않는다. 이이는 임진왜란이 일어나기 만 10년 전인 선조 15년에 네 가지 시폐에 대해 상소, 즉 「경장봉사更張封事」를 올려 대대적 개혁이 필요한 때라고 주장했다. 만약 그의 주장대로 개혁을 실시했다면 조선은 임진왜란 때 속수무책으로 당하지 않았을지도 모른다.

　이이와 유성룡의 세계관은 공통점이 많다. 서얼들의 역사서인 『규사葵史』에는 이이가 여러 차례 서얼 등용을 주장했다고 기록하고, 선조 15년의 「경장봉사」에서 공납제도의 개혁을 강하게 주장하는데, 후술하겠지만 이는 모두 훗날 유성룡에 의해 정책으로 시행된다. 그러나 이 무렵 이이는 10만 양병을 주장하지 않았다.

진관법으로 돌아가자

유성룡은 국방문제에 대해서 무심했는가? 임란 전 유성룡만큼 국방문제를 강하게 피력한 인물은 찾기 어렵다. 『선수실록』 24년 10월 1일조에는 유성룡의 국방정책 개혁안이 실려 있다. 조선의 국방체제를 제승방략制勝方略체제에서 진관체제로 바꾸어야 한다는 주장이다. 유성룡은 먼저 국초에 시행된 진관체제에 대해서 설명하고 있다.

　　유성룡이 비변사에서 의논드리었다.

　　"국초에는 각 도의 군병을 모두 진관에 나누어 소속시켰다가 위급한 상황이 발생할 경우 진관이 속읍을 물고기의 비늘처럼 잘 통솔하고 주장主將의 호령을 기다렸습니다. 우선 경상도를 예로 들어 말하면 김해·대구·상주·경주·안동·진주가 6진鎭이 됩니다. 그러다가 적군이 쳐들어와 한 진鎭의 군대가 혹 패하더라도 다른 진이 차례로 군사를 엄중히 단속해 굳게 지켰으므로 여러 진이 연달아 붕괴되지 않았습니다." (『선수실록』 24년 10월 1일)

선조 24년(1591) 10월은 일본의 침략 소문으로 전국이 뒤숭숭할 때다. 회례사로 조선에 온 평조신平調信과 현소玄蘇는 명나라를 공격하도록 길을 내주지 않으면 조선 역시 무사하지 못할 것이라고 공언한 때가 7개월 전인 선조 24년 3월이다. 이때 유성룡이 바꿔야 한다고 주장한 제승방략체제와 진관체제는 무엇인가?

진관제도는 감사와 병사가 있는 주진主鎭과 첨절제사僉節制使가 있는 거진巨鎭, 고을 수령들이 주로 관할하는 제진諸鎭으로 나뉜다. 거진을 중심으로 몇 개의 제진을 묶은 것이 진관이다. 형식상 도道 내의 진관을 감사와 병사가 지휘하지만 실제로 각 진관은 독립적 방어 단위로 지방관의 책임 아래 자전자수自戰自守한다. 경상도를 예로 들면 경상 감사가 상주尙州 감영에서 경상도 전체를 방어하는 지역 총사령관이 된다. 경상도는 좌우도가 있는데 경상 좌도는 경상 좌병사左兵使가 울산 좌병영左兵營에서 지휘하고, 경상 우도는 경상 우병사가 창원 우병영에서 지휘한다. 경상 좌병영에는 경주·안동·대구 진관이 소속되어 있는데, 경주 진관 산하에는 울산·양산·영천·흥해 거진과 청하·영일·장기·기장·동래·언양 등의 제진이 소속된다. 진관체제의 장점은 한 진관이 무너져도 다른 진관이 방어에 나설 수 있다는 점이다. 곧 경주 진관이 무너져도 안동 진관과 대구 진관이 방어에 나설 수 있는 것이다.

수군도 마찬가지다. 전라도를 예로 들면 전라 감사 휘하에 전라 좌수사와 우수사가 있는데, 전라 좌수사는 오동포梧桐浦(지금의 여수)의 전라 좌수영左水營에 사단본부를 두고, 전라 우수사는 해남의 전라 우수영에 사단본부를 꾸린다. 전라 우수사 산하에는 연대에 해당하는 임치도(함평) 진관과 제주 진관이 있고, 임치도 첨사는 대대

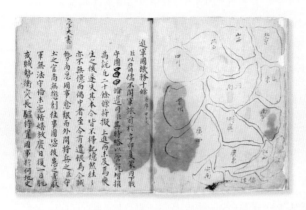

『근폭집』 유성룡이 선조에게 올린 군국사무에 관한 글들을 모은 책이다.

에 해당하는 모금포 · 법성포 · 다경포 · 목포 · 어란포 · 군산포 등의 만호들을 지휘하는 식이다.

반면 제승방략은 유사시 각지의 수령首領이 관할 군사를 이끌고 본진本鎭을 떠나 멀리 배정된 방어지역으로 달려가는 것이다. 전쟁이 발생하면 각 지방관은 평소에 배정된 지역까지 군사를 이끌고 가서 중앙에서 온 경장京將의 지휘를 받는 체제다. 제승방략은 명종 10년(1555)의 을묘왜란 때 임시적으로 실시한 것이 제도로 굳어졌는데, 한 번 무너지면 더 이상 대책이 없다는 치명적 결점이 있다. 중앙에서 내려온 경장京將(도원수)이 한 번 패배하면 그것으로 끝장나는 것이다.

또한 진관체제는 기본적으로 내 고장을 내가 지키자는 개념이다. 그러나 제승방략은 남의 고장을 지키러 고향을 버리고 출동하자는 개념이다. 누가 처자가 있는 고향을 버리고 남의 고장까지 싸우러 가겠는가? 게다가 제승방략은 서울에서 온 경장에게 지휘권을 준다. 전쟁에서 무기 이상으로 중요한 것이 지형지물인데, 낯선 지역을 낯선 경장이 지휘하는 것이다. 유성룡은 이런 점을 우려했다.

　유성룡은 제승방략체제의 이런 위험성을 예견하고 진관체제로 돌아가자고 주장한 것이다.

　　혹시라도 위급한 사태가 발생할 경우 반드시 원근이 함께 동요하게 되고 장수가 없는 군사들은 들판에 먼저 모여 천 리 밖에서 올 장수를 기다려야 할 형편이 되었습니다. 장수가 채 이르기도 전에 적병이 먼저 쳐들어올 경우 군사들의 마음이 먼저 동요될 것이니, 이는 반드시 패배할 방도입니다. 군사들이 일단 흩어지면 다시 모이기가 곤란하니, 이러한 때에 장수가 오더라도 누구와 함께 싸우겠습니까. 그러니 다시 조종조의 진관법을 정비하여 쓰는 것보다 더 좋은 법이 없습니다. 진관법은 평시엔 훈련하기가 쉽고 유사시엔 소집할 수 있는가 하면 앞뒤가 서로 응하고 안팎이 서로 보완되어 '토붕와해'의 지경에 이르지는 않으므로 매우 편리합니다.(『선수실록』 24년 10월 1일)

　임진왜란 6개월 전에 유성룡이 올린 이 상소에는 일본이 침략했을 때의 상황이 정확하게 예견되어 있다. 흙이 무너지고 기와가 깨진다는 '토붕와해'는 송시열이 『율곡연보』에서 이이가 임란을 예견하고 한 말이라고 주장했지만 실제로는 서애 유성룡의 말이다. 신립의 태도에서 보듯이 조선은 내일 당장 전쟁이 일어난다고 해도 움직이려 하지 않았다. 이런 상황에서 가장 현실적인 방어책은 한 번 패배해도 재기할 수 있는 진관체제다. 진관체제에는 한 진관이 무너지더라도 다른 진관이 방어에 나서는 동안 조정에서 여러 대책을 수립할 수 있다. 그러나 제승방략체제는 서울에서 내려간

도원수가 패전하면 그것으로 전 국토가 '토붕와해'되는 것이다.

선조는 유성룡의 건의를 각 도에 내려 상의하게 하였다. 『선수실록』은 "경상 감사 김수金晬가, '제승방략이 시행된 지 이미 오래되었으므로 갑자기 변경시킬 수 없습니다'라고 아뢰어 이 의논은 끝내 폐기되었다"라고 적고 있다. 김수는 유성룡이 천거한 인물이기도 한데, 과연 김수의 유일한 반대로 폐기되었는지는 논란의 여지가 있다.

이때 유성룡의 주장대로 진관체제로 개편되었다면 조선은 임진왜란 초기에 그토록 무력하게 무너지지 않았을 것이다. 진관체제는 전운戰雲을 읽은 유성룡이 현실적으로 취할 수 있는 최선의 조치였다. 조헌같이 특수한 경우를 제외하면 양반 사대부들 대부분은 일본군이 침략하지 않으리라고 믿었다. 황윤길의 말대로라면 전쟁준비에 나서야 하니 싫은 것이다.

이런 상황에서 군사체제를 진관체제로 개편하는 것이 최선의 전쟁준비였다. 자기 고장으로 적이 쳐들어오면 싸울 수밖에 없고, 다른 진관이 무너졌다는 소식을 들으면 바짝 긴장해 전투준비에 열중해야 하기 때문이다. 유성룡은 진관체제를 반대하는 현상에 대해서 개탄했다.

"진관의 수령된 사람도 또한 의욕적으로 일하는 것을 꺼리고, 목전의 편안함에 만족하여, 위임된 마을을 검찰하고 군정軍政을 정비하는 일은 모두 대수롭지 않게 방치하였고, 감사監司 또한 독려하였다는 사실은 들리지 않았으며, 한가하게 시일만 보내었으니, 일이 되지 못한 것입니다."(유성룡, 『근폭집芹曝集』, 「외방外方(지방)에서 진관제도를 거듭 밝히기를 청하는 계사」)

진관체제 개편도 무산된 상황에서 임진왜란은 다가왔다.

6_ 임진왜란 발발

소서행장 군은 4월 19일 밀양성을 무혈점령한 이후 청도를 거쳐 21일에는 대구 부근으로 진출했다.

대구 수성천 변에서는 일부 군현의 병사들이 야영하면서

감사 김수와 조정에서 파견된 경장京將이 도착하기를 기다렸다. 그러나 며칠째 김수나 경장의 소식은

묘연했고 식량은 떨어지고 있었다. 게다가 비까지 내리는데 일본군이 몰려온다는 소식이 전해지자

동요한 군사들은 밤사이 흩어져버렸고, 소서행장 군은 대구에도 무혈입성했다.

도체찰사가 되다

조선 개국 200년인 선조 25년(1592) 4월 13일 일본군이 대거 침략해 왔으나 조선은 전면전이라고 생각하지 않았다. 중종 때의 삼포왜 란이나 명종 때의 을묘왜란처럼 국지전이라고 생각한 것이다.

이달 13일 새벽안개를 틈타 적이 바다를 건너왔다. 부산에서 망을 보던 관리가 처음에 온 4백여 척을 보고 주진主鎭에 보고했는데, 변장 邊將이 처음 보고받은 이것을 실제 수효로 여겼다. 그래서 병사兵使가 장계하기를 '적의 배가 4백 척이 채 못 되는데 한 척의 인원이 수십 명에 불과하니 그 대략을 계산하면 만 명쯤 될 것이다'라고 하였으므 로, 조정에서도 그렇게 여겼다.(『선수실록』 25년 4월 14일)

임진왜란에 대한 최초의 보고는 '만 명 정도의 왜구 침략 소동'
이었고, 조정에서도 그렇게 여겼다. 기껏해야 삼포왜란 때처럼 경
상도 해안 일대를 노략질하는 왜구로 짐작한 것이다. 그러나 곧 일
본이 전력을 기울인 전면전이란 사실이 명백해졌다. 소서행장小西
行長(고니시 유키나가)이 이끄는 제1군[番隊] 1만 8천여 명, 가등청정加藤
淸正(가토 기요마사)이 이끄는 제2군 2만 2천여 명, 흑전장정黑田長政(구
로다 나가마사)이 이끄는 제3군 1만 1천여 명, 도진의홍島津義弘(시마츠
요시히로)이 이끄는 제4군 1만 4천여 명 등 육군 9개군 15만 8,700명
과 수군 9,200명 등 도합 16만 7,900여 명의 대군이었다.

당초 경상 우수영과 좌수영이 부산포에서 일본군의 상륙을 저지
해야 가장 큰 효과를 거둘 수 있었지만 조선군이 전의를 상실하는
바람에 일본군이 무인지경으로 상륙한 것이다.

해상 관문인 부산진성에서는 수군첨절제사 정발鄭撥이 군민을
모아 결전에 대비했으나 정규 병력은 겨우 1천여 명에 불과했다.
이튿날(4월 14일) 부산진성 군민들은 3면에서 포위하고 공격하는 소
서행장의 군대를 맞아 치열하게 접전했으나 일본군이 북쪽 성벽을
넘어 성안으로 돌입하면서 무너지고 말았다. 정발이 전사하고 군
민들도 다수 살상되면서 부산진성은 실함되고 말았다. 조선의 첫
패전이었다. 이어서 인접 지역에 있는 다대포진도 일본군의 포위
공격으로 첨사 윤홍신尹興信이 전사하면서 함락되었다. 수많은 비
극을 낳은 임진왜란의 문이 이렇게 열린 것이다. 국지전이 아니었
다. 사태가 심상찮아지자 조정에서는 급히 도원수와 군사를 뽑아
보내려고 했다. 제승방략체제에 따른 대처였으나 처음부터 쉽지
않았다. 군민들이 모집을 기피했기 때문이다.

목판 징비록 충효당 종택에서 보관해왔는데 현재는 한국국학진흥원에서 보관 중이다.

이일李鎰이 서울에 있는 날쌘 군사 300명을 거느리고 가려고 병조에서 군사를 뽑은 문서를 가져와 보니, 모두 여염이나 시정市井의 백도白徒들이며 서리와 유생이 반수나 되었다. 임시로 점검하니 유생들은 관복冠服을 갖추고 시권試券(과거 때 글을 지어 올리는 종이)을 들고 있었고, 서리들은 평정건平頂巾(각 관사의 서리가 쓰는 두건)을 써서 군사로 뽑히는 것을 모면하려는 사람들만 뜰에 가득했고, 보낼 만한 사람은 없었다. 이일이 명령을 받은 지 3일이 되도록 떠나지 못하자 조정에서는 하는 수 없이 이일을 먼저 가게 하고 별장別將 유옥兪沃에게 군사를 거느리고 뒤따라가도록 하였다.(『징비록』)

경장京將인 순변사巡邊使 이일이 불과 300명의 군사도 모집하지 못했다. 시권을 들고 있거나 평정건을 쓴 것은 양반이나 아전임을 나타내 징병에서 빠지려는 뜻이다. 다급해진 선조는 유성룡을 도체찰사都體察使로 임명했다. 체찰사란 지방에 병란이 있을 때 왕의 특명으로 군무를 총괄하는 임시 벼슬로 재상 겸임이 관례였다. 영의정 이산해의 추천에 의한 것인데, 이산해와 선조 모두 그가 군무에 능한 재상임을 인정한 것이다. 『징비록』에 따르면 유성룡은 체찰사가 된 후 가장 먼저 김응남金應南을 체찰부사體察副使로 삼고, 옥에 갇힌 전 의주 목사 김여물金汝吻을 석방시켰다. 김여물은 임란 3개월 전 의주 목사로 있을 때 의주성을 수리하고 진陣 치는 연습을 했다고 투옥된 인물이다. 유성룡이 김여물을 석방시키자 많은 무사들의 마음이 풀어져 비장裨將 급 무사 80여 명이 몰려왔다.

전세는 급박했다. 유성룡은 대장 신립을 삼도 순변사三道巡邊使로

사세충렬문 김여물의 애국충정과 병자호란 때 스스로 목숨을 던져 열녀정신을 지킨 4대에 걸친 고부姑婦를 기리기 위해 조정에서 하사한 것이다. 경기도 안산시 와동에 있다.

천거했다. 유성룡이 일본의 침략 가능성을 언급했을 때 "걱정할 것이 없습니다"라고 말한 신립이지만 당장 방법이 없었다. 호언을 믿고 싶은 마음도 없지 않았을 것이다. 선조는 직접 신립을 전송하면서 보검寶劍 한 자루를 하사하며 말했다.

"이일 이하 그 누구든지 명을 듣지 않는 자는 경이 모두 처단하라. 중외中外의 정병을 모두 동원하고 자문감紫門監의 군기軍器를 있는 대로 사용하라."

상방검尙方劍은 군무에 관한 전권全權을 위임하는 징표로 살생권이 있었다. 그러나 삼도 순변사 신립은 출발부터 어려움에 봉착했다. 군사들이 모여들지 않았기 때문이다.

신립이 대궐 문 밖에 나가서 직접 무사를 모집했으나 따라가기를 원하는 사람들이 없었다. 이때 나(유성룡)는 중추부中樞府에서 남쪽 전쟁터로 떠날 준비를 하고 있었는데, 신립이 내가 있는 곳에 와서 뜰 안에 모집된 많은 군사들이 서 있는 것을 보고는 얼굴에 노기를 띠며 김 판서(체찰부사 김응남)를 가리키면서 나에게 말했다.

"이런 분을 대감이 데리고 가서 무슨 일에 쓰겠습니까? 소인(신립)이 체찰부사가 되어 가기를 원합니다."

나는 신립의 노여움이 무사들이 자신을 따라가지 않는 데 있는 것을 알았으므로 웃으면서 말했다.

"다 같은 나라 일인데 어찌 이것저것을 구별할 수 있겠소? 공公이 급하니 먼저 내가 모아둔 군관들을 데리고 떠나시오. 나는 따로 모집해 따라가겠소."

군관 이름이 쓰인 단자單子를 내어주니 신립은 뜰 안에 모여 선 무사들을 돌아보면서, "이리 오너라" 하고서 이끌고 나가니 여러 사람들이 실의失意에 찬 기색으로 따라갔다. 김여물도 같이 갔으나 마음속으로는 매우 좋지 않게 여겼다. (『징비록』)

'가는 곳마다 사람을 죽여 위엄을 세우기를 좋아하는' 신립이 상방검까지 하사받았으니 군관들이 두렵지 않을 수 없었다. 신립이 임금께 하직하고 대신들의 회의장소인 빈청賓廳으로 와서 대신들에게 인사하고 막 섬돌을 내려설 무렵 사모紗帽가 갑자기 떨어졌다. 불길한 징조이기에 대신들의 얼굴빛이 변했다. 게다가 신립은 용인에 도착해 선조에게 글을 올리면서 자신의 이름도 쓰지 않았다. 그러자 사람들은 신립의 마음이 산란散亂한 것이 아닌가 의심했다.

이처럼 불안하게 출발한 신립의 두 어깨에 조선의 운명이 걸려 있었다. 경장 신립과 이일이 제승방략에 따라 지방 수령들이 모아놓은 군사를 이끌고 승리하면 다행이지만 패배하면 다른 대책이 없었다. 유성룡이 지적한 제승방략의 문제점이 그대로 노정되고 있었다.

신립과 이일을 내려보낸 유성룡은 그 후속 작업을 준비하고 신립이 패전할 경우에 대비한 대책을 미리 세워야 했다. 그러나 상황은 예상보다 훨씬 빠르게 악화되었다.

무너지는 조선군

진관체제로의 개편을 반대한 경상 감사 김수는 일본군이 대거 경상도에 상륙하자 가장 큰 곤욕을 치르고 있었다. 의병장 조경남이 쓴 『난중잡록』과 신경申炅이 쓴 『재조번방지再造藩邦志』는 김수가 급히 동래로 향하다가 이미 양산梁山도 불탔다는 소식을 듣고 밀양密陽으로 후퇴했다고 전한다. 제승방략에 따라 "도내 각 군현의 수령들은 밀양에 군사를 집결시키라"고 명령했으나 모일 백성들이 없었다. 『난중잡록』은 그가 전라 감사에게 편지를 보내, '전라도의 군관 3~4명과 군사 3천~4천 명을 보내달라'고 요청했으나 호남 사람들도 겁에 질려 적을 피할 마음뿐이었다고 전하고 있다.

울산에 있던 경상 좌도(낙동강 동쪽 지역) 병사兵使 이각李珏의 행보도 김수와 마찬가지였다. 그는 왜적이 쳐들어왔다는 소식을 듣고 과거처럼 국지전으로 생각해 급히 동래성으로 들어갔다. 그러나 적의 기세를 보자 생각이 달라진 그는 동래 부사 송상현宋象賢에게 "그대는 성을 지키시오. 나는 원병을 모아 보내겠소"라면서 혼자 성을 빠져나갔다. 『국조보감』에는 "나는 대장이니 외부에 있으면서 협공하는 것이 마땅하다"라면서 동래성을 빠져나갔다고 기록되어 있다. 조방장 홍윤관이 송상현에게 일단 물러나 "험고한 지형에 의지하여 적을 막자"고 건의했으나 송상현은 "성주가 자기 성을 지키지 않고 어디로 간단 말인가?"라며 거부했다.

4월 15일 부산진성을 점령한 소서행장이 명나라를 칠 길을 내달라고 요구하자 송상현은, "싸워서 죽기는 쉬워도 길을 내주기는 어렵다"라고 거부했다.

그러자 2만여 명의 일본군이 3개 대로 나뉘어 동·서·남 3방면에서 조총을 쏘며 성벽을 기어올랐다. 동래성 군민들은 화살이 떨어지자 지붕의 기와를 뜯어 적병에게 던지면서 사력을 다했으나

소서행장 일본군 선봉장으로 조선에 출병하여 평양까지 침공했으며, 풍신수길이 죽은 뒤 덕천가강과 싸우다 패했다.

가등청정 임진왜란 때 함경도 방면으로 출병해 임해군과 순화군을 포로로 잡았다.

흑전장정 임진왜란 때 제3군을 이끌고 황해도 방면으로 침공했고, 정유재란 때에는 가등청정, 소서행장과 함께 조선을 재공략하였으나 실패하고 돌아갔다.

포위된 데다 지원군도 오지 않아 함락되고 말았다. 부사 송상현은 적의 침략행위를 꾸짖고 장렬하게 전사했다.

소서행장 군은 4월 19일 밀양성을 무혈점령한 이후 청도를 거쳐 21일에는 대구 부근으로 진출했다. 대구 수성천 변에서는 일부 군현의 병사들이 야영하면서 감사 김수와 조정에서 파견된 경장京將이 도착하기를 기다렸다. 그러나 며칠째 김수나 경장의 소식은 묘연했고 식량은 떨어지고 있었다. 게다가 비까지 내리는데 일본군이 몰려온다는 소식이 전해지자 동요한 군사들은 밤사이 흩어져버렸고, 소서행장 군은 대구에도 무혈입성했다. 소서행장 군은 인동仁同을 지나 4월 24일에는 낙동강을 건너 선산善山 방면까지 진출했다.

가등청정이 지휘하는 제2군 2만 2천여 명이 부산에 상륙한 것은 4월 18일이었다. 이들은 부산에서 동북쪽으로 진출하여 19일에는 언양을 점령하고, 21일에는 경주에 무혈입성했으며, 다음 날에는 영천을 거쳐 군위로 진격했다. 의흥義興에는 좌방어사 성응길成應吉과 조방장 박종남朴宗男, 경주 부윤, 풍기 · 예천 군수 등이 진을 치고 있었으나 가등청정 군이 나타나기도 전에 '근왕勤王(임금을 호위)'을 핑계로 죽령을 넘어 북쪽으로 도망갔다.

흑전장정이 지휘하는 제3군 1만 1천여 명은 4월 19일에 낙동강 하구의 죽도에 상륙해 김해로 향했다. 김해 부사 서례원徐禮元과 초계 군수 이유검李惟儉은 일본군이 어둠을 틈타 성벽을 넘자 도주하고, 김해성은 20일 새벽 일본군에게 함락되었다. 그야말로 일본군도 예상하지 못한 파죽지세였다.

운명의 탄금대 전투

순변사 이일이 조령을 넘어 경상도 문경에 도착했을 때 성은 텅 비어 있었다. 이일이 상주에 도착한 것은 4월 23일이었다.

> 순변사 이일이 (……) 상주에 이르니 상주 목사 김해金澥는 순변사를 맞으러 간다는 핑계로 산속으로 도주했고, 판관 권길權吉만이 고을을 지키고 있었다. 이일은 군사가 없다는 이유로 권길을 책망하면서 뜰에 끌어내 목을 베려고 하니, 권길은 나가서 군사를 불러 모으겠다고 애원하여 밤새도록 촌락을 수색한 끝에 이튿날 아침 수백 명을 데리고 왔으나 모두 농민들뿐이었다. 이일이 상주에서 하루를 더 머물면서 창고의 곡식을 내어 흩어져 있는 백성들을 달래 모으니, 산골짜기에서 하나씩 모여든 것이 또한 수백 명이 되어 갑자기 대오隊伍를 짜서 군대를 만들었으나 전쟁을 할 만한 사람은 아무도 없었다.(『징비록』)

이미 경상도의 방어체제는 무너졌고, 소서행장의 선두부대는 상주 바로 밑 선산까지 북상했다. 저녁 무렵 선산 서쪽 개령開寧 사람이 적군이 가까이 왔다고 알려왔다. 그러자 이일은 여러 사람의 마음을 의혹하게 만든다는 이유로 목을 베려 했다. 일본군이 상주 근처까지 왔다는 사실이 믿기지 않았기 때문이다. 목을 베려고 하자 개령 사람은 "자신을 가두어두었다가 내일 아침까지 적군이 오지 않거든 죽여도 늦지 않을 것"이라고 말했다. 이일은 그를 가두어두었다가 이튿날 아침에도 일본군이 보이지 않자 목을 베어 죽였다. 유성룡이 『징비록』에서 "이일의 군중에는 척후병斥候兵(정찰병)이 없었다"고 말

상주 북천 전적지 조선 중앙군과 왜병의 선봉 주력부대가 최초로 싸운 장소로 900여 명이 순국한 호국성지다.

한 것처럼 밤사이 이일은 적군이 실제 가까이 왔는지 살펴보는 기본적 조치도 취하지 않았다. 신립이나 이일은 병법의 기초보다 아군의 목을 베는 것을 장수의 제일 과업으로 생각했다. 기껏 정보를 제공한 사람에게 상 대신에 목을 벤 처사는 곧 업으로 돌아왔다.

조금 후에 몇 사람이 숲속에서 나와 이리저리 거닐면서 이편을 바라보다가 돌아가니, 여러 사람들이 적군의 척후인가 의심했으나, 개령 사람의 일을 징계하여 감히 알리지 못했다. (……) 잠시 후에 적의 대부대가 몰려와서 조총 10여 개를 가지고 쏘아대니 총에 맞은 사람은 즉시 쓰러져 죽었다. 이일이 급히 군사를 불러 활을 쏘게 했으나 화살이 겨우 수십 보 밖에 떨어지므로 적을 죽일 수가 없었다. 적군은 이미 좌익과 우익으로 나뉘어서 깃발을 들고 우리 군대 뒤로 포위하며 몰려왔다.

이일은 일이 다급한 것을 알고 말을 급히 돌려서 북쪽으로 달아나니 군사들은 크게 혼란해져서 각각 자기 목숨을 살리려고 도망쳤으나 살아간 사람은 몇몇에 지나지 않았고, 종사관 이하 미처 말에 올라타지 못한 사람들은 모두 적군에게 살해되었다.(『징비록』)

이일은 말과 장수갑옷을 벗어버리고 머리털을 풀어헤친 채 알몸뚱이로 신립이 있는 충주로 달아났다. 이렇게 상주를 접수한 일본군은 4월 26일 문경을 공격했다. 성이 비어 있고 백성 한 사람 눈에 띄지 않자 안심하고 관아 앞을 지나가던 일본군은 갑자기 날아온 화살을 맞고 몇 명이 쓰러졌다. 문경 현감 신길원申吉元이 20여 명의 결사대와 함께 매복 기습한 것이다. 곧 체포된 신길원은 항복을 거부하고 참살당했다.

소서행장의 제1군이 4월 26일 중로의 관문인 조령 부근까지 진출해 진을 치자, 가등청정의 제2군도 죽령을 넘어 단양—충주로 우회하는 길을 포기하고 조령으로 진출했다. 가등청정은 소서행장이 서울을 먼저 점령할까 두려워 원래 계획과 다르게 조령을 선택한 것이다. 일본군 제1, 2군이 모두 좁은 조령으로 몰려들면서 이 협곡은 승부를 결정짓는 분수령이 되어가고 있었다.

삼도 순변사 신립은 종사관 김여물과 함께 남하하면서 군사를 모았다. 이렇게 모은 8천여 명의 병력이 조선군의 전부였다. 신립은 4월 26일에 충주 남쪽의 단월역丹月驛에 진영을 설치했는데, 이때 상주에서 패전한 이일이 달려왔다.

신립이 군사를 단월역에 주둔시키고 몇 사람만 데리고 조령에 달려가서 형세를 살펴보았다. 얼마 있나가 이일이 꿇어앉아 부르짖으며 죽기를 청하자 신립이 손을 잡고 물었다.

"적의 형세가 어떠하였는가?"

"훈련도 받지 못한 백성으로 대항할 수 없는 적을 감당하려니 어떻게 할 수 없었습니다."

신립이 쓸쓸한 표정으로 의기가 꺾이자 김여물이 말했다.

"저들은 수가 많고 우리는 적으니 그 예봉과 직접 맞부딪칠 수는 없습니다. 이곳의 험준한 요새를 지키면서 방어하는 것이 적합합니다."

또 높은 언덕을 점거하여 역습으로 공격하자고 하였으나 신립이 모두 따르지 않으면서 말했다.

"이 지역은 기마병騎馬兵을 활용할 수 없으니 들판에서 한바탕 싸우는 것이 적합하다."(『선수실록』 25년 4월 14일)

임진왜란 초기의 최대 수수께끼 중 하나가 신립이 왜 천험의 조령을 포기하고 탄금대를 결전의 장소로 삼았는가 하는 것이다. 상촌 신흠은 「여러 장사들이 왜란 초에 무너져 패한 기록」에서 신립이 조령을 지키자는 이일과 김여물 등의 의견에 대해, "그들은 보병이고 우리는 기병이니 넓은 들판으로 끌어들여 철기鐵騎로 짓밟아버리면 성공하지 못할 리가 없다"고 말했다고 적었다. 신립은 험준한 지형에 의지해 싸우는 소극적 전법보다 적을 넓은 들판으로 끌어들여 철기로 승부를 짓는 적극 전법을 택했다. 신립은 조선군의 기병이 왜군보다 우위에 있다고 생각한 것이다. 신립은 4월 28일 아침 전 병력을 탄금대로 이동시켰다. 그리고 남한강과 달천이

탄금대 신립이 전사한 곳으로, 충청북도 충주시 북서부 대문산에 있다.

합류하는 개활지인 탄금대를 결전 장소로 선택했다. 일본군을 보면 도주하기 바쁜 신병 중심의 조선군에게 승리만이 살길이란 심적 부담을 주기 위해서였다.

　문경에서 하루를 묵은 소서행장 군 1만 5천 명은 4월 27일 새벽에 문경을 출발하여 매복병이 없는 조령을 넘어 28일 정오 무렵에 단월역에 도착했다. 드디어 두 군은 탄금대에서 마주쳤는데 소서행장 군은 중앙을 담당하고 종의지宗義智 군과 송포진신松浦鎭信(마쓰

우라 시게노부) 군이 좌·우익을 맡아 3면에서 조선군을 포위했다.

신립은 기병 제1진 1천여 명으로 적을 제압한 다음, 곧바로 제2진 2천여 명을 투입하여 또다시 왜군을 격퇴했다. 왜군은 조선의 기병을 맞아 개전 이후 최초로 밀렸다.

그러나 조선군은 병력과 무기에서 열세인 데다가 탄금대가 저습지인 것이 악재로 작용했다. 말발굽이 수렁에 빠져 기병 특유의 기동력이 저하된 것이다. 이런 상황 속에서도 신립이 이끄는 조선군은 네 차례나 일본군을 격퇴했으나 결국 전세는 기울고 말았다. 신립은 이에 굴하지 않고 전 병력에게 최후의 총공격을 명령했으나 끝내 패전하자 남한강에 투신 자결했다. 종사관 김여물도 적진으로 돌격하여 장렬한 최후를 맞았으며, 충주 목사 이종장도 마지막까지 용전분투하다가 전사했다.

조선이 전력을 기울여 지원한 삼도 순변사 신립이 이끄는 조선군의 항전은 이로써 막을 내렸다. 순변사 이일은 여기에서도 용케 살아남아 상주 전투 패전보고에 이어 두 번째 패전보고를 올리고 북쪽으로 달아났다.

당일 저녁 소서행장 군은 충주성에 무혈입성했고, 29일에는 가등청정 군도 충주에 도착해 합류했다. 두 장수는 충주에서 서울 진공계획을 짰다. 소서행장의 제1군은 여주와 양평을 거쳐 서울 동대문으로, 가등청정의 제2군은 죽산과 용인을 거쳐 남대문으로 향하는 것으로 역할을 분담했다. 양군은 4월 30일 충주를 출발해서 서울로 향했다. 이때 추풍령을 넘어 청주 쪽으로 진출한 흑전장정의 제3군은 청주에서 곧바로 죽산으로 북상하여 제2군의 뒤를 따라 서울로 향했다. 그들의 기세는 누구도 막을 수 없는 것처럼 보였다.

패닉 상태의 선조

충주에서 패전보고가 올라오자 가장 당황한 인물은 선조였다. 그는 패전보고가 이르자마자 파천播遷(임금이 난을 피해 도성을 떠나는 것)을 떠올렸다. 정상적인 국왕이면 전시 비상내각을 꾸려 도성수호를 결의하고 전국에 선전교서를 보내 항전을 독려해야 했지만 선조는 달랐다. 『선조실록』25년 4월 28일조는 "충주에서 패전보고가 이르자 상이 대신과 대간을 불러 입대케 하고 비로소 파천播遷에 대한 말을 발의하였다"라고 적고 있다. 이때 "대신 이하 모두가 눈물을 흘리면서 부당함을 극언하였다"고 전한다. 영중추부사 김귀영金貴榮이 그중 한 명이었다.

"종묘와 원릉園陵이 모두 이곳에 있는데 어디로 가시겠다는 것입니까? 서울을 고수하며 외부의 원군을 기다리는 것이 마땅합니다."

우승지 신잡申礋도 반대했다.

"전하께서 만일 신의 말을 따르지 않으시고 끝내 파천하신다면 신의 집엔 여든 넘은 노모가 계시니 신은 종묘의 대문 밖에서 스스로 자결할지언정 감히 전하의 뒤를 따르지 못하겠습니다."

수찬 박동현朴東賢도 마찬가지였다.

"전하께서 일단 도성 밖으로 나가시면 인심은 보장할 수 없습니다. 전하의 연輦을 멘 인부들 또한 길모퉁이에 연을 버려둔 채 달아날 것입니다."

『선조실록』은 박동현이 "목 놓아 통곡하니 상이 얼굴빛이 변하여 내전으로 들어갔다"고 그날의 분위기를 전한다.

다른 사람도 아닌 임금이 먼저 파천을 주장한 사실이 알려지자 큰 소동이 일어났다. 종실宗室인 해풍군海豐君 이기李𡸁 등 수십 명이 합문을 두드리고 통곡했다. 『선수실록』은 선조가 "가지 않고 마땅히 경들과 더불어 목숨을 바칠 것이다"라고 말을 바꾸자 이기 등이 물러갔다고 적고 있다. 그러나 박동량朴東亮이 쓴 『기재사초寄齋史草』는 "궁중에서는 몰래 짐을 꾸리면서 외부 사람은 알지 못하게 하였다"고 전하고 있다. 선조는 '도성을 버리지 않겠다'는 전교를 내려 안심시킨 후에 몰래 파천을 준비한 것이다. 선조는 징병 체찰사徵兵體察使 이원익李元翼과 최홍원崔興源을 각각 관서關西(평안도)와 해서海西(황해도)로 보내면서 이원익에게 이렇게 말했다.

"경이 전에 안주安州를 다스릴 적에 관서 지방의 민심을 많이 얻었기 때문에 지금까지도 경을 잊지 못한다고 하니, 경은 평안도로 가서 부로父老들을 효유하여 인심을 수습하라. 적병이 깊숙이 침입해 들어와 남쪽 여러 고을들이 날마다 함락되니 경성京城(서울) 가까이 온다면 관서로 파천해야 한다. 이러한 뜻을 경은 분명히 알아야 한다."

최홍원崔興源에게도 마찬가지로, '황해도로 가서 거가車駕를 영접하라'고 당부했다. 선조는 이때 최홍원에게 "지금 인심이 흉흉하여 토붕와해의 지경에 이르렀는데도 윗사람을 위해 죽는 의리가 없어졌다"라며 오히려 인심을 탓했다. 선조의 파천 결심은 굳셌다. 문제는 영의정 이산해와 좌의정 유성룡의 태도였다. 두 사람마저 반대하면 선조 혼자 무작정 파천하기는 어려웠다. 이때 파천을 지지하고 나선 인물이 이산해였다.

이때 대신 이하 모두가 입시할 적마다 파천의 부당함을 아뢰었으나 오직 영의정 이산해만은 그저 울기만 하다가 나와서 승지 신잡에게 옛날에도 피난한 사례가 있다고 말했으므로 모두가 웅성거리면서 그 죄를 산해에게 돌렸다. 양사가 합계하여 파면을 청했으나 상이 윤허하지 않았다. 이때 도성의 백성들은 모두 뿔뿔이 흩어졌으므로 도성을 고수하고 싶어도 그럴 형편이 못 되었다.(『선조실록』 25년 4월 28일)

이산해 1561년 식년문과에 급제하여 영의정에 올랐으며, 문장과 서화에 능했다. 북인의 영수였다.

이산해의 파천 지지를 비난하면서도 '도성을 고수하고 싶어도 그럴 형편이 못 되었다'라는 말을 덧붙인 것은 『선조실록』의 편찬자들이 이산해가 영수로 있던 북인들이기 때문이다. 『선조실록』은 파천에 대한 유성룡의 태도는 직접 기술하지 않았다. 다만 대사간 이헌국李憲國의 말이 기록되어 있어 유성룡의 태도를 짐작할 수 있다.

이때 신잡이 입대했다가 나오면서 "성상께서 파천하라는 전교가 계셨다"고 했는데, 영상은 아무 말이 없었고 좌상左相(유성룡)이 "파천 계획은 사람들이 모두 분하게 여기는데 이 무슨 말씀인가" 하니, 영상이 밖으로 나오면서 "옛날에도 잠깐 피한 적이 있는데 어찌해서 꼭 만류해야 하는가"라고 했습니다.(『선조실록』 25년 5월 2일)

이산해가 파천을 지지하자 유성룡이 '파천 계획은 사람들이 모두 분하게 여기는데 이 무슨 말씀인가'라고 반대했다는 것이다. 선조는 파천을 반대하는 유성룡을 괘씸하게 생각했다. 유성룡은 선조의 태도를 보고 세자를 세우는 것이 대단히 시급하다고 생각했다. 선조의 태도로 봐서 도성을 버리는 것은 시간문제였고, 여차하면 요동으로 도망갈 수도 있었다. 이 경우 세자를 중심으로 위기를 수습해야 했다. 그러나 정철이 세자 책봉을 주청했다가 귀양 간 데서 알 수 있듯이 선조는 그간 세자 책봉 문제로 온갖 소란을 일으킨 군왕이었다. 자칫 말을 잘못 꺼냈다가는 무슨 일이 벌어질지 알 수 없었다. 그러나 처리해야만 할 일이었다.

이때 적군의 기세가 날이 갈수록 급박하였다. 선생(유성룡)이 대신들과 세자를 세워 인심이 정착할 곳이 있게 하자고 계청하였다. 상이 일렀다.

"중궁中宮이 만일 원자元子를 낳으면 처리하기 어려울 게 아닌가?"

선생이 말했다.

"송 인종宋仁宗은 나이 겨우 서른 남짓하여서도 사마광司馬光 같은 분들이 빨리 세자를 세우자고 하였는데, 어찌 예측한 바 없이 그렇게 하였겠습니까."

상이 한참 생각하더니,

"광해군이 총명하고 학문을 좋아하니 세자가 될 만하다."(『연보』, 임진년)

『선조실록』이 전하는 실제 과정은 『연보』의 기록보다 훨씬 복잡하게 전개되었다. 우승지 신잡이 세자 책봉을 주청하자 선조는 대신들을 불렀다. 선조가 "내가 편복便服으로 대신을 인견할 수는 없다"며 '내전으로 들어가 옷을 바꾸어 입은 후 인대引對하겠다'고 말하자 신잡이 옷자락을 잡고, '이러한 때에 작은 예절에 얽매여서는 안 된다'고 말렸다.

> 대신들이 앞으로 나아가니 상이 대신들에게 일렀다.
> "나라의 위태로움이 이와 같으니 다시 형적形迹을 보존할 수가 없다. 경들은 누구를 세울 만하다고 생각하는가?"
> 대신들 모두가 아뢰었다.
> "이것은 사신들이 감히 아뢸 바가 아니고 마땅히 성상께서 스스로 결정하실 일입니다."
> 이렇게 되풀이하기를 서너 차례 하자 밤이 이미 깊었건만 상은 그때까지 결정을 내리지 못했다.(『선조실록』 25년 4월 28일)

선조는 대신들이 누구를 원하는지 잘 알고 있었다. 광해군이었다. 그러나 선조는 세자를 세우면 자신의 권력이 약화될 것을 우려했다. 선조는 시간을 끌어서 세자를 책봉하지 않고 넘어가려 한 것이다. 이런 선조의 내심을 간파한 인물이 이산해였다.

> 이산해가 허리를 굽히고 자리를 피하려 하자, 신잡이 말했다.
> "오늘은 기필코 결정이 내려져야 물러갈 수 있습니다."
> 그러자 대신은 다시 자리로 나아갔다. 상이 미소를 띠고 일렀다.
> "광해군이 총명하고 학문을 좋아하여 그를 세워 세자로 삼고 싶은데 경들의 뜻에는 어떠한가?"

대신 이하 모두 일시에 일어나 절하면서 아뢰었다.

"종묘사직과 생민들의 복입니다."(『선조실록』 25년 4월 28일)

『선조실록』은 "신잡 등이 합문闔門 밖에서 의논을 정했다"고 적고
있는데, 이런 대사는 정승들이 계책을 정하는 법이지 승지가 할 수 있
는 일이 아니었다. '의논을 정한 사람'은 유성룡 같은 대신들이고 신
잡은 실행을 맡은 중견 관료로 해석하는 것이 합리적이다. 『연보』는
이 자리에서 세자 책봉 못지않게 중요한 논의가 있었음을 말해준다.

> (선조가) 인하여 이르기를,
>
> "내가 본디 병이 많고 또 나라 꼴이 이 지경에 이르렀으니, 무슨
> 면목으로 종묘를 받들고 국가를 다스리겠는가. 세자에게 아예 왕위를
> 전하고 싶은데 어떠한가?"
>
> 선생이 다음과 같이 대답하였다.
>
> "전하께서는 왜 갑자기 이런 말씀을 하십니까? 세자를 때때로 전
> 하 곁에 있게 하여 모든 사무를 참여하여 처리하도록 하면 되는데 어
> 찌 갑자기 그런 말씀을 하십니까? 바라옵건대, 전하께서는 더욱 홍복
> 弘福을 누리시어 어려움을 구제하소서."(『연보』, 임진년)

유성룡이 세자 책봉을 계청하자 선조는 선위禪位를 언급함으로써
충성심을 떠본 것이다. 자신의 왕위를 흔들기 위해 세자 책봉을 계
청한 게 아닌가 의심한 것이다. 유성룡이 세자 책봉을 주청한 이유
는 만약의 상황에 대비하기 위해서였다. 선조가 요동으로 도주할 경
우 세자를 중심으로 국난을 극복하기 위한 것이었다. 선조가 국내에

있으면 당연히 선조가 국난 극복의 중심이 되어야 했다. 유성룡은 선조의 이런 의심을 불식시키기 위해 선위를 강하게 반대했다.

그러나 유성룡은 선조의 파천 계획에 반대하고 세자 책봉을 주청한 것 때문에 선조의 눈 밖에 나 있었다. 선조에게는 이미 유성룡을 제거할 계책이 세워져 있었다. 유성룡을 서울을 지키는 유도대장留都大將으로 임명한 것이다. 도성에 남아 일본군과 싸우다 죽어도 좋고, 죽지 않고 도주하면 왜 서울을 지키지 못했느냐고 힐문할 수도 있었다. 이때 말리고 나선 인물이 도승지 이항복이었다.

도승지 이항복이 아뢰었다.

"이제 국사가 끝장났는데 만약 중국에 구원을 청하는 일이라도 있게 된다면 그 사이를 주선하고 응대하는 데에 유성룡이 없어서는 안 되오니, 서울에 머물게 하지 마시기 바랍니다."

마침내 이양원李陽元으로 대신하였다.(박동량, 『기재사초』)

이항복은 유성룡의 능력을 잘 아는 인물이었다. 그의 반대 때문에 선조는 유도대장을 이양원으로 교체하지 않을 수 없었다. 선조는 하루라도 늦어지면 일본군의 포로가 된다는 듯 파천을 서둘렀다.

새벽에 상이 인정전에 나오니 백관들과 인마 등이 대궐 뜰을 가득 메웠다. 이날 온종일 비가 쏟아졌다. 상과 동궁은 말을 타고 중전 등은 뚜껑 있는 교자를 탔는데 홍제원洪濟院에 이르러 비가 심해지자 숙의淑儀(종2품 후궁) 이하는 교자를 버리고 말을 탔다. 궁인宮人들은 모두 통곡하면서 걸어서 따라갔으며 종친과 호종하는 문무관은 그 수가 1백 명

도 되지 않았다. 점심을 벽제관碧蹄館에서 먹었는데 왕과 왕비의 반찬
은 겨우 준비되었으나 동궁은 반찬노 없었다.(『선조실록』 25년 4월 30일)

개국 이래 최초의 파천은 이처럼 무질서했다. 선조 일행이 도성을
버렸다는 소식이 전해지자 백성들은 궁에 난입해 불을 질렀다. 평소
에 백성들 위에 군림하다가 막상 왜적이 침입하니까 도성을 버리고
도주한 작태에 분노했기 때문이다. 백성들이 불태운 기관이 형조와
장예원이라는 점도 의미심장하다. 장예원은 노비 문서를 관할하는
곳이고, 형조는 백성들을 형벌로 다스리는 곳이다. 백성들은 조선
사대부 지배체제에 불을 지른 것이다. 유성룡은 「꿈에 나타난 징조
[夢兆]」라는 글에서 대궐이 불타는 것을 미리 보았다고 말하고 있다.

　나는 평생에 꿈꾼 징험徵驗(징조가 들어맞는 것)이 많았는데, 몸소 널
리 돌아다닌 곳 절반 이상은 꿈속에서 본 것이다. 신묘년(1591) 겨울
에 내가 우연히 한 꿈을 꾸었는데, 경복궁 연추문이 불에 타서 잿더
미가 되었다. 내가 그 아래서 이리저리 거닐고 있으니 곁에 있던 어
떤 사람이 나에게 말했다.
　"이 궁궐은 처음 자리를 정할 적에 지나치게 평지로 내려갔으니,
지금 만약 고쳐 짓는다면 마땅히 약간 높은 곳으로 산에 가깝게 자리
를 정해야 할 것이오."
　놀라서 깨어보니 온몸에 식은땀이 흘렀는데, 이런 꿈 이야기를 감
히 다른 사람들에게 말할 수 없었다.
　이듬해 임진년(1592) 4월에 임금의 행차가 경복궁을 떠나고 세 궁
궐(경복궁·창덕궁·창경궁)이 모두 불에 타서 잿더미가 되어버렸다. 왜

적倭賊의 군대가 우리나라의 팔도에 가득 찼으며, 여러 사람들이 나라의 회복은 가망 없다고 의심하고 있었다. 나는 비로소 나와 친하여 마음을 터놓고 지내는 몇 사람에게 이런 꿈 이야기를 하고는 또 이렇게 일렀다.

"꿈속에서 이미 경복궁을 고쳐 지을 일을 의논하였으니, 이는 곧 나라가 회복될 징조이므로 왜적을 두려워할 것이 못된다."(『잡저雜著』, 「꿈에 나타난 징조」)

'여러 사람들이 나라의 회복은 가망이 없다'고 이야기하고 있었다. 일본군이 나타나기도 전에 임금이 도성을 버리고 도주하는 판국이니 그렇게 생각할 만했다. 그러나 선조가 선택한 도주 길도 괴롭기는 마찬가지였다.

이날 낮에 대가는 큰비를 무릅쓰고 벽제에 도착하여 잠시 휴식한 후, 어둠을 타서 임진강을 건너려 했으나 강물이 불어 범람하고 길은 진흙이며 나룻배는 겨우 5~6척에 지나지 않았다. 이러한 관계로 대소 인원들이 서로 먼저 건너려고 다투어 상하가 문란하고 마부와 말이 분산되어 혹은 걷기도 하고 혹은 말을 탔지만 밤새도록 건너가지 못했다. 후궁 민빈閔嬪은 가마멀미로 계속 파주에 남아 있었다. 임금은 배를 타고 기다렸다. 이미 이경二更(오후 9~11시)이 되었으나 저녁식사를 들지 못한 임금이 내시에게 술을 가져오라 하니 서울에서 가져오지 않았다고 대답했다. 차를 가져오라 하니 차도 가져오지 않았다고 대답하므로, 왕은 갈증을 참고 묵묵히 앉아 있었다. 내의원의 용운龍雲이란 사람이 상투 속에서 사탕 반 덩어리를 끄집어내 강물에 타서 드렸다. 밤중에 동파관東坡館에 도착하여 사경四更(새벽 1~3시)에야 비로소 궂은 진지를 들었고, 세자 이하는 모두 밥을 굶었다. 좌의정 유성룡이 백미 3승升(되)을 올리니, 다음 날 아침에 밥을 지어 드렸다.(박동량, 『기재사초』)

선조는 도성을 떠나 파천하면서 거의 실성한 사람이 되어갔다. 이산해와 유성룡을 불러, "이모李某야 유모柳某야! 일이 이렇게까지 되었으니 내가 어디로 가야 하겠는가?"라고 울부짖는 상황이었다. 선조는 극도의 공포감에 사로잡혀 있었다.

화석정 선조가 의주로 피난 가던 중 강을 건널 때 이 정자를 태워 불을 밝혔다고 전한다.

임진년 4월 그믐. 대가大駕(임금의 수레)가 도성문을 나가서 종일 비를 맞으며 임진강臨津江에 이르러 배를 탔다. 상은 호행扈行하는 여러 재상들을 입시하게 하고, 유柳 정승(유성룡)에게 일렀다.

"경이 항상 나라의 방비가 소홀하다고 경계하더니, 마침내 이 지경에 이르렀구려."

상이 눈물을 흘리니, 여러 신하들도 모두 울었다. 상이 시종에게 술이 있느냐고 물어서, "소주 한 병이 있습니다"라고 대답하자 뱃사공이 가지고 있는 사기 종지를 구해서 여러 신하들에게 한 잔씩 돌렸다.

저물어서 동파역東坡驛에 이르니 밤비가 죽죽 내리는데, 사람들이 모두 굶고 잤다. 임금이 드실 음식도 어지러운 군사들에게 뺏기게 되어 찬성 최황崔滉이 쌀 두 말을 가지고 가서 임금께 바쳤다 한다.(윤국형尹國馨, 『문소만록聞韶漫錄』)

그런데 문제는 파천에서 끝나는 것이 아니었다. 파천보다 더 큰 문제는 요동으로 도망가려는 요동내부책遼東內附策이었다. 선조의 요동내부책은 유성룡이 강력하게 만류했기 때문에 무산되었다. 그러나 유성룡은 이로 인해 더욱 선조의 미움을 사게 되었다. 파천을 반대하고, 세자 책봉을 계청한 데다가, 요동내부책까지 반대한 유성룡을 선조는 제거할 대상으로 바라보았다. 그 후과는 곧 현실로 다가왔다.

유성룡 파직되다

5월 1일 선조 일행은 개성에 도착했다. 싸워보지도 못하고 도주하는 행렬에 기강이 서 있을 리 없었다. 『선조실록』은 "이날 저녁 호위병 중에 가위에 눌려 헛소리를 지르는 군사가 있어 모두 깜짝 놀라 서로 치고받는 소리가 대내大內에까지 들렸다"라고 전하고 있다. 같은 날짜에 "호위하는 군졸 중에 평안도 토병土兵의 말을 빼앗은 자가 있었는데 즉시 목을 베어 조리돌렸다"라는 기록도 있다. 그렇잖아도 평안도민들은 서북인 차별 정책으로 조정에 불만이 많았다. 평안도 토병이 선조 일행에게 칼을 겨누면 그것으로 끝장이었다. 민심은 이미 떠난 지 오래였다.

처음 임금이 서울을 떠날 적에, 선비와 서민들이 모두 나라의 형세가 반드시 떨치지 못할 것이라고 말할 뿐 아니라, 유식한 벼슬아치들도 결국은 멸망하고 말 것이라 생각하여, 음관蔭官과 한산閑散(휴직자) · 문관으로 호종扈從하는 자가 백에 한둘도 없었다. 대체로 인심이 이미 떠나버려 모두 책할 수 없었다. 수찬 임몽정任蒙正은 (파천) 하루 전날 피하여 숨고, 정언 정사신鄭士信은 겨우 반송정盤松亭까지 따라왔다가 달아나고, 지평 남근南瑾은 연서延曙에 이르러서 달아나고, 그 나머지 여러 부서의 소관小官들도 제멋대로 흩어져 가버렸다.(박동량, 『기재사초』)

파천 길 역시 극도의 고생길이긴 마찬가지이자 신하들 사이에서 서울을 버린 것이 실수라는 생각이 광범위하게 퍼지기 시작했다. 백성들에게 조롱받으며 도주하느니 도성에서 결전하는 것이 나을 뻔했다고 생각한 것이다. 신하들은 파천을 주도한 선조에게 분노했지만 선조를 직접 공격할 수는 없기에 파천을 찬성한 이산해에게 화살을 돌렸다. 이런 분위기를 눈치 챈 선조는 5월 1일 이산해를 파직하고 유성룡을 영의정으로 임명해 신하들의 마음을 달랬다. 최흥원崔興源이 좌의정, 윤두수尹斗壽가 우의정이었고, 유도대장 직책을 갖고도 도성을 버리고 도주한 이양원李陽元은 정승에서 체직시켰다.

　　이때 대간이 의논하여 영의정 이산해는 나라를 그르치고 백성을 망쳐놓았으니 관직을 삭탈하도록 아뢰자, 상께서 파직을 명하고, 이어 선생을 불러 영의정에 내정하였다. 선생이 아뢰었다.
　　"신은 이산해와 더불어 정승 자리에 있으면서 국사를 이 지경까지 이르게 하였습니다. 그런데 지금 이산해는 이미 파직되었는데 신만이 어찌 감히 스스로 무죄라고 해서 정승으로 있겠습니까."
　　그리고 계상階上을 내려와서 대죄하였다. 상이 승지 이충원李忠元에게 부축하여 일으켜 전殿에 오르도록 명하니, 선생이 굳이 사양하며 아뢰었다.
　　"신은 죽을죄를 지었으니 끝내 감히 명을 따르지 못하겠습니다."
　　물러나 또 뜰 복판에 엎드려 있었다. 상이 명령하여 일으켜 내보내고 전상에 있는 여러 제신들에게 재상이 될 만한 사람을 추천하게 하였다. 선생이 영의정, 최흥원이 좌의정, 윤두수가 우의정이 되었다. 그러나 선생은 허물을 자책하고 극구 사양하였는데 윤허하지 않았다.(『연보』)

선조가 눈 밖에 난 유성룡을 영의정으로 승진시킨 것은 파천에 대한 신하들의 분노를 무마하기 위해서였다. 그러나 신하들의 분노는 이산해의 파직으로 가라앉지 않았다.

양사가 제일 먼저 파천을 주장한 이산해를 논핵하여 멀리 찬출시키기를 청했다. 유 승지六承旨와 어가를 호종한 신하들을 부청府廳(개성부 청사)에서 인견하였는데 모두가 의논하여 파천의 실수를 공격하고 그 계획이 이산해로부터 나왔다고 분한 감정에 복받쳐 그를 박살撲殺(때려죽임)하자는 논의까지 나왔다.(『선조실록』 25년 5월 2일)』

이산해가 비판의 표적이 된 것은 파천 찬성 외에도 평소 선조의 후궁 김빈金嬪의 오빠 김공량金公諒과 결탁해 많은 비리를 저질렀다는 혐의를 받았기 때문이다. 신하들은 이산해와 김공량을 죽여 민심을 수습하지 않으면 자신들이 백성들에게 맞아 죽을 수도 있다고 여기고 있었다.

삼사가 합계하여 김공량의 효시梟示(목을 베어 내거는 것)를 청하니, 상이 답하였다.

"김공량이 언제 정사를 어지럽힌 일이 있는가? 왜변倭變이 어찌 이 사람 때문에 일어났겠는가. 처벌은 죄에 맞아야 한다. 그러니 우선 가두어두라."(『선조실록』 25년 5월 3일)

신하들의 분노는 이산해에게도 향했다. 심지어 때려죽이자는 말까지 나왔다. 그러나 선조는 이산해의 처벌을 막았다. 파천에 찬성한 이산해에 대한 공격은 사실상 자신에 대한 공격이라고 생각한 것이다. 이산해를 처벌하면 자신의 잘못을 천하에 공표하는 일이기 때문에 선조는 궁지에서 벗어나기 위해 유성룡을 끌어들였다.

상이 일렀다.

"(······) 파천을 결정한 날 간하여 말리지 못한 죄는 영상領相(이산해)과 유성룡이 같은데, 어찌하여 지금 유독 영상만 논하고 성룡은 언급하지 않는가? 만약 영상을 죄준다면 유성룡까지 아울러 파직해야 할 것이다."

상은 산해를 지칭할 적에 늘 영상이라 부르고 이름을 부르지 않았다. 대사간 이헌국李憲國이 아뢰었다.

"물의物議가 모두 죄를 이산해에게 돌립니다. 유성룡의 경우는 자못 애석하게 여깁니다."

사간원 정언 황붕黃鵬은 산해 처妻의 종여서從女壻(백숙부의 사위)로 반열班列이 뒤였으므로 미처 대답하지 못하고 있었는데, 병조정랑 구성具宬이 벌떡 일어나 그의 옷을 잡고 책망했다.

"너는 이산해에게 빌붙어 청현 직清顯職에 올랐지만 천위天威(임금)가 바로 지척인데 감히 사사로운 은혜를 품고 군부를 속일 수 있는가?"

끌어내리려 하자 황붕이 말했다.

"감히 말하지 않으려는 것이 아니라 다른 사람의 말이 끝나기를 기다려서 아뢰려고 한 것일 뿐이다."

한참 동안 서로 당기고 비트는 것을 이헌국이 뜯어말렸다. 신잡이 아뢰었다.

"여항閭巷(민간)에서 전하는 말들도 이와 같습니다."

상이 일렀다.

"죄를 줄 수는 없다. 천지 귀신이 위에 있거늘 누구는 죄주고 누구는 보호하다니 이럴 수가 있는가?"(『선조실록』 25년 5월 2일)

선조의 물귀신 작전이었다. 파천을 지지한 이산해는 원한의 표적이 된 반면 파천을 극력 반대하고, 요동내부책을 저지시킨 유성룡은 여러 신하들이 존경하는 대상이 되었다. 유성룡 동시처벌론이 선조의 억지라는 사실을 모르는 사람은 없었다.

이충원李忠元이 아뢰었다.

"죄를 균등하게 주어야 한다는 말씀은 지극히 공변됩니다만, 이산해는 오랫동안 인심을 잃었고 유성룡은 사람마다 촉망하는데 함께 파직하신다면 인심이 반드시 놀랄 것입니다."

상이 일렀다.

"군사의 일을 완만히 하여 실패시킨 죄는 성룡이 더 무겁다."

(……) 이헌국이 아뢰었다.

"신이 듣기로는, 당초 성상께서 파천할 뜻이 계셨고 삼사三司의 장관이 합문 밖에 청대했고 종실도 왔었습니다. 이때 신잡이 입대했다가 나오면서 '성상께서 파천하라는 전교가 계셨다'고 했는데, 영상은 아무 말도 없었고 좌상左相(유성룡)이 '파천 계획은 사람들이 모두 분하게 여기는데 이 무슨 말씀인가' 하니, 영상이 밖으로 나오면서 '옛날에도 잠깐 피한 적이 있었는데 어찌해서 꼭 만류해야 하는가'라고 했습니다."

(……) 사간 이곽李廓이 아뢰었다.

"파천 논의는 영상이 한 것으로 모든 사람들이 알고 있습니다."

상이 일렀다.

"어쨌든 변란에 대응하지 못하고 적의 칼날을 받게 한 죄는 대신이 함께 져야 된다. (……) 미리 막지 못하고 적으로 하여금 마치 무인지경을 들어오듯 하게 하였으니 대신들이 어떻게 죄를 면할 수 있겠는가. 나는 이 적들을 한없이 우려했는데 도리어 내가 한 말을 비웃었으니, 이 점에 대해서는 유성룡 혼자 그 죄를 받아야 된다. 민폐가 된다고 하여 예비하지 않아 방비가 허술하게 만든 것은 모두가 유성룡의 죄이다."

(……) 홍인상洪麟祥이 아뢰었다.

"떠도는 말을 듣건대, 이번 파천에 대하여 통분하게 여기지 않는 이가 없습니다. 이 파천 계획은 이산해가 주장한 것입니다. 어가가 출발한 뒤로도 행색이 망극하여 사람들이 통분하게 여기므로 삼사가 아뢴 것입니다. 유성룡의 일에 대해서는 신은 알 수 없습니다."

상이 이르기를,

"사람들의 의견이 이와 같으니 유성룡을 파직하라."(『선조실록』 25년 5월 2일)

선조의 억지였다. 그러나 임금의 입에서 '파직'이라는 말이 나온 이상 어쩔 수 없었다. 문제는 영의정뿐만 아니라 겸임하던 도체찰사 직에서도 파직된 것이다. 『연보』는 "선생은 비록 면직되었으나 어가를 모심에 감히 뒤처지지 않았다"라고 전하는데, 도체찰사로 어가를 수행하는 것과 벼슬 없는 백두白頭로 수행하는 것은 큰 차이가 있었다.

이는 임란 초기의 중요한 전기였다. 군무에 능한 유성룡이 도체찰사로 전쟁을 총괄하는 것과 그렇지 않은 것에는 큰 차이가 있었다. 도주하기 바쁜 선조가 전쟁을 총괄할 수는 없었기 때문이다.

7_ 풍진도화

일본군 본대의 대동강 도하를 목도한 장수들은 평양성 사수를 포기했다.

윤두수와 김명원은 성안 사람들을 모두 내보내고 병기와 화포를 풍월루風月樓 연못 속으로 가라앉혔다.

이튿날 일본군은 모란봉에 올라 성이 텅 빈 것을 확인하고 무혈입성했다. 6월 15일이었다.

평양성을 빼앗긴 것도 문제지만 평양성 결전에 대비해 여러 고을에서 모아다놓은 10만 석의 곡식이

일본군 수중으로 들어간 것도 큰 문제였다.

연전연패

일본군도 서울을 그리 쉽게 점령할 수 있으리라고 예상하지 못했다. 강력한 방어막이 펼쳐져 있으리라고 예상했다. 『선조실록』은 "일본군의 기병 두어 명이 한강 남쪽 언덕에 도착해 헤엄쳐 건너는 시늉을 하자 우리 장수들은 얼굴빛을 잃고 부하들에게 말의 안장을 얹도록 명하니 군사들이 다 붕괴했다"고 전한다. 도성 수비책임자들은 성을 버리고 달아난 지 오래였다. 그러나 일본군은 흥인문이 활짝 열려 있는 것을 보고도 선뜻 들어오지 못했다. 유인작전으로 생각한 것이다. 먼저 십여 명의 군사를 입성시킨 뒤에도 수십 번을 탐지했다. 도성을 이렇게 버리리라고는 예상하지 못했기 때문이다. 일본군은 수십 번을 탐지한 끝에 군병이 한 사람도 없는 것을 확인하고 서울에 무혈입성했다. 궁궐은 이미 백성들이 다 불태웠으므로 일본군 지휘부는 종묘宗廟에 자리를 잡았다.

개성에 있던 선조는 일본군의 서울 입성 소식을 듣고는 극도의 두려움에 사로잡혔다.

상이 일렀다.
"여기에 머물 수 없다."
윤두수가 아뢰었다.
"오늘은 미처 떠날 수 없으니 내일 조용히 거둥하소서."
"오늘 떠나 금교金郊에 가서 자려고 한다."
"밤에 떠날 수는 없습니다. 사람들이 겁을 먹으면 뜻밖의 변이 생길지도 모릅니다. 내일 일찍 떠나셔야 합니다."
"다른 말 하지 말고 속히 출발하라."(『선조실록』 25년 5월 3일)

일본군이 개성 코앞까지 오기라도 한 것처럼 포시晡時(오후 3~4시)에 개성부를 황급히 떠난 선조의 어가는 밤중에 금교역金郊驛에 도착했다. 이튿날 선조는 날이 밝자마자 금교역을 출발해 흥의역興義驛을 거쳐 저녁에 보산관寶山館에 도착했다. 선조는 곧바로 평양으로 도주할 것을 의논했다.

이헌국이 아뢰었다.
"해가 바야흐로 길어지니, 안성安城을 지나 용천龍泉에서 자고 내일 황주黃州에서 자면 모레는 평양에 들어가실 수 있을 것입니다. 다만 길을 가기에만 힘쓰시고 음식을 드시지 않으신다면 옥체가 상할까 염려됩니다."

146

윤두수가 아뢰었다.

"난을 당하면 임금은 마땅히 진려振勵해야 하고 신하는 마땅히 사직과 함께 죽어야 합니다. 성상께서 요동으로 건너가실 계획을 세우지 않으신다면 신들이 어찌 감히 치첩雉堞(성가퀴)을 지키지 않겠습니까. 신들이 천안天顔(임금의 얼굴)이 초췌함을 보니 이루 말할 수 없이 걱정스럽습니다."

상이 일렀다.

"여기서 용천이 얼마나 남았는가?"(『선조실록』 25년 5월 3일)

선조의 귀에 싸우자는 말은 전혀 들어오지 않았다. 그의 뇌리에는 오직 빨리 북쪽으로 도망가려는 생각이 꽉 차 있었다. 이때 선조는 윤두수에게 "적병이 얼마나 되는가? 절반은 우리나라 사람이라고 하는데 사실인가?"라고도 물었다. 선조는 나름의 정보망을 갖고 있었는데, 비빈妃嬪들과 그 가족들이었음에 틀림없다. 선조는 공포에 떠는 비빈들에게 들은 정보로 전란에 대처한 셈이다. 그의 머릿속을 채우고 있는 것은 오직 자신의 안전이었다. 자신의 안전을 위해서는 신하들이 계속 자신을 따라주어야 했다. 그래서 그는 5월 6일 황주에 도착해 어가를 따른 신하들에게 가자加資(자급을 높여줌)했다.

다음 날 평양에 도착한 선조는 가장 먼저 사간원 사간 윤승훈尹承勳, 사간원 정언 정사신鄭士信, 사헌부 지평 남근南瑾을 체직시켰다. 자신의 가마를 빨리 따라오지 못했다는 것이 이유였다. 대신 김공량을 처벌하라는 대간의 주장은 거절했다.

"초목 한 그루도 함부로 죽이지 않아야 하는데 하물며 사람이겠는가. 지금 천인賤人 하나가 마치 나라를 그르친 것처럼 하는데 지나치지 않은가. 내가 평소에 심장병이 있어 지금에 와서는 뼈만 남아 부지하고 있는데, 이러한 때 어찌 중도를 넘은 논의에 급급하겠는가. 짐작해서 하라."

평양에 도착하자 선조는 안정을 되찾았다. 일본군이 평양까지 급히 추격하지는 못할 거라고 생각한 것이다. 그래서 이런 전교를 내렸다.

"어선御膳(임금에게 진공하는 음식)은 생물生物로 할 것이며 수량도 풍족하게 하라. 동궁 이하도 다 이 예에 따르도록 하라."(『선조실록』 25년 5월 8일)

평양성에서 선조는 군사체계를 재점검해야 했다. 그러나 선조는 조선을 되살릴 수 없다고 생각했고 장수들은 우왕좌왕했다. 그런 증거 중 하나가 애꿎은 부원수 신각申恪을 처벌한 일이다. 5월 18일 비변사는, "오늘날의 폐단은 장사將士가 많지 않은 데 있는 것이 아니라 기율이 엄하지 못한 데 있습니다"라면서 부원수 신각이 도원수 김명원의 지시를 어겼으니 "군법을 엄하게 보임으로써 기율을 엄숙하게 해야 한다"고 계청했다. 전시의 군법은 참형斬刑이 상형常刑이었다. 김공량의 처벌을 주청하는 상소에 대해서는 "초목 한 그루도 함부로 죽이지 않아야 하는데 하물며 사람이겠는가"라고 반대하던 선조는 무장을 죽이자는 이 주청을 선뜻 허락했다.

신각이 처음에는 김명원을 따라가 부원수가 되었으나 한강 싸움에서 패전하자 신각은 김명원을 따라가지 않고, 이양원을 따라 양주로 갔는데, 때마침 함경도 병사兵使 이혼李渾의 군사가 도착했다. 신각은 양 군사를 합쳐 서울에서 나와 민가를 노략질하는 적을 맞아 쳐부수

었으니, 왜군이 우리나라에 들어온 이래 처음의 승전이므로 사람들은 모두 뛰면서 좋아했다. (……) 우상 유홍兪泓이 임금에게 신각을 급히 베어 죽이기를 청하여 선전관이 이미 떠났는데, 신각이 전투에 이겼다는 보고가 올라왔으므로, 조정에서 사람을 뒤쫓아 보내 중지시키려 했으나 미처 도착하기 전에 신각은 죽고 말았다. 신각은 비록 무인이지만 본디 청렴하고 조심성이 있었다. (……) 아무런 죄도 없이 죽었고 또 90세 된 늙은 어머니가 살아 있었으므로 듣는 사람들이 원통히 여기지 않는 이가 없었다. (『징비록』)

한응인 팔도 순찰사가 되어 공을 세워 호조판서로 임명되었다. 계축옥사에 연루되어 관직을 삭탈당했다.

유성룡이 도체찰사였으면 방지할 수 있는 비극이었다. 조선 장수들의 고질병은 적군을 두려워해 떨면서도 아군의 목숨을 파리 목숨처럼 여기는 것이었다. 김명원의 잘못된 보고 때문에 부원수 신각을 죽였다는 사실을 알게 된 조정에서는 김명원의 지휘권을 일부 박탈했다. 지사知事 한응인韓應寅에게 군사 3천 명으로 임진강을 지키라고 명하면서 도원수 김명원의 지시를 받지 말라고 한 것이다. 임진강 방어전은 지휘권이 둘로 나뉜 상태에서 치러야 했으므로 혼란은 예견된 것이다. 한응인이 거느린 군사들은 여진족과 여러 차례 싸워본 실전경험이 많은 군사들이었다. 군사들이 한응인에게 적군의 형세를 살핀 다음 싸우자고 건의하자 한응인은 군사들이 나가지 않는다고 서너 명을 목 베어 죽였다. 지휘권이 없는 김명원은 제어할 수 없었다. 이일이나 신립·김명원·한응인 모두 휘하 군사 목 베는 데는 천부의 맹장이었다. 장수의 칼은 적을 베라고 있다는 평범한 사실을 모르는 용장庸將들이기도 했다.

별장別將 유극량劉克良은 경험이 많고 싸움에 익숙하기 때문에 경솔히 나아가지 말자고 힘써 진언하자 신할申硈이 그의 목을 베려고 했다.

"내가 머리털을 묶어 상투를 짰을 때부터 군인이 되었는데 어찌 죽기를 피하려고 하겠습니까? 이렇게 말씀드리는 것은 나라 일을 그르칠까 두렵기 때문입니다."

이렇게 말한 유극량은 분개하며 자신에게 소속된 군사를 거느리고 뛰쳐나가 먼저 임진강을 건넜다. 우리 군사가 이미 험난한 곳으로 들어가자 적은 날쌘 군사를 산 뒤에 매복시켜 두었다가 한꺼번에 일어나 공격하니 우리 군대는 모두 패전해 달아났다. 유극량은 말에서 내려 땅바닥에 앉으면서 말했다.

"여기가 내가 죽을 곳이다."

그는 활을 당겨 적군 몇 사람을 쏘아 죽인 다음에 적병에게 살해되었으며, 신할도 전사했다.

군사들은 달아나 강 언덕까지 왔으나 건너지는 못하고 바위 위에서 스스로 몸을 던져 강물에 뛰어드니 마치 바람 속에 어지럽게 떨어지는 잎사귀 같았다. 미처 강에 몸을 던지지 못한 군사는 적군이 뒤에서 쫓아와 긴 칼로 내리찍으니 모두 엎드려 칼만 받을 뿐이었다.(『징비록』)

이렇게 임진강 방어선은 무너지고 말았다. 유성룡은『징비록』에서 "김명원과 한응인이 행재소에 돌아왔으나 조정에서는 이일을 문책하지도 않았다"라고 적고 있다. 군율은 백성들이나 일반 병사, 또는 군관들에게 적용되는 것이지 최고 지휘관에게는 무용지물이었다.

풍원 부원군에 제수되다

6월 1일 선조는 유성룡에게 풍원 부원군豊原府院君을 제수했다. 명나라 사신과 장수들을 접대하라는 뜻이었다. 전쟁 발발 소식을 듣고 명나라는 최세신崔世臣과 임세록林世祿을 차관差官(특별한 임무를 띤 임시 관원)으로 삼아 평양으로 보냈다. 명나라에서는 조선의 전황이 이해되지 않았다. 한 달이 채 안 돼서 도성이 함락되었다는 사실을 이해할 수 없었던 것이다. 일본군이 평양 근처까지 나타났다는 소식도 마찬가지였다. 유성룡이 만나보니 임세록이 알고자 하는 진짜 정보는 따로 있었다. 조선이 일본의 앞잡이가 된 것이 아니냐는 의심이었다. 그렇지 않고서는 일본군이 이렇게 빨리 북상할 수 없다는 것이었다. 유성룡은 임세록을 데리고 대동강이 보이는 연광정練光亭에 올랐다. 일본군 한 명이 대동강 동쪽 숲속에서 나와서 이리저리 살피더니 잠시 후 두세 명이 더 나와 주위를 살폈다.

"저것이 왜병의 척후斥候입니다."

임세록은 믿을 수 없다는 표정이었다.

"왜병의 숫자가 어찌 저렇게 적을 수 있겠소."

"많은 군사는 뒤에 있고 몇 명만 먼저 와서 정탐하는 것입니다.

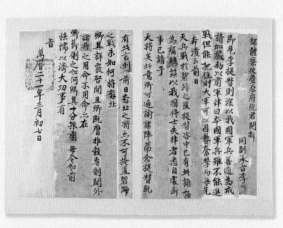

풍원 부원군 도체찰사 교지 선조는 유성룡에게 풍원 부원군을 제수해 명나라 사신과 장수들을 접대하게 했다.

척후병의 수효만 보고서 왜병을 깔본다면 반드시 적군의 꾀에 빠질 겁니다."

그제야 유성룡의 말을 사실로 믿은 임세록은 빨리 자문咨文(중국과 왕래하는 공문서)을 써달라고 요청해 가지고 돌아갔다. 자문은 물론 구원병을 요청한다는 내용이었다. 일본군의 대동강 출현을 목격한 임세록의 보고는 힘을 발휘할 것이 틀림없었다. 구원병을 보내지 않으면 자칫 명나라가 싸움터가 될 수 있기 때문이었다.

임진강이 무너지면서 상황은 더욱 급박하게 돌아갔다. 평양에서 안정을 되찾은 선조는 다시 흔들리기 시작했다. 박동량의 『기재사초』는 임진년 6월 1일조에 "임진강의 방어가 무너져서 사태가 점점 급박하여서 상이 묘당에 명하여 거취를 의론케 하였다"라고 쓰고 있다. 평양을 버리고 다시 도주할 계획을 세우라고 명했다는 말이

152

『**기재잡기**』 조선 인조 때 문신 박동량이 쓴 일기. 임진 왜란 전후의 사실을 기록한 책이다.(국립중앙도서관 소장)

다. 유성룡은 또다시 반대했다.

"오늘날 사세는 먼젓번 서울에 있을 때와는 다릅니다. 서울은 군사와 백성이 모두 무너져서 지키려야 지킬 수가 없었지만, 평양 성은 앞이 강물에 막혀 있고 민심도 자못 안정되어 있으며, 또 중원中原과도 가깝습니다. 만약 며칠만 더 굳게 지킨다면 반드시 명나라 군사가 와서 구원할 것이니, 그 힘을 빌어서 적군을 물리칠 수 있을 것입니다. 만약 그렇지 못하면 이곳으로부터 의주까지 다시 지킬 만한 땅이 없으니, 형세가 반드시 나라가 망하는 지경에 이를 것입니다."

서인 좌상 윤두수도 유성룡의 사수론을 지지했다. 그러나 선조가 피난길에 나선다는 소문이 돌면서 평양은 이미 혼란에 빠져 들고 있었다. 평양 사람들이 너도나도 도주해 성안이 텅 비었다. 당황한 선조는 세자 광해군에게 백성들을 설득하라고 명했다. 광해군이 대동관의 문에 나가서 부로父老들에게 평양성을 굳게 지키겠다고 말했으나 그들은 선조의 육성을 요구했다.

"동궁마마의 말씀만 듣고는 백성들이 마음으로 믿지 않으니 반드시 성상聖上께서 친히 타이르는 말씀을 들어야겠습니다."

이튿날 선조는 하는 수 없이 같은 장소에 나가서 승지에게 말을 전하게 했다. 『선조실록』 6월 2일조는 "이날 상이 함구문含毬門으로 거둥하여 평양의 부로와 군민軍民들을 소집하여 죽음으로써 지키겠다는 뜻을 유시했다"라고 전하고 있다. 이 말을 들은 부로들이 달아난 사람들을 불렀다. 『징비록』은 "그들이 각기 나누어 산골에 숨어 있던 늙은이, 어린이와 남녀, 자제子弟들을 불러 모아 성에 들어오니 성안이 가득 찼다"고 전하고 있다. 선조의 평양성 사수 발언에 백성들이 모여든 것이다.

그러나 6월 8일 일본군 선봉이 대동강 가의 재송정裁松亭 앞에 병사를 주둔시키자 다시 선조가 도주한다는 소문이 돌았다. 재신宰臣노직盧稷 등이 선왕들의 위판位版을 모시고 성문을 빠져나가는 것이 목도되면서 상황은 급속히 악화되었다. 신주를 옮기는 것은 국왕 파천의 신호였다. 성안에 있던 이속吏屬과 백성들이 들고 일어섰다. 백성들은 벼슬아치들을 꾸짖었다.

"너희들이 평일에는 나라의 녹祿만 도적질해 먹다가 나라 일을 그르치더니, 이제 백성들을 이렇게 속인단 말이냐?"

백성들은 길을 가로막고 재신들을 걷어찼다. 『징비록』은 이때 "신주가 길바닥에 떨어졌다"라고 전한다. 선왕의 신주가 길바닥에 내동댕이쳐진 것이다. 배신감에 치를 떠는 백성들에게 선왕의 신

평양성 고구려 때 수도 평양을 방어하기 위해 쌓은 것으로 북성, 내성, 중성, 외성의 네 부분으로 구성되어 있다.

주 따위는 안중에도 없었다. 길가에 모인 장정들은 물론 부녀자와 어린 아이들까지 분기가 탱천해 머리털을 곤두세우고 외쳐댔다.

"성을 버리고 도망칠 것 같으면, 왜 우리들을 속여 성안으로 불러들여 적의 손에 어육魚肉이 되게 한단 말이냐?"

선조는 신주를 따라 나가려고 했으나 백성들이 난을 일으켰다는 소식에 떠나지 못했다. 연광정練光亭에 있던 유성룡은 선조가 행궁으로 사용하는 대동관으로 달려갔다.

궁문宮門에 이르니 난민亂民이 거리에 가득한데, 모두 팔뚝을 걷어붙이고, 칼이나 몽둥이를 가지고 만나는 사람마다 후려침이 몹시 소란스럽고 북적거려서 제지할 수 없었다. 문 안의 조당朝堂에 있던 여러 재신들은 모두 얼굴빛이 변하여 뜰 가운데 서 있었다. 나는 난민들이 궁문에 들어올까 걱정이 되어 문 밖 층계 위에 나가 서서 그중에 나이 많고 수염 많은 사람을 손짓해서 부르니 그가 곧 다가왔다.(『징비록』)

그는 평양 지방의 관리였다. 유성룡은 그 사람을 타일렀다.

"그대들이 힘을 다하여 이 성을 지키면서 임금께서 성 밖으로 나가지 않기를 원하고 있으니 나라를 위하는 충성이 가득하다. 그런데 난을 일으켜 궁문을 소란하게 하다니 대단히 놀랄 만한 일이다. 조정에서도 지금껏 이 성을 굳게 지키기로 계청했고 임금께서도 이미 허락하셨는데 무슨 까닭으로 이렇게 야단스러운가? 그대의 모양을 보건대 식견 있는 사람 같으니 여러 사람들을 타일러 물러가게 하라. 그렇지 않으면 너희들은 장차 중한 죄를 범하게 될 테니 그때는 용서받지 못할 것이다."

그는 즉시 몽둥이를 버리고 두 손을 맞잡고 말했다.

"소민小民들은 나라에서 이 성을 버리려 한다는 말만 듣고 분개해 이렇게 망동한 것인데, 지금 이런 말씀을 들으니 소인의 가슴속이 시원해집니다."

그는 난을 일으킨 무리들을 손을 휘둘러 헤쳐버렸다.

이 무렵 일본군은 대동강까지 진출했으나 더 이상 북상하지 못했다. 이순신이 이끄는 조선 수군이 연전연승하면서 제해권을 장악해갔기 때문이다. 선조가 평양에 도착한 5월 6일 이후만 해도 조선 수군은 6월 2일 당포, 6월 5일 당항포 해전에서 승리를 거두었

당항포 대첩 기념탑 이순신이 이끄는 조선 수군은 당항포에서 일본 수군을 크게 무찔렀다.

다. 이순신이 이끄는 조선 수군은 당항포 해전에서만 적선 26척을 격침시키는 큰 승리를 거두었다. 조선이 제해권을 장악하면서 군수품 보급에 문제가 생긴 일본군이 북상을 주저한 것이다.

　그러나 선조는 중전 의인왕후 박씨를 먼저 함경도로 보냈다. 자신이 따라갈 생각이었다. 중전의 피난길은 순조롭지 못했다. 역시 난민들 때문이었다.

　　중전이 함흥으로 가기 위하여 궁속宮屬들이 먼저 나가자, 평양 군민들이 난을 일으켜 몽둥이로 궁비宮婢를 쳐 말 아래로 떨어뜨렸으며, 호조판서 홍여순洪汝諄은 길에서 난병에게 맞아 등을 다쳐 부축을 받

숭충사 이순신의 영정과 위패를 모신 곳. 경상남도 고성군 회화면에 있다.

고 돌아왔다. 거리마다 칼과 창이 삼엄하게 벌여 있고 고함이 땅에 진동하였는데 모두 대가가 성을 나가지 못하게 했다. 풍원 부원군 유성룡이 전에도 성을 지키자는 계책을 고수하여 삼사三司와 서로 다투었는데 이때에도 여러 신하들과 상 앞으로 바로 들어갔다. 상이 궁전 弓箭(활)을 차고 뜰 가운데에서 산보하며 승여乘輿(가마)가 준비되었다는 보고를 기다리다가, 유성룡 등이 들어오는 것을 보고 전상으로 올라가 앉으니, 유성룡과 승지 이곽, 봉교奉敎 기자헌奇自獻 등이 입시하였다.(『선조실록』 25년 6월 10일)

이때 유성룡이 선조에게 "원하옵건대 상께서는 이곳에 머물러

계시고 서쪽으로 행행行幸하지 마소서"라고 만류했다. '서쪽으로 행행하지 말라'는 말은 요동으로 들어가지 말라는 뜻이었다. 그러나 선조의 마음은 이미 조선을 떠나 있었다. 그는 좌상 윤두수와 순찰사巡察使를 겸임하고 있는 이조판서 이원익에게 평양성 사수를 명하고 6월 11일 영변을 향해 떠났다. 여차하면 요동으로 도주하려는 심산이었다.

평양성 함락되다

11일 밤을 숙천肅川에서 보낸 선조는 다음 날 안주安州를 거쳐 영변에 들어갈 예정이었는데 비가 내렸다. 선조는 내리는 비를 무릅쓰고 영변으로 향했다. 북도로 향하던 왕비 일행은 함경도로 가지 못했다. 가등청정 군이 함경도까지 진출했기 때문이다. 선조는 세자 광해군을 영변에 남겨 국사를 다스리게 하겠다고 명하고 회의를 주재했다. 선조가 참석하는 어전회의에서 적을 물리칠 방안이 논의되는 경우는 거의 없었다. 모든 논의의 초점은 어디로 도망갈 것인가에 맞춰졌다. 선조의 목적지는 초지일관 요동이었다.

"당초에 일찍이 요동으로 갔더라면 좋았을 텐데, 의논이 일치하지 않아 이런 지경에 이르게 되었다. 나는 처음부터 항상 왜적이 앞에서 나타난 뒤에는 피해 가기 어렵다고 말하곤 하였다."(『선조실록』 25년 6월 13일)

자신이 선견지명이 있었다는 투였다. 영의정 최흥원이 요동으로 들어갔다가 명에서 허락하지 않으면 어떻게 하겠느냐고 반대하자 이렇게 답했다.

"아무리 그렇더라도 나는 반드시 압록강을 건너갈 것이다."

요동으로 도망가려는 선조에게도 논리는 있었다.

"요동으로 건너가는 것은 피난만을 위한 것이 아니다. 안남국安南 國이 멸망당한 후 중국에 입조하자 병사를 보내 안남국을 회복시킨 적이 있다. 나도 이와 같은 것을 생각하였기 때문에 요동으로 들어 가고자 하는 것이다."

선조 자신이 전쟁 수행의 가장 큰 걸림돌이었다. 신하들은 선조 가 평양성을 떠난 것이 큰 잘못이라고 생각했다. 평양성은 사수가 가능한 성이기 때문이다.

선조는 도주했지만 평양성의 신하들은 성을 사수하기로 마음먹 었다. 선조가 도주한 그날 평양성에 남은 윤두수와 이원익은 밤중 에 평안도 출신 김진金珍에게 토병土兵(평안도 군사) 백여 명을 인솔하 고 대동강을 건너가 공격하라고 명했다. 김진이 토병을 이끌고 도 강했을 때 적군들은 한창 자고 있었다. 조선군이 역습할 것이라고 는 생각지도 못해서 경계병도 세워놓지 않았기 때문에 김진 등이 급습하자 속수무책이었다. 김진은 일본군 수백여 명을 삽시간에 사살하고 말 133필을 빼앗았다. 그러나 귀환하는데 배가 빨리 도착 하지 않아 추격하는 일본 군사에게 공격당해 토병 30여 명이 전사 하고 말았다. 비록 아군의 손실도 있었으나 전체적으로는 큰 승전 이었다. 조선군에게 이길 수 있다는 자신감이 확산되었다.

평양성에 남은 유성룡이 차관差官으로 파견된 명나라 도지휘都指揮 동양정佟養正을 만난 결과를 보고한 것도 평양성 사수의 희망을 크 게 했다.

"명나라 사람이 한참 동안 바라보고서, '만약 이 정도리면 우리 군사가 한번 오면 왜적들을 섬멸할 수 있다'라고 말했습니다. 신이 역관을 통해 다시 그들에게, '왜적들은 온갖 간사한 꾀를 다 내는데 강의 상류와 하류에는 건널 수 있는 얕은 여울이 없지 않으므로 병사들을 나누어 수비하다보니 힘이 분산되는 게 걱정이다. 명나라 군사가 오는 것이야말로 한 시각이 급하니, 대인大人은 급히 귀국하여 출병할 시기를 앞당기라' 하였습니다. (……) 만약 수일만 지탱하여 명나라 병사가 들어오면 왜적들을 물리칠 가망이 없지 않습니다."(『선조실록』 25년 6월 11일)

6월 14일 명나라 차관 동양정의 패문牌文 내용이 알려지면서 평양성에 남은 사람들은 성을 사수할 수 있다는 희망을 가졌다. 명나라 군이 내일 압록강에 도착해서 모레는 강을 건널 것이라는 내용이었다. 며칠만 더 버티면 명군明軍이 평양성에 합류할 예정이었다. 그러나 도주 중인 조정은 전혀 다른 문제로 시끄러웠다. 선조가 전날 밤 비망기를 내려 광해군에게 내선內禪(왕위를 물려줌)하겠다고 선언했기 때문이다.

선조의 내선 비망기에는 두 가지 목적이 있었다. 하나는 신하들의 충성심을 확인하기 위한 것이고, 다른 하나는 책임을 세자에게 맡기고 자신은 요동으로 도주하기 위해서였다. 신하들은 평양성 사수 대책에 힘쏟는 대신 선조를 청대해 전교의 명을 거두어달라고 요청하는 데 힘써야 했다. 영의정 최흥원이 청대해 전교를 거두어달라고 요청한 그날 『선조실록』은 "상이 마침내 요동으로 건너갈 계획을 결정하고 선전관을 보내 중전을 맞아 돌아오도록 하였다"고 전하고 있다. 그리고 그날 밤 평양성 전투가 있었다.

평양성의 도원수 김명원은 야음을 틈타 기습하기로 결정했다. 그는 고언백高彦伯에게 날쌘 군사를 거느리고 강을 건너 공격하라고 명했다. 고언백은 부벽루浮碧樓 아래 능라도綾羅島 나루로 강을 건넜다. 그런데 공격 시간에 차질이 생겼다. 원래의 공격 시간은 삼경三更(오후 11시~오전 1시)이었으나 강을 건널 무렵 이미 먼동이 트고 있었다. 그러나 일본군이 아직 장막 속에서 자고 있는 것을 발견하고는 급습했다. 평안도 토병 임욱경任旭景이 앞장서 싸우다 전사하기도 했으나 조선군은 적병 여럿을 전사시키고 3백여 필의 말도 빼앗았다.

소란에 잠이 깬 일본군이 반격에 나서자 조선군은 강 쪽으로 퇴각했는데, 후송을 맡은 뱃사람들이 적군이 쫓아오는 것을 보고 강가에 배를 대지 않았다. 많은 군사들은 강물에 빠져 죽었고, 이 지역 지리를 잘 아는 토병들은 물이 얕은 왕성탄王城灘으로 건넜다. 그런데 이를 본 일본군은 왕성탄은 걸어서 건널 수 있는 깊이라는 사실을 알게 되었다. 그날 저녁 일본군 본대는 드디어 대동강을 건넜다.

일본군 본대의 대동강 도하를 목도한 장수들은 평양성 사수를 포기했다. 윤두수와 김명원은 성안 사람들을 모두 내보내고 병기와 화포를 풍월루風月樓 연못 속으로 가라앉혔다. 이튿날 일본군은 모란봉에 올라 성이 텅 빈 것을 확인하고 무혈입성했다. 6월 15일이었다. 평양성을 빼앗긴 것도 문제지만 평양성 결전에 대비해 여러 고을에서 모아다놓은 10만 석의 곡식이 일본군 수중으로 들어간 것도 큰 문제였다. 보급품 부족에 허덕이던 일본군으로서는 망외望外의 소득이었다.

무너지는 기강

6월 중순 들어 명나라 장수들이 몇백 명씩 군사들을 거느리고 압록 강을 넘어왔다. 기다리고 기다리던 원군이었다. 그러나 명군 또한 백성들에게는 큰 고통이었다. 조도사調度使 홍세공洪世恭의 6월 20일 자 치계에 "장수들의 기율紀律이 엄중하지 않고, 또 군마들이 민가에 마구 뛰어드니 백성들이 놀라 흩어져 성안이 온통 비었습니다" 라고 쓴 것이 이를 말해준다. 명나라 군사들의 접대를 맡은 유성룡은 군량軍糧 마련이 큰 걱정이었다. 그렇잖아도 행패가 심한 명군이 식량까지 제때 공급받지 못하면 어떤 일이 벌어질지 알 수 없었다. 무슨 수를 쓰더라도 명군에게 식량을 공급해야 했다.

유성룡이 『징비록』에 "임금의 행차가 평양을 떠나온 후로는 인심이 무너져서 지나는 곳마다 난민들이 곧바로 창고에 들어가서 곡물을 약탈하니 순안·숙천·안주·영변·박천 등의 고을 창고가 차례로 약탈당했다"라고 쓴 것처럼 대부분의 창고는 약탈당한 뒤였다. 심지어 "박천에서 출발할 때 조신朝臣의 짐바리를 노략질한 마을 도적들이 있었다"는 내용이 실록에 기록될 정도였다. 선조는 6월 15일 박천을 떠나 이튿날 가산嘉山에 도착했다. 선조는 가산에서 정주定州를 거쳐 요동으로 북상할 생각이었다.

그러나 유성룡은 가산이 승부처라고 생각했다. 평양 아래 대동강이 흐르는 것처럼 가산 아래 청천강이 흐르고 있기 때문이다. 6월 16일 유성룡은 선조에게 가산을 결전 장소로 삼자고 말했다.

유성룡이 아뢰었다.

"청천강 가에서 한번 결전하는 것이 좋을 듯합니다. (가산 군수) 심신겸沈信謙은 '본군에는 군량이 5백~6백 석이 있으나 정주에는 전혀 없다'고 말했습니다."

"오늘에 와서야 비로소 정주에 군량이 없다고 말하는 것은 무슨 까닭인가?"

"의주에는 홍세공洪世恭을 보냈는데 준비하지 못하였다고 합니다."

"2천 군사가 왕래하는 군량도 준비할 수 없단 말인가?"

정철 등이 아뢰었다.

"박천과 영변에는 저축된 군량이 조금 있다고 합니다."

상이 일렀다.

"말하지 않는 것이 좋다. 군신群臣들이 일을 해보려는 뜻이 없기 때문에 이와 같은 지경에 이른 것이다."

유성룡과 정철이 아뢰었다.

"여러 장수들로 하여금 이곳에 모이도록 하는 것이 마땅하겠습니다." (『선조실록』 25년 6월 16일)

가산에서 결전하자는 신하들에게 자신이 도주할 정주에 양식을 미리 마련해놓지 않았다고 '일을 해보려는 뜻이 없다'고 비판한 것이다. 이날 유성룡은 홍진洪進과 함께 "흩어진 병졸 수천여 명을 거두어 명나라 병사와 함께 결전하여 다행히 승전하면 종묘사직이 다시 보전될 수 있을 것입니다"라고 재차 결전을 촉구했다. 선조의 대답은 엉뚱했다.

"요동에 자문咨文을 가지고 갈 사신을 미리 정하는 것이 좋겠다."

요동으로 건너간 이후에 자신의 처우문제 등을 논의할 사신을 보

첨주 조선시대 투구는 철로 만든 테가 있는 첨주와 테가 없이 둥그스름한 원주가 있다. 이 투구는 임진왜란 때 유성룡이 쓴 투구다.

내야 한다는 뜻이었다. 6월 16일 선조는 가산을 떠나 정주에 도착했는데, 『선조실록』은 "궁인 중에는 그냥 걸어서 간 사람도 있었다"라고 전할 정도로 비참한 피난길이었다. 선조의 뇌리에는 빨리 조선을 벗어나야 한다는 생각만 들어 있었다.

선조는 정주를 떠나 선천으로 가면서 유성룡에게 정주에 머물러 있으라고 명했다. 이 상황을 유성룡은 『징비록』에 "나는 길가에 엎드려 임금의 행차가 성 밖으로 나가시는 것을 전송한 다음, 연훈루延薰樓 아래에서 울고 있었다"라고 적어놓았다. 한 명이라도 더 데려가기 위해 분주하던 선조가 막상 유성룡은 요동 망명을 반대한다는 이유로 정주에 떨어뜨린 것이다.

곽산郭山을 떠나 선천으로 가면서 곽산 군수 이경준李慶濬이 호종하겠다고 주청하자 즉시 받아들이고, 대신 선전관 고희高曦를 곽산 군수로 삼았다. 고희가 눈물을 흘리면서 사양했으나 받아들여지지 않았다. 선조가 곽산을 떠나면 곽산은 곧 백성들에 의해 무정부상태가 될 것이기 때문에 이경준은 호종하겠다고 자청한 것이고, 고희는 눈물을 흘리며 사양한 것이다. 유성룡을 정주에 남겨둔 것은 요동으로 가는 장애물을 제거한 셈이다.

『선조실록』 25년 6월 18일조는 "이때에 도로에 떠도는 말에, 왜적들이 반드시 대가大駕(임금의 수레)를 뒤쫓아오고야 말 것이라고 하니, 대가가 지나간 여러 고을이 일제히 비고 난민들이 창고를 불사르며 약탈해 갔다"라고 적고 있다. 국난 극복의 가장 큰 장애요소는 다름아닌 선조 자신이었다. 도망가는 선조와 약탈자로 변한 백성 사이에서 유성룡은 울 수밖에 없었다.

이때 유성룡 휘하에는 군관 6명과 중도에 모은 패잔병 19명이 있었다. 이들은 모두 유성룡과 생사를 함께하기로 약속한 사이였다. 선조가 버리고 떠난 정주는 치안 부재상태로 빠져들었다. 저녁 무렵 정주의 관곡官穀 창고가 있는 남문南門 주변으로 수백 명의 난민들이 모여들었다. 유성룡은 약한 고리를 먼저 쳐서 기선을 잡아야 한다고 판단했다.

그때 난민 10여 명이 성문으로 몰려들자 유성룡은 군관에게 19명의 병사를 모두 주어 잡아오라고 명령했다. 10여 명의 난민들은 병사들이 쫓아오자 도주했으나 9명이 붙잡히고 말았다. 유성룡은 이들의 상투를 풀어 흩뜨리고 두 손을 뒤로 돌려 합쳐 묶은 다음 창고 옆 길가로 끌고 가서 군사들에게 소리치게 했다.

"창고를 약탈하는 도적은 사로잡아 목을 베어 매달겠다."

그제야 창고를 털려던 난민들이 서문西門으로 달아났다. 그러나 유성룡은 이들의 목을 베지 않았다. 백성들의 마음을 안돈시켜야 한다고 생각한 것이다. 무인武人인 정주 판관判官 김영일金榮一은 평양에서 도주해 처자를 바닷가에 옮겨두고 창고 곡식을 훔쳐 가족들에게 보내려고 했다. 유성룡은 그를 체포한 다음 꾸짖었다.

"너는 무장의 몸으로 싸움에 지고도 죽지 않았으니 그 죄가 목을 벨 만한데, 또 감히 관정 곡식을 훔쳐내는가?"

유성룡은 곤장 60대를 치게 했다. 그러나 그는 사람을 죽이는 것
으로 군율을 세우지 않았다. 유성룡의 이런 조치 때문에 정주뿐만
아니라 용천龍川·선천宣川·철산鐵山의 관곡도 안전할 수 있었다.

제2부

통한의 시대, 나라를 다시 세우다

8_ 반격

낙상지 · 오유충 등은 자기 부하 군사를 거느리고 개미처럼 성에 붙어 오르는데,

앞의 군사가 떨어지면 뒤따르는 군사가 또 올라 물러나는 군사가 없었다.

적병의 칼과 창이 고슴도치 털처럼 성가퀴 아래로 내려져 있었으나

명나라 군사가 더욱 힘차게 싸우니 적병은 능히 지탱하지 못하고

내성內城으로 도망갔는데 칼날에 베이고 불에 타서 죽은 군사가 아주 많았다.

계사를 올리다

정주를 안정시킨 유성룡은 대가를 따라 의주로 향했다. 선조는 의
주까지 도주했으나 상황은 좋지 않았다. 의주 목사 황진黃進과 판관
判官 권탁權晫 등이 관인과 관아의 여종 두어 명을 데리고 직접 임금
의 수라〔水剌〕를 장만하는 형편이었다. 『선조실록』은 "꼴과 땔나무
가 계속 조달되지 않아서 행재소라고는 하지만 적막하기가 빈 성
과 같았다"라고 전하고 있다.

　그나마 평양성을 점령한 소서행장 군이 더 이상 북상하지 않아
다행이었다. 일본군은 순안順安이나 영유永柔처럼 손을 뻗으면 닿을
거리에 있는 군현도 점령하지 않았다. 단독으로 평양까지 북상한
소서행장은 어떻게 해야 할지 망설였다. 그는 마치 농성하는 군사
처럼 평양성에 은거했다. 조선으로는 하늘이 준 기회였다. 그러나

선조는 이 황금 같은 시간을 전열을 정비하는 계기로 사용하지 않고 요동으로 도망갈 준비를 하는 시간으로 사용했다.

> 상이 전교했다.
> "요동으로 건너가는 것을 비록 갑작스럽게 할 수 없으나 모든 일을 충분히 예비하도록 하라."
> 예조판서 윤근수가 요동으로 건너가면 낭패라고 강력히 말하고, 풍원 부원군 유성룡도 그 불가함을 강력히 말하면서 아뢰었다.
> "북도·하삼도·강변 등이 있으니 두루 행행하시면 수복收復할 수 있는 일이 있을 듯합니다."
> 드디어 서로 눈물을 흘리며 목메도록 울었다.(『선조실록』 25년 6월 23일)

유성룡의 말대로 함경도와 전라·경상·충청도 등은 아직 일본군의 수중에 떨어지지 않았다. 선조가 이런 지역들을 행행하면서 전투를 독려하면 전세가 뒤집힐 수 있었다.

유성룡은 먼저 선조의 마음을 다잡아야 한다고 생각했다. 그래서 그는 의주에서 계사啓辭를 올려 시무를 진술했다.

> • 토병土兵(평안도 군사)은 날래고 용감하기가 남군南軍보다 갑절이니 군에 응모하는 자가 있으면 각별히 권장하여 흥기하게 하소서. 또한 본도의 민생들이 곤란함이 더욱 심하오니 모든 폐단을 일체 깨끗이 없애소서.
> • 무리를 지어 창고를 노략질한 무리들은 반드시 모두 난민이 아니라 배고픔에 견디다 못해 한 짓에 불과합니다. 이것은 수령들이

구휼에 힘쓰지 않아 그러하니, 여러 가지 방법으로 이쪽 사정을 알게 하여 그들로 하여금 각기 무리들을 거느리고서 적을 소탕하는 일에 힘쓰게 하되 공적이 있으면 평인과 같이 상을 주소서.

• 화포를 만들 줄 아는 장인도 마땅히 불러 모아 제조하게 해서 전쟁의 쓰임에 대비하소서.

• 왜적이 수백 리 가까이 있으므로 안으로 간첩을 엄하게 살피지 않을 수 없습니다. 성안과 군중軍中으로 하여금 별도로 표호標號를 만들어 서로 식별할 수 있게 하소서.(『연보』)

유성룡의 계책은 무너진 군사를 빨리 수습해서 평양성을 수복하자는 것이었다. 그러나 선조의 뇌리에는 압록강을 건널 생각뿐이었다. 그러나 선조는 압록강 도강을 포기할 수밖에 없었다. 요동으로 내부하겠다는 자문에 대한 명나라의 반응 때문이었다.

"명나라에서 우리나라가 내부를 청한 자문咨文을 보고 장차 우리나라를 관전보寬奠堡의 빈 관아에 거처시키려고 한다는 소식을 듣고는, 상이 드디어 의주에 오래 머물 계획을 하였다."(『선조실록』 25년 6월 26일)

선조는 자신이 명나라로 망명하면 나라는 망해도 요동에서 비빈妃嬪들을 거느리고 제후로 살 수 있으리라고 생각한 것이다. 그러나 명나라는 선조가 압록강을 건너면 관전보의 빈 관아에 유폐시킬 계획이었다. 이 때문에 선조는 요동내부 계획을 포기했다. 이 소식을 들은 선조는 6월 29일 의주에서 자신을 호종한 신하들 중 가자를 받지 못한 사람을 승급하라고 명했다. 끝까지 자신을 따라다니라는 뜻이었다.

선조가 전란 극복에 가장 큰 방해물로 전락한 반면 분조分朝를 이끌고 있는 세자 광해군의 활약은 눈부셨다. 선조의 명으로 영변에 떨어진 세자는 그곳에만 머물러 있지 않았다. 세자는 그해 7월 1일 함경도 남부 맹산孟山으로 갔다가 4일에는 더 남쪽 양덕陽德으로 이동했다. 선조는 요동으로 도망갈 생각만 한 반면에 세자는 적진 깊숙한 남쪽으로 잠입한 것이다.

이날 선조는 세자를 시위하던 김우고金友皐·이시언李時言을 의주로 보내라고 명령했다. "이곳에서 적을 토벌할 일이 한창 급하고 또 이런 때에 이 같은 사람을 얻기가 어렵다"는 이유였다. 적진으로 들어가는 세자에게 군사를 늘려주기는커녕 군사를 빼앗은 것이다. 그러나 세자는 이에 아랑곳하지 않고 5일에는 강원도 곡산谷山으로, 9일에는 이천伊川으로 잠입했다. 28일에는 다시 신계新溪로 잠입했다.

7월 무렵 유성룡은 치질이 심해 일어나지도 못했다. 선조는 윤두수에게 대신 명나라 군사 접대를 맡겼으나 유성룡은 자신이 해야 한다는 생각에 종사관 신경진辛慶晉을 시켜 선조에게 글을 올렸다.

"신이 전교를 보건대, 명나라 군사에게 지급할 군량이 시급하게 되었는데 신이 병중에 있기 때문에 좌상 윤두수에게 조처하도록 하려 하였습니다. 그러나 연도의 군량과 말먹이는 신이 전부터 관할하였습니다. 신이 병들어 있으나 죽기 전에는 스스로 힘을 다하여 분주히 뛸 것입니다. (……) 신은 오늘 신경진을 먼저 보내고, 내일 새벽에 병을 무릅쓰고 수행하여 일이 지연되지 않게 하겠습니다."(『선조실록』 25년 7월 6일)

유성룡이 하직 인사를 하자 선조가 직접 불렀다. 그는 엉금엉금 기어 들어가서 아뢰었다.

"소곶역所串驛에서부터 남쪽 정주·가산에 이르기까지는 명군明軍 5천 명이 하루 이틀 먹을 것은 준비될 수 있으나, 안주·숙천·순안 세 고을에는 양식이 전혀 없습니다. 명나라 군사가 이곳을 지날 때는 먼저 사흘치 양식을 가지고 대비해야 할 것입니다. 군사가 평양을 즉시 수복하면 평양에는 곡식이 많으므로 능히 보급될 수 있을 것입니다."

유성룡이 떠나겠다고 하자 선조는 웅담과 납약臘藥을 내려주었다. 유성룡이 아픈 몸을 이끌고 의주를 떠나자 내의원의 하인 용운龍雲이 성문 밖 5리까지 배웅하며 내내 통곡했다. 심지어 유성룡이 전문령箭門嶺 고개에 올랐을 때까지 통곡소리가 들렸다. 이렇게 유성룡은 저녁 때 소곶역에 도착했으나 이속과 군졸들이 모두 흩어져 사람의 그림자도 볼 수 없었다. 유성룡은 군관들에게 촌락을 수색시켜 군졸 몇 사람을 찾았다. 유성룡은 그들을 회유했다.

"나라에서 평일에 너희들을 길러온 것이 이런 때 쓰고자 한 것인데, 어찌 도망칠 수가 있겠는가. 더구나 명군이 방금 도착해 나라 일이 급하니, 이때야 말로 너희들이 힘을 다해 공을 세워야 할 시기다."

유성룡은 공책 한 권을 꺼내서 그들의 이름을 썼다.

"훗날에 이것으로 공로功勞를 조사해 임금께 아뢰어 상을 줄 것이다. 만일 여기에 기재되지 않은 사람은 난리가 평정된 뒤에 낱낱이 조사해 벌을 받을 것이다."

이 소문이 퍼져나가자 얼마 지나지 않아 이속과 군졸들이 잇달아 찾아왔다.

"소인들은 볼 일이 있어서 잠시 나간 것입니다. 어찌 감히 신역身役을 피할 수 있겠습니까? 저희 이름을 기재해 주십시오."

유성룡은 곧 여러 고을에 공문公文을 보내 자신이 만든 것과 같은 고공책考功冊을 만들어 시행하도록 했다. 그러자 사람들이 다투어 몰려와서 일을 했다. 유성룡은 국난을 극복할 수 있다고 판단했다. 선조도 관전보 유폐 계획이 전해진 이후 요동내부 생각을 접으면서 인심이 차차 안정되기 시작했다.

이런 상황에서 명의 요동 부총병遼東副摠兵 조승훈祖承訓과 유격장遊擊將 사유史儒가 명군明軍 3천여 명을 이끌고 들어왔다. 이들은 가산·순안을 거쳐 7월 17일 평양성 부근까지 진군했다. 조승훈은 가산에 도착해 조선 군사에게 큰소리부터 쳤다.

"평양에 있는 왜적이 벌써 도망하지 않았는가?"

"아직 물러가지 않았습니다."

조승훈은 술잔을 들고 하늘을 쳐다보며 말했다.

"적군이 아직 그대로 있다 하니 이것은 반드시 하늘이 나에게 큰 공을 세우도록 하기 위한 것이다."

조선군 도원수 김명원은 척후장 순안 군수 황원으로부터 '왜적은 모두 한성 쪽으로 철수하고, 평양성에는 소수의 병력만 남아 있습니다'라는 고무적인 보고를 받았다.

김명원에게서 이 소식을 들은 조승훈은 평양성을 탈환할 기회라고 생각했다. 7월 19일 밤 삼경에 조승훈은 군사를 평양성으로 진군시켰다. 비가 내리는 가운데 평양성문이 활짝 열려 있음을 확인하고 성안으로 들어갔는데 보통문을 지나 대동문까지 진출했으나 별다른 저항이 없었다.

일본군이 평양성에서 퇴각한 것이라고 판단한 조승훈은 평양성 중심으로 들어갔다. 명군의 후미後尾가 막 보통문을 통과할 무렵 갑자기 총알이 날아왔다. 순식간에 선봉장 사유와 친총千摠 대조변戴朝弁과 장국충張國忠이 전사했고, 조승훈은 겨우 살아남아 도주했다. 큰비로 생긴 진흙에 질척대던 군사들은 뒤쫓아온 일본군에게 살해되었다.

큰소리를 쳤다가 뜻밖의 패전을 당한 조승훈은 남은 군사를 거느리고 순안·숙천을 지나 밤중에 안주까지 도주했다. 조승훈은 역관 박의검朴義儉을 불러 말했다.

"우리 군사가 오늘 적병을 많이 죽이기는 했으나 불행히 사유 격이 상처를 입고 죽었으며, 천시天時도 또한 좋지 못해서 큰비가 내려 적병을 섬멸하지 못했으나 군사를 보충해 다시 올 것이다. 너희 재상(유성룡)에게 동요하지 말라고 이르고 부교浮橋도 철거하지 말도록 하라."

그러나 동요한 사람은 유성룡이 아니라 조승훈이었다. 조승훈은 청천강과 대정강大定江을 건너 도주한 다음 군사를 공강정控江亭 들판에 주둔시켰다. 명군이 공강정에 주둔하고 있는 이틀 동안 큰비가 내려 옷과 갑옷이 다 젖자 군사들은 조승훈을 원망했다. 유성룡은 행여 조승훈이 강을 건너 도주할까 봐 종사관 신경진을 보내 위로하고 양식도 실어 보냈으나 조승훈은 그대로 요동으로 도주하고 말았다. 조선이 믿고 있던 명군은 초전에 일본군에게 박살나고 도주해버린 것이다. 유성룡은 인심의 동요를 걱정했다. 그래서 그는 자신이 안주에 남아 인심을 수습하겠다고 계청했다.

평양성 수복

이 무렵 건주위建州衛 여진족이 군사를 보내 도와주겠다고 자청했다. 유성룡은 왜적 격퇴가 아무리 급하더라도 여진족 군사들을 끌어들일 수는 없다고 생각했다. 여진족은 불과 몇 년 전까지만 해도 북방에서 조선군과 치열하게 싸웠기 때문이다. 조선에 들어온 후 철수를 거부하거나 조선을 집어삼키려고 나올 수도 있었다. 유성룡은 차자를 올려 불가하다고 진술했다.

"당나라는 안녹산安祿山·사사명史思明이 난을 일으키자 회흘回紇 (위구르족)·토번吐蕃(티베트족)에게 원병을 청하였다가 대대로 그 화를 입었습니다. 지금 우리 형세가 급하기 때문에 그들이 들어올 경우 진퇴를 우리 뜻대로 할 수 없습니다. 많은 병사와 군마를 거느리고 강 건너편에 와 주둔하면서 이름은 구원이라고 하지만 그 속뜻은 헤아리기 어려우니, 어떻게 그들의 대접을 감당하겠습니까. 변방의 장수로 하여금 좋은 말로 거절해 그치게 하소서."(『연보』)

유성룡은 11월에는 정주에 머물면서 강원도 사냥꾼들을 활용하자는 내용이 담긴 차자를 올렸다.

"강원도 산속에서 사냥으로 생계를 삼는 자가 적지 않습니다. 만약 그들을 후한 상으로 불러 수풀 사이에 매복시켰다가 출몰해서 적을 죽이면 적이 왕래하는 북로北路는 수미首尾가 끊겨 동남의 형세와 서로 통할 수 있습니다."

사냥꾼 활용은 기발한 계책이었다. 이들은 누구보다 강원도 지리를 잘 알았다. 이들이 적절한 곳에 매복해 공격하면 지리에 어두운 일본군은 속수무책일 수밖에 없었다. 그러면 함경도에 있는 일본군은 본대와 연락이 끊기는 반면 조선은 동남, 곧 영남과 서로 연결할 수 있었다. 이 차자에서 유성룡은 영남을 주목했다.

"지금 영남 사람의 마음이 자못 분격하여 적을 토벌하려는 뜻을 갖고 있으나 군량과 백성들의 양식이 떨어지고 없습니다. 만약 영남 좌도가 무너지면 우도도 지탱하지 못하고, 우도가 무너지면 호남과 호서가 차례로 침략을 받게 되어 팔도가 한 곳도 조용하지 않을 것입니다. 지금 들으니 호남의 농사가 대체로 풍년이 들었다 합니다. 호남의 곡식을 차츰 영남으로 운반하소서. 그리고 별도로 곡식을 모으는 관리를 두어 급급하게 구분 처리하여 구렁에 떨어진 근심을 구한 뒤에야 남방이 보전될 수 있습니다."(『연보』)

유성룡은 풍원 부원군이란 명목뿐인 자리에 있었지만 민심을 수습하고 곡식 창고를 지키고, 명군에게 양식을 제공하고, 차자를 올려 군무를 진언했다. 그런 유성룡을 꼭 필요로 하는 곳이 있었다. 바로 비변사였다. 비변사는 차자를 올려 유성룡을 도체찰사로 임명하자고 건의했다.

비변사가 아뢰었다.
"풍원 부원군 유성룡은 안주에 주재하면서 이미 군사 업무를 겸해 살피도록 했는데 명호名號가 없어 방해되는 일이 많습니다. 도체찰사란 칭호를 주어 그에게 각군의 일을 총독總督하게 하는 것이 어떻겠습니까?"
아뢴 대로 하라고 답하였다.(『선조실록』 25년 12월 4일)

비변사는 선조가 유성룡을 꺼리는 것을 알기 때문에 '칭호가 없어 방해되는 일'이 많다며 명목상의 칭호를 요구하는 것처럼 청했다. 이때는 선조도 요동 내부를 사실상 포기한 상태였으므로 유성룡을 도체찰사로 삼자는 건의를 수용한 것이다.

도체찰사는 사실상 전선 총사령관이다. 평안도 도체찰사에 제수된 유성룡은 곧 군사방면에 두각을 나타냈다. 그중 하나가 일본군의 첩자 김순량金順良을 사로잡은 것이다. 조선군의 많은 정보가 일본군에게 속속 넘어가고 있었다. 명장明將 조승훈의 평양성 공격 때 일본군이 매복하고 있던 것은 사전 정보가 없으면 불가능한 일이다. 정보가 새나가고 있다고 직감한 유성룡은 평안도 도체찰사부의 비밀공문을 취급하는 조선인들을 주목했다. 김순량이 체부體府(도체찰사부)의 비밀공문을 보여주자 일본군은 상금으로 소 한 마리를 주면서 계속 정보 제공을 요구한 것이다. 김순량을 체포해 심문한 유성룡은 각 진鎭에 침투한 일본군 첩자가 40여 명이나 된다는 사실을 알고 놀라지 않을 수 없었다. 조선군의 모든 정보가 속속들이 일본군에게 들어갈 수밖에 없었다. 산천의 형세와 도로 상태는 물론 조선군의 행군 일자까지 모조리 넘어갔다. 유성룡은 간첩 명단을 모든 군진에 통보하고, 김순량의 목을 베어 조리돌렸다. 일본군이 구축한 정보망이 일거에 무너진 것이다. 『연보』는 "이로부터 간사한 무리들은 흩어져 얼마 후 명군이 대거 출병했으나 적은 알지 못했다"고 적고 있다.

평안도 도체찰사부는 임금이 머무르고 있는 지역의 체부體府였으므로 그 무게가 남달랐다. 유성룡은 체부 명의로 "사방에 공문을 띄워 각기 군대를 일으켜 달려오게 하였다. 공문이 이른 곳마다 감격하여 눈물을 흘리지 않는 사람이 없었다"라는 『연보』의 기록은 각 진영이 얼마나 통합적 지휘체계의 수립을 희구했는지를 말해준

이여송 소서행장 군을 무쩔렀으나, 벽제관 싸움에서 일본군에 크게 패했다.

다. "너도나도 다투어 일어나 달려왔으며 승도僧徒들도 다 뭉쳐 적을 토벌"하는 상황이 전개된 것이다.

이런 상황에서 이여송李如松이 이끄는 명나라 대군이 압록강을 건넜다. 4만 명이 넘는 대군이었다. 조승훈의 패전으로 일본군이 그리 만만치 않다는 사실을 인정하고 보낸 대군이었다. 조승훈의 패전일은 7월인데 12월에야 대군을 보낸 것은 명나라의 사정도 편안치 못했기 때문이다. 임진왜란 발발 한 달 전에 몽고인 발배哱拜가 영하寧夏에서 일으킨 군사를 진압하는 것이 더 시급했기 때문이다.

명나라는 이여송을 영하로 보내 발배의 봉기를 진압하게 하는 한편 유격장군 심유경沈惟敬을 급파해 일본군과 교섭했다. 일본군이 압록강을 넘어 자국이 싸움터가 되는 것을 막으려고 심유경을 보낸 것이다. 화술에 능한 심유경은 소서행장과 회담 끝에 9월 1일부터 50일간 잠정적 휴전 조약을 맺는 데 성공했다. 그사이 이여송은 발배의 봉기를 진압하고 조선으로 온 것이다.

12월 말 명군이 안주에 도착하자 도체찰사 유성룡은 안주 동헌에서 이여송을 만났다. 유성룡은 『징비록』에서 이여송에 대해 "풍채가 뛰어난 장부丈夫였다"라고 말했다. 의자에 앉자마자 유성룡은 소매 속에서 평양 지도를 꺼내 각 지방의 형세와 군사들이 들어갈

수 있는 길을 가리키자 이여송은 주의 깊게 들으며 가리키는 곳마
다 붉은 점을 찍어 표시했다. 이여송은 기뻐하며 말했다.

"적이 내 눈에 환하게 보인다."

이여송은 사실 조선인이나 마찬가지다. 그의 부친 이성량李成樑이
조선 출신이다. 아우 이여백李如柏도 영장營將으로 삼아 함께 출전한
것은 이런 이유 때문인지도 모른다. 이여송은 자신감에 넘쳐 있었다.

"왜병들이 믿는 것은 조총鳥銃뿐이지만 우리는 대포를 쓰는데,
대포는 모두 5~6리를 날아갑니다. 왜적들이 어찌 당해내겠습니
까?"

이여송은 유성룡이 인상 깊었는지 부채에 시를 써서 보내왔다.

군사를 거느리고 밤새워 강을 건너니,
삼한이 편안치 못하기 때문이라네.
황제께서 날마다 전선의 소식 기다리시니,

당장화첩 이여송이 유성룡에게 준 친필 시로 현전한다.

이성량 패루 이여송의 부친인 이성량을 기념하는 패루다. 중국 요녕성 금주에 있다.

미약한 신하는 밤에도 술잔 즐기기를 중지했네.

봄철의 북두성 기운이지만 마음은 오히려 장쾌하니,

이번에 왜적들 뼛속까지 서늘하리.

담소가 어찌 감히 승산이 아니라고 말하겠는가,

꿈속에서도 항시 말 타고 싸움터 달리고 있음을 생각한다네.

提兵星夜渡江干/爲說三韓國未安/明主日懸旌節報/微臣夜釋酒杯歡

春來殺氣心猶壯/此去妖氛骨已寒/談笑敢言非勝算/夢中常憶跨征鞍

1593년 1월 6일, 명군은 평양성 가까이 진출했다. 조선에서도 도
원수 김명원과 순변사 이일이 이끄는 1만여 명의 평양수복군이 합

류했다. 휴정休靜(서산대사)이 이끄는 승군僧軍들도 합류했다.

　이여송은 부총병副總兵 사대수査大受를 먼저 순안으로 보내서 일
본군과 대화하는 척하라고 명했다. 며칠 후 과거 강화회담을 주도
한 심유경까지 오자 소서행장은 평호관平好官에게 군사 20여 명을
주어 맞이하게 했다. 평호관과 술을 마시던 사대수가 약조한 대로
신호를 보내자 숨어 있던 복병이 튀어나와 일본군을 죽이고 평호
관을 사로잡았다. 겨우 세 명이 빠져나가 달아났는데 그제야 일본
군은 명나라 군사가 온 줄 알고 소란스러워졌다. 유성룡이 김순량
을 비롯한 첩자들을 체포해 정보망을 붕괴시켰기 때문에 일본군은
명의 대군이 온 사실을 알지 못한 것이다. 이여송은 틈을 주지 않
고 평양성을 공격했다. 명군은 평양성 북쪽의 모란봉과 칠성문,
보통문을 공격하고 조선군은 남쪽의 함구문을 공격하는 것으로 그
역할을 분담했다. 1월 8일 조명연합군은 화포와 불화살(火箭)을 성
안으로 날려 보냈다. 명군의 대포소리는 땅을 진동시켰다. 자욱한
연기를 날리며 날아간 불화살은 성안 여기저기에 불을 냈다.

　낙상지·오유충 등은 자기 부하 군사를 거느리고 개미처럼 성에
붙어 오르는데, 앞의 군사가 떨어지면 뒤따르는 군사가 또 올라 물러
나는 군사가 없었다. 적병의 칼과 창이 고슴도치 털처럼 성가퀴 아래
로 내려져 있었으나 명나라 군사가 더욱 힘차게 싸우니 적병은 능히
지탱하지 못하고 내성內城으로 도망갔는데 칼날에 베이고 불에 타서
죽은 군사가 아주 많았다.

　명나라 군사는 성안으로 들어가 내성을 공격했다. 적병은 성 위에
토벽土壁을 쌓고 구멍을 많이 뚫었는데, 벌집과 같았다. 구멍 틈으로

총탄을 함부로 쏘니 명나라 군사가 많이 상했다. 제독은 궁지에 빠진 적병이 죽을힘을 다하지 않을까 염려해서 군사를 거두어 성 밖으로 나가서 적군이 달아날 길을 열어주니, 적군은 그날 밤 얼음을 타고 대동강을 건너서 도주해버렸다.(『징비록』)

1593년 1월 9일, 평양성은 일본군에게 점령당한 지 7개월 만에 수복되었다. 소서행장은 패잔병을 이끌고 봉산—용천—배천을 경유해 서울로 철수했는데, 당초 1만 8,700명의 병력은 6,600여 명으로 줄었다. 3분의 1로 토막 나고 만 것이다. 평양성 수복을 계기로 전국의 주도권은 조명연합군으로 넘어갔다.

배후 차단

명군의 대거 참전이 확실해지자 유성룡은 전쟁을 단번에 끝낼 수 있는 전략을 마련했다. 평양성 수복을 예상한 일본군 섬멸작전이었다. 그는 황해도 방어사 이시언李時言과 김경로金敬老에게 비밀리에 통지했다.

"그대들은 길가에 군사를 숨겨놓고 있다가 적군이 패해 도주할 때 요격하라. 적군은 굶주리고 피곤한 상태에서 도망가니 싸울 생각도 못할 것이므로 빠짐없이 잡을 수 있을 것이다."

이시언은 이 지시에 따라 군사를 이끌고 황해도 중화中和로 이동했다. 중화는 평양 남쪽의 요충지로 일본군이 퇴각시 도주로로 이용하는 곳이다. 그러나 김경로는 다른 이유를 대며 움직이지 않았다. 유성룡이 군관 강덕관姜德寬을 보내 재촉하자 마지못해 중화로 왔으나 해주에 있던 황해도 순찰사 유영경柳永慶이 호위를 요청하자 해주 근처 재령載寧으로 이동했다. 평양성 전투 하루 전이었다.

유성룡의 예견대로 패전한 소서행장과 평의지·현소·평조신 등은 패잔병들을 거느리고 도주했다. 굶주려 걷지도 못하는 형편이었으나 아무도 추격하지 않았다. 다만 이시언만이 뒤를 쫓았으나 가까이 접전하지는 못하고 낙오병 60여 명만 베어 죽였다. 유성룡은 천재일우의 기회를 놓쳤다고 한탄했다.

이때 왜적의 장수로 서울에 남아 있던 사람은 평수가平秀嘉(우희다수가宇喜多秀嘉, 풍신수길의 양자)뿐이었는데, 나이가 어려 군무軍務를 주관하지 못하였기 때문에 군무는 소서행장이 주관했고, 가등청정은 함경도에서 돌아오지 않았다.

만약 소서행장·평의지·현소 등을 사로잡았다면 서울에 있는 적군은 저절로 무너졌을 것이고, 서울의 적군이 무너졌다면 가등청정은 돌아갈 길이 끊어지고, 군사들의 마음이 어수선하고 두려워져서 반드시 바닷길을 따라 도주하려 했겠지만 능히 빠져나가지 못했을 것이다. 한강 이남의 적진敵陣은 차례로 와해되어 명나라 군사는 북을 울리고 천천히 행진해도 바로 부산에 이르러서 술을 흠씬 마시면 되었을 것이니, 잠깐 동안에 우리의 모든 강산이 숙청肅淸되었을 것이다. 어찌 그 후에도 몇 년 동안 시끄러움이 있었겠는가? 한 사람의 잘못이지만 일은 천하의 평화에 관계되었으니 진실로 통분하고 애석한 일이다.(『징비록』)

크게 탄식한 유성룡은 김경로에게 군법을 시행하자고 선조에게 주청했고, 선조는 선전관 이순일李純一을 보내 김경로를 목 베려고 했으나 이여송이 반대했다. 죄는 죽어 마땅하지만 무사는 죽이는 것보다 백의종군시켜야 한다는 것이었다. 김경로는 선조 30년(1597)의 정유재란 때 전주를 방어하다가 전사했다. 평양성 전투 때 도주하는 소서행장을 요격했으면 전사하지 않았을지도 모른다.

삼도 도체찰사

평양성 수복은 조명연합군의 공동작전이었다. 평안도 도체찰사 유성룡의 역할이 컸다는 뜻이다. 이 공로로 유성룡은 선조 26년(1593) 1월 호서·호남·영남 삼도 도체찰사에 제수된다. 일본군이 대거 남아 있는 지역의 총사령관이 된 것이다. 유성룡은 조기에 서울을 수복해 전쟁을 끝내는 것이 상책이라고 생각했다.

평양성 수복으로 전국戰局은 급변했다. 평양성 함락 소식을 들은 일본군 총대장 평수가는 전략을 세워 서울 방어에 전력을 집중했다. 공세에서 수세로 전환한 것이니 개전 9개월 만의 큰 변화였다. 평수가는 근방의 모든 병력을 서울로 집결시켰다. 이에 따라 서울 근교 김화, 금성 등지의 일본군과 철원의 일본군도 모두 서울로 집결했다. 1월 18일에는 소서행장도 서울로 쫓겨왔다. 서울에 집결한 일본군은 5만여 명이었다. 그러나 전국은 일본군에게 유리하지 않았다.

조명연합군이 50만에 달한다는 소문이 돌면서 성 내의 주민들이 크게 동요했다. 마지못해 일본군에게 협조한 주민들은 조선군에 내응하려는 움직임을 보였다. 자칫 안팎의 적과 싸울까 두려워진 일본군은 1월 14일 성안의 장정들을 도륙하고 민가를 소각했다.

유성룡은 서울 수복에 전쟁의 조기 종결 여부가 달려 있다고 보고 만반의 준비를 갖추었다. 그는 군량 확보에 많은 신경을 썼다. 명군은 군량이 준비되지 않으면 조금도 움직이지 않았다. 유성룡은 평안 감사 이원익에게 공문을 보내 김응서가 거느린 군사 중에서 전투할 수 없는 인원을 징발해 곡식운반을 맡기고, 평안도 세 고을의 관곡官穀을 배로 청룡포靑龍浦를 거쳐서 황해도로 옮겼다. 황해 감사 유영경에게는 군사들이 행군할 연도沿道에 곡식을 비축해 제공하게 했다.

문제는 임진강에 다리를 놓는 것이었다. 그해 겨울은 따뜻했기 때문에 강 한가운데가 얼지 않아 군사가 건널 수 없었다. 유성룡은 임진나루에 부교浮橋를 놓아 해결하기로 계획을 세웠다.

나는 우봉牛峰 현령 이희원李希愿에게 고을 사람 몇백 명을 데리고 밤새워 먼저 가서 칡덩굴을 거두어 임진강 어귀에 모이라고 약조했다. 이튿날 아침 일찍 임진당臨津堂으로 달려가서 내려다보니, 날씨가 따뜻해서 강 가운데의 얼음이 내려앉아 물이 흘렀기 때문에 강 너비가 매우 넓었다. 경기 수사水使 이빈李蘋과 장단 부사 한덕원韓德遠 등이 모두 도착했지만 속수무책이었다. 나는 이빈에게 태만하여 준비하지 못한 책임을 추궁하여 장杖을 때렸다. 그리고 우봉 사람들을 불러 칡을 수납하여 모두 앞에다 쌓았으나, 여러 사람들은 무엇을 하려는지 알지 못하였다.

새끼를 꼬아 강을 가로지를 만한 동아줄 15개를 마련했다. 또 강

남쪽과 북쪽 두 언덕에 땅을 파 서로 마주보게 두 기둥을 세워 움직이지 않게 하고, 나무 하나를 눕혀 기둥 안쪽에 놓아 붙들어 매서 베틀 모양으로 만들었다. 거기에다 동아줄을 팽팽하게 늘여 강 건너 기둥의 가로지른 나무에 매어 날줄을 만들었다. 강 너비가 너무 넓어서 동아줄 중간이 반쯤 물에 잠겨 올라오지 않으니, 모두 "이는 사람 힘만 헛되게 없앨 뿐 어떻게 다리가 되겠는가"라고 말했다.

나는 강가에 있는 군사 천여 명에게 각각 3, 4척 되는 짧은 통나무를 가지고 동아줄을 몇 번 감아 돌려 저 끝과 이 끝이 팽팽하게 조이게 하였다. 그러자 물에 잠긴 동아줄이 비로소 서면서 통나무가 서로 잇댄 것이 빗살처럼 강 위에 걸터앉아 활 모양 비슷한 둥근다리 하나가 튼튼하게 만들어졌다. 그렇게 한 뒤에 그 위에다 가는 버드나무·싸리·갈대를 섞어서 펴고 흙을 덮었다.

명군이 이것을 보고 매우 기쁘게 여겨 다리 위로 말을 달려 지나갔다. 먼저 화포와 군기를 모두 이 다리로 운반하였다.(『잡저』, 「임진강에 부교 놓은 일을 기록함」)

미국의 사학자 헐버트Hulbert는 한국의 4대 발명품으로 금속활자·거북선·한글·적교吊橋를 꼽았는데, 적교가 바로 유성룡이 만든 임진강 부교다.

부교를 통해 명나라 군사를 남하시키는 데 성공한 유성룡은 이여송에게 빨리 진격하자고 요청했다. 그러나 이여송의 생각은 달랐다. 이여송은 임진강에 다리를 놓으라고 재촉했지만 실제로 만들 줄은 예상하지 못했다. 다리가 없어 강을 건널 수 없다는 핑계로 남하가 늦어진 책임을 조선에 떠넘기기 위한 것이었다. 이여송은 부

벽제관 전투지 이여송이 이끈 명나라 군대와 소조천융경이 이끈 왜군이 격전을 벌여 명군이 크게 패했다.

교가 있어 도강했으나 그리 시급히 남하하고 싶은 생각은 없었다.

그사이에 일본군은 서울 서북 30리 지점의 벽제관碧蹄館 여석령礦石嶺 일대에 선봉대를 포진시켰다. 이곳에서 전쟁의 흐름을 바꿔놓을 벽제관 전투가 불시에 벌어진다.

명군의 선봉장 사대수와 조선의 경기 방어사 고언백이 여석령에서 일본군 백여 명의 목을 베는 승리를 거둔 것이 계기였다. 이 소식을 들은 이여송은 갑자기 집에서 부리던 가정家丁과 기병 1천여 기로 질풍처럼 내달았다. 혜음령惠陰嶺을 지나다가 말이 넘어지는 바람에 굴러 떨어졌지만 이여송은 일어나 남진을 계속했다. 수백 명의 일본군이 막아서는 것을 본 이여송은 전공에 눈이 뒤집혀 유인책이란 사실을 깨닫지 못했다. 배후에 1만여 명의 대군이 숨어 있다는 사실을 알아차렸을 때는 이미 늦었다. 이여송은 수하 병력을 거의 잃은 채 목숨을 건져 파주로 돌아왔다. 이여송은 일부러 패전 사실을 숨겼으나 한밤중에 죽은 가정들의 이름을 부르며 통곡했다.

이튿날 이여송은 군사를 임진강 북쪽 동파로 퇴각시키라고 명했다. 소식을 들은 유성룡은 우의정 유홍, 도원수 김명원과 함께 이여송의 장막으로 달려갔다. 명나라 장수들이 도열한 가운데, 유성룡이 말했다.

"이기고 지는 것은 병가兵家의 상사常事입니다. 적군의 형세를 보아 다시 진격할 일이지 어찌 경솔히 움직이려 하십니까?"

"우리 군사가 어제 적병을 많이 죽였으므로 불리한 일은 없소. 다만 비가 와서 땅이 진창이라 군사들이 주둔하기에 불편하므로, 동파로 돌아가서 군사를 쉬게 했다가 다시 진격하려는 것이오."

벽제에서 호되게 혼난 이여송은 더 이상 싸울 생각이 없었다. 유성룡과 조선 대신들이 퇴각을 계속 반대하자 이여송은 자신이 본국에 상주上奏한 글의 초고를 내 보였다. 그 가운데 경악할 만한 글귀들이 있었다.

"(……) 적병은 서울에 있는 군사만 20여만 명이 되는데, 적병은 많고 우리 군사는 적어서 대적할 수가 없고 (……) 신臣(이여송)의 병이 매우 심하오니 다른 사람으로 대신하게 해주소서."

깜짝 놀란 유성룡이 손으로 글을 가리키며 따졌다.

"적병의 수효가 어떻게 20만 명이나 되겠습니까?"

"내가 어찌 알 수 있겠소. 그대 나라 사람들이 하는 말이오."

부총병관 장세작張世爵은 강력하게 퇴각을 주장하면서 유성룡 등이 물러가지 않는다며 순변사 이빈을 발길로 차고 퇴각하고 말았다.

명군의 퇴각은 끝이 없었다. 동파에 진을 치더니 다시 개성부로 퇴각하려 했다. 유성룡이 다시 반대했다.

"대군이 한번 물러가면 적군의 기세는 더욱 교만해지는 반면 우리나라는 인심이 놀라고 두려워할 것이기에, 임진강 이북 지방 또한 보전하지 못할 것입니다. 잠시 동파에 머무르며 적군의 틈을 살펴 움직이시기 바랍니다."

이여송은 그러겠다고 대답했으나 유성룡이 나가자마자 개성으로 퇴각해버렸다. 유성룡이 진군을 독촉하면, "날이 개고 길이 마르면 당연히 진병進兵할 것이오"라고 답변했지만 다시는 일본군과 싸우고 싶은 생각이 없었다.

명군은 개성부에서 움직이지 않으면서 귀한 군량만 축냈다. 강화도에서 조〔粟〕와 말먹이 풀을 가져오고, 충청도와 전라도의 조세를 배로 운반했으나 놀고먹는 대군의 식량으로는 부족했다. 이여송은 군량이 떨어지자 기다렸다는 듯이 유성룡과 호조판서 이성중李誠中·경기 좌감사 이정형李廷馨을 뜰아래 꿇어앉히고 군량을 제때 공급하지 못한 죄를 꾸짖으며 군법을 시행하겠다고 으르댔다. 유성룡이 나라 일이 이 지경에 이른 것을 한탄하며 눈물을 흘리자 민망해진 이여송은 되레 명나라 장수들을 꾸짖었다.

"너희들이 전날 나를 따라 영하의 발배를 정벌할 때도 여러 날을 먹지 못했지만 돌아가자고 말하지 않고서 마침내 큰 공을 세우지 않았는가? 지금 조선에 와서는 며칠 동안 양식이 공급되지 않았다고 갑자기 군사를 돌이키고자 하는가? 너희들은 가고 싶으면 돌아가라. 나는 적군을 쳐서 없애지 않고서는 돌아가지 않을 것이다."

말은 시원하게 했으나 싸우고 싶은 마음이 없는 장본인은 이여송이었다. 유성룡이 가까스로 강화도에서 배 수십 척을 끌어다가 군량을 댔으나 이여송은 도리어 평양으로 퇴각하려 했다. 명분이 없어서 주저하고 있던 참에 함경도에 있던 가등청정이 함흥에서 양덕陽德과 맹산孟山을 넘어 평양을 공격할 것이라는 확인되지 않은 첩보가 들어왔다.

"평양은 근본이 되는 곳이므로, 이곳을 지키지 못하면 대군大軍이 돌아갈 길이 없을 것이니 평양을 구원하지 않을 수 없다."

이여송은 왕필적王必迪을 개성에 남겨두고는 접반사 이덕형에게 조선군도 모두 임진강 이북으로 돌아오라고 권하면서 평양으로 도주했다. 믿었던 명나라 군사가 아무 쓸모없다는 것이 밝혀진 순간이었다.

행주대첩과 서울 수복

반면 일본군은 다시 사기충천했다. 명 제독 이여송을 격퇴했다는 자신감 때문이었다. 이런 자신감으로 달려든 곳이 권율權慄이 지키는 행주산성이다. 전라도 순찰사 권율은 1592년 12월부터 수원 독성禿城산성을 지키고 있었다. 광주光州 목사로 있다가 전라도 순찰사 이광李洸이 용인에서 일본군에 패전하는 바람에 대신 전라도 순찰사가 된 권율은 이광이 들판에서 싸우다가 패전한 것을 거울삼아 독성산성에 웅거했다. 그는 강한 적과 무모하게 맞닥뜨리기보다 전력을 보존하면서 결정적 시기를 노리는 것이 낫다고 판단했다.

그러던 중 조명연합군의 평양성 수복에 이어 서울 수복 작전 소식이 들리자 기회가 왔다고 판단했다. 그는 서울 근교에 군사를 이동시켜놨다가 조명연합군 본진과 함께 협공하기로 계획했다. 그는 조방장 조경趙儆을 먼저 보내 주둔할 만한 장소를 찾게 했는데, 그가 물색한 곳이 행주幸州의 고지였다. 장수들이 행주에 성책을 쌓자고 했을 때 그는 내심 내키지 않았다. 조명연합군 본진이 남하하는 판국에 일본군이 서울 밖으로 나와 자신을 공격하지는 않을 것으로 판단했기 때문이다. 그러나 양주楊州에 온 도체찰사 정철鄭澈이 조명연합군의 남진이 예상보다 더디다고 말해주자 생각을 바꾸었다. 일본군이 공격할 수도 있다고 생각한 권율은 조경에게 성책 축조를 명했고, 이틀간에 걸쳐서 목책木柵을 세웠다. 돌로 쌓는 보통 산성과는 다른 방책防柵이었다. 권율은 독성산성의 병력을 행주산성으로 옮기면서 독성산성에도 대군이 머물러 있는 것처럼 위장해 일본군의 눈을 속였다.

권율이 한성부 서쪽 20리 행주에 진을 치자 서울 주둔 일본군은 이를 함락시켜 본때를 보여주기로 결정했다. 1593년 2월 12일 여명에 일본군은 행주산성 가까이까지 다가왔다. 긴 싸움이 될 것을 예상한 권율은 군사들에게 급히 아침을 먹이고 전열을 갖추었다. 일본군은 그간 직접 진두에 나서지 않은 총대장 평수가와 평양에서 퇴각한 소서행장 군을 비롯해 총 7대 3만여 명이었고, 조선군은 1만여 명이었다.

소서행장이 이끄는 제1대는 평양에서 패주한 후 벽제관 전투에

행주산성 대첩 기록화 행주대첩은 우리만의 힘으로 치른 단독 전투로 일본군에게 커다란 충격을 주었다.

도 참가하지 않았으므로 여기에서 명예를 회복하겠다고 벼르고 있었다. 그러나 조선군의 화살과 화차火車·비격진천뢰飛擊震天雷·총통銃筒이 한꺼번에 불을 뿜자 소서행장 군은 궤멸상태에 빠져 퇴각하고 말았다.

제2대장 석전삼성石田三成이 뒤를 이어 공격했으나 장군 전야장강前野長康이 흉부를 관통당하는 중상을 입고 퇴각했다. 이어서 흑전장정黑田長政이 이끄는 제3대가 뒤를 이었다. 그는 연안延安성 싸움에서 조선군이 만만치 않음을 경험했기 때문에 섣불리 돌진하지 않았다. 그는 높은 대를 세우고 그 위에서 조총을 쏘게 했다. 사거리가 짧은 화살로는 닿지 않는 곳이었다. 조방장 조경은 대포로 이를 깨트리고, 비격진천뢰를 퍼부어 제3대도 궤멸상태로 만들었다.

이를 보고 분개한 22세의 총대장 평수가가 직접 선두에 나섰다. 평수가가 죽기를 각오하고 덤벼들자 행주산성의 제1성책이 무너졌으나 그 역시 큰 부상을 입고 부하들의 부축을 받으며 퇴각했다. 그러자 제6대장 모리원강毛利元康(모리 모토야스)이 다시 공세에 나서 제1성책을 넘어 제2성책 가까이 진출하면서 조선군은 위기에 빠졌다. 이때 의외의 전법이 나왔다. 눈에 재를 뿌리는 '재주머니 던지기'였다. 재주머니 전법은 유성룡이 선조 28년(1595) 겸사도 도체찰사兼四道都體察使 자격으로 선조에게 올린 장계 중에도 등장한다.

> "남북 변성邊城 위에 반드시 고운 모래와 보드라운 재를 두게 한 것은 이를 뿌려 적의 눈을 못 뜨게 하여 감히 성에 오르지 못하도록 하려 한 것입니다. 이 계책은 장난에 가까우나 실로 유익하니 또한 준비하지 않을 수 없습니다."(『선조실록』 28년 10월 22일)

행주대첩 때 호서·호남·영남 삼도 도체찰사는 유성룡이므로 전라도 순찰사 권율은 유성룡의 직속 수하였다. 또한 권율은 유성룡이 천거한 인물이다. 행주산성 전투 때 등장한 재주머니는 권율과 유성룡의 교감의 산물일 가능성이 높다.

'재주머니'로 제6대의 공격도 막아냈으나 예순 살의 노장 소조천융경小早川隆景

행주산성대첩비 행주산성은 왜적을 크게 물리친 것을 기념하는 대첩비. 경기도 고양시 덕양구 행주내동에 있다.

이 이끄는 제7대가 다시 공격해왔다. 이제 화살마저 떨어진 조선군은 성안에 있는 돌을 던졌다. 끈질긴 투혼이었으나 일본군은 성내에 화살이 떨어진 사실을 알고 기세를 올렸다. 이때 경기 수사 이빈이 통진通津에서 배 2척에 수만 개의 화살을 가득 싣고 한강으로 올라오면서 전세는 다시 뒤집혔다. 이빈은 항상 유성룡과 함께 움직인 장수이므로 유성룡이 급히 보낸 무기였다. 이빈이 배후로 나타나자 포위될까 봐 두려워한 일본군은 마침내 내성에서 퇴각하기 시작했고, 조선군은 퇴각하는 일본군을 뒤쫓아 130여 급級의 머리를 베어 돌아왔다. 이것이 행주대첩이다.

행주대첩은 일본군에게 커다란 충격을 주었다. 평양성 전투는 조명연합군의 공동작전이지만 행주대첩은 조선군 단독 전투다. 정예병력 3만으로 목책성 하나를 함락시키지 못했으니 사기가 대폭 저하될 수밖에 없었다. 반면에 조선군은 용기백배했다. 조선군의 힘만으로도 일본군을 물리칠 수 있다는 사실이 입증된 것이다. 명나라도 충격이었다. 명의 부총병 사대수는 승전 소식을 듣고 권율에게 예물을 보내 치하한 다음 자신이 직접 행주산성을 방문해 권율을 만났다. 권율이 이끄는 군사들의 군기가 엄정한 것을 보고 사대수는 부하 장수들에게 이렇게 말했다.

"권 감사監司의 군사는 다른 군보다 특별히 뛰어난 군사다. 참으로 외국에 진정한 장수가 있었다."

유성룡은 승리의 여세를 몰아 서울을 수복하고 전쟁을 조기에 종결지을 수 있다고 판단했다. 그는 이여송에게 다시 서울 수복 작전에 나서도록 독촉했으나 이여송은 계속 회피했다.

9_ 소강상태

일본군은 명군과 협상을 통해 안전한 퇴로를 보장받고 그해 4월 서울에서 철수했다.

유성룡은 4월 20일 조명연합군과 함께 서울로 돌아왔다.

근 1년 만의 귀경이나 전투를 해서 되찾은 것이 아니기 때문에 즐겁지만은 않았다.

이 무렵 유성룡은 명군 장수들과 강화문제 때문에 자주 충돌했다.

서울로 돌아오기 전날 파주에서 부딪친 것도 같은 이유였다.

강화회담과 유성룡의 반대

행주에서 대패하고 서울로 퇴각한 일본군은 다급해졌다. 마음대로 서울 근교를 돌아다닐 수 없게 되었으므로 자칫하면 한양성에서 굶어죽을 수도 있었다. 조명연합군 본대가 남하하고 사방에서 의병이 봉기한다면 한양성은 공동묘지가 될 판국이었다. 그래서 일본군은 조선과 명에 강화회담을 요청했다. 도체찰사 유성룡은 강화를 거부했으나 명군 총사령관 경략 송응창宋應昌과 제독 이여송은 재빠르게 강화회담에 응했다. 일본에서는 소서행장이 대표로 나섰는데, 문제는 두 대표 모두 본국의 훈령대로 움직이지 않는다는 점이었다. 명나라의 주요 요구는 대략 세 가지였다.

• 일본은 점령지를 전부 반환할 것

- 포로로 잡힌 임해군臨海君·순화군順和君 등 두 왕자와 조선 고관
  들을 석방할 것
- 풍신수길이 사과할 것

그 대가로 명나라는 풍신수길을 일본의 국왕으로 책봉하겠다고 제안했다. 이는 명나라 점령을 꿈꾸는 풍신수길이 받아들일 수 없는 내용이었다. 그러나 전선에 나와 있는 송응창과 이여송, 소서행장이 모두 본국을 속여서라도 협상을 타결 짓기로 마음먹으면서 회담은 엉뚱한 방향으로 흘러갔다.

명군의 속셈을 간파한 유성룡은 이여송에게 화친은 부당한 계책이라고 거듭 주장했다. 이미 화친 쪽으로 마음이 기운 이여송은 유성룡을 비롯한 조선 측의 강력한 반대가 협상의 걸림돌이 될 수 있다고 판단하고 유격 척금戚金과 전세정錢世禎을 동파로 보내 유성룡을 설득했다. 유성룡이 완강히 거절하자 전세정이 화를 내며 따졌다.

"그렇다면 그대 나라의 국왕은 어찌 수도를 버리고 도망갔소?"

유성룡은 흥분하지 않았다.

"수도를 옮기는 것도 나라를 보존하는 한 방법이오."

유성룡은 이여송에게 다시 서신을 보냈다.

"이제 종묘는 불타버렸고, 왕릉은 파헤쳐졌으니, 온 나라 신민들은 모두 부모의 원수를 갚아야 될 것이다. 수치를 안고 원한을 풀어 적들과 함께 살기보다는 차라리 적을 공격하다가 노야의 법에 저촉되어 죽는 것이 옳지 않겠는가."

파헤쳐진 왕릉이란 선릉宣陵과 정릉靖陵을 뜻한다. 유성룡은 두 능이 파헤쳐졌다는 소식을 듣고 여러 재상들과 만월대滿月臺에 올

선릉 조선 성종과 계비 정현(貞顯) 왕후의 능. 서울시 강남구 삼성동에 있다.

정릉 조선 중종의 능. 선릉 동쪽에 있는데 임란 때 선릉과 함께 도굴당했다.

라 망곡望哭한 터였다. 그러나 두 나라는 조선을 제쳐두고 강화회담을 강행했다. 서울 용산에서 1차 회담을 진행한 데 이어 선조 26년 (1593) 5월에는 일본의 나고야성에서 2차 회담이 진행되었다. 이때 풍신수길이 명나라에 전한 국서는 명나라의 예상과는 전혀 다른 것이었다.

- 명나라 공주를 일본의 후비后妃로 보낼 것
- 명은 일본과 교역할 것
- 명은 일본과 우호관계를 서약할 것
- 조선 8도 중 4도를 일본에 줄 것
- 조선 왕자와 대신을 인질로 보낼 것
- 작년에 생포한 두 왕자는 반환할 것
- 조선왕과 대신은 앞으로 변심하지 않겠다고 서면으로 서약할 것

명나라의 요구와 풍신수길의 요구 사이의 접점은 '두 왕자 반환' 뿐이었다. 이런 국서를 가지고 돌아가면 크게 곤욕을 치를 것으로 생각한 명나라 심유경沈惟敬은 풍신수길의 국서를 변조했다. 그래서 풍신수길의 국서는 자신의 일본 국왕 책봉을 요청하는 국서로 바뀌게 된다. 명의 요구사항은 모두 들어준다는 내용이었다. 소서행장의 부하 소서여안小西如安(고니시 죠안)이 변조된 국서를 명나라 신종神宗에게 바치자 신종이 힐문했다.

"왜 일본군이 아직도 조선 남쪽에 주둔하고 있는가?"

"조선에 남아 있는 군사를 즉시 철수시키겠습니다."

이 말을 듣고 명나라 조정은 환호했으나 이는 소서여안의 권한

밖의 일이었다. 두 나라 조정을 속여 가며 진행한 강화회담은 이후 전쟁 종결에 큰 장애물이 된다.

두 나라 사이에 강화회담이 진행된다는 소식을 들은 선조는 갑자기 강경 주전론자로 돌변했다. 도주하기 바빴던 그는 갑자기 강경 주전론자가 되어 전투를 독려했다. 선조는 재위 26년(1593) 3월 7일 숙천의 숙녕관肅寧館에서 이여송을 직접 만났다. 이때 선조가, "우리나라가 양초(식량과 말먹이)를 이어대지 못하여 대인으로 하여금 밖에서 오랫동안 노고를 치르게 하였으니, 지은 죄가 실로 많소"라고 말하자 이여송은 "전번에 양초를 이어대지 못하여 군사가 후퇴할 수밖에 없어 끝내 왜적을 다 섬멸하지 못하였으니, 현왕賢王(선조)을 뵙기에 무척 부끄럽습니다"라고 답했다. 군량 부족이 왜적을 다 섬멸하지 못한 이유라는 뜻이다. 그러면서 이여송은 선조에게 양자택일을 요구했다.

"이번 걸음에 나의 군병이 3만여 명인데, 후속 군병이 또 5만이 올 것이고, 군량도 14만 석이 벌써 운반되었으니, 다음에는 반드시 적추賊酋(일본군 우두머리)를 다 섬멸할 수 있을 것입니다. 현왕께서는 마음을 놓으십시오. 현왕께서 만약 왕자를 되찾고 싶으시다면 강화해야 되겠지만 반드시 정벌하시겠다면 마땅히 진격하여 토벌해야 할 것입니다."

강화를 해서 두 왕자를 되찾을지, 전쟁을 계속할지 결정하라는 것이었다.

상이 말했다.
"왜적은 우리나라의 신민이 만세를 두고라도 반드시 갚아야 할 원수이므로 죽기를 다할 뿐, 강화하지 않을 것이오."

제독이 말했다.

"평양 싸움에 진격까지 한 내가 이제 와서 어찌 그들과 강화하려 하겠습니까. 경략께 이 뜻을 간곡히 말씀하십시오."(『선조실록』 26년 3월 7일)

자신은 싸우려고 하지만 경략 송응창이 강화하려고 하므로 그에게 말하라고 한 것인데, 이는 이여송의 단골 수법이었다. 이여송은 3월 23일 평양 대동관大同館에서 선조를 다시 만났을 때도 큰소리쳤지만 내용은 강화하라는 권유였다.

"당신 나라(조선)가 반드시 원수를 갚고 싶다면 진격하는 것은 어렵지 않으나, 진격하여 다 섬멸하지 못하고 행여 반이라도 남겨둔다면 몇 년 안 되어 반드시 다시 군사를 이끌고 올 텐데, 당신 나라가 그때마다 천조天朝(명나라)에 청병請兵할 수 있겠소. 그러나 국왕이 만약 반드시 진격하여 토벌하고자 한다면 진격하겠소."(『선조실록』 26년 3월 23일)

자신의 호언대로 진격해서 토벌하면 끝나는 전쟁을 이여송은 말로만 '진격' 운운하면서 강화에 응하라고 권한 것이다. 그러나 이제 일본이 자신의 목숨을 가져갈 수 없다는 사실에 안도한 선조는 강화를 극력 반대했다. 가등청정은 조선의 반을 떼어달라는 할지론割地論을 주장했다. 그렇게 되면 조선에 국왕이 둘이 되는 셈이니 선조는 강화할 수 없었다. 선조가 눈물을 머금고 "이 적이 남의 종사宗社를 인멸하고 선대의 무덤을 파헤쳤으니, 만약 이 원수를 갚는다면 만 번 죽은들 무슨 후회가 있겠소"라고 말하자 이여송은 이렇게 답했다.

"이미 국왕의 뜻을 이해하였으나, 전곡錢穀을 아끼고 장사將士를 보전하라는 것 역시 성상聖上(명나라 신종)의 뜻이오. 그리고 나도 남에게 제재를 받고 있어서 마음대로 하지 못하니, 경략에게 자문을 띄워야겠소."(『선조실록』 26년 3월 23일)

이여송은 경략 송응창의 명령이라며 군사를 진군시키지 않았고, 송응창은 선조가 면담을 요청했는데도 거부하고 있었다. 잘 짜인 각본이었다. 이여송은 일본군을 서울에서 철수시키고 자신이 귀환하는 것을 최고의 계책으로 삼았다. 명 조정의 목표는 일본군의 조선 전역 철수였으나 이여송의 목표는 일본군의 서울 철수였다.

도체찰사 유성룡은 강화회담이 아니라 전투를 통해 서울을 되찾아야 한다고 생각했다. 전투를 벌여 서울을 수복하면 일본군은 극도로 사기가 저하되는 반면 전국의 조선군과 의병들의 사기는 충천할 것이고, 이는 전쟁을 승리로 종결짓는 결정적 계기가 될 것이었다.

유성룡은 선조 26년(1593) 2월 26일의 치계에서 서울 공략 계획을 선조에게 보고했다.

"신은 재차 권율을 독려하여 돌아가 행주산성을 지키게 하고 싶었으나 목책과 영루營壘가 모두 타버려 군사들이 웅거할 곳이 없어 부득이 임시로 파주 뒷산에 머물러 이빈·고언백 등에게 고기비늘처럼 진을 치게 했습니다. 그래서 임진강 이남 지역을 굳게 지키는 한편 기회를 보아 서울의 동서를 습격하여 공취할 계획입니다."
(『선조실록』 26년 2월 26일)

또한 유성룡은 선조에게 이렇게 건의했다.

"만약 여러 왜적들이 합세하기 전, 우리 측의 군량이 그다지 떨어지지 않았을 때 대군을 다시 전진시킨다면 큰 공을 이룰 수 있을 것입니다. 상께서도 잇따라 중신을 보내 지성으로 간청하여 대사를 이루게 하소서."(『선조실록』 26년 2월 26일)

명군만 움직이면 서울을 수복할 수 있다고 판단했지만 명군은 싸우려 하지 않았다. 유성룡이 3월 4일에 올린 보고는 서울을 눈앞에 두고도 어찌할 수 없는 상황을 잘 말해준다.

"명군이 개성으로 퇴주退駐한 뒤부터 서울이 지척인데도 아직까지 수복하지 못하니 통분하여 죽고 싶습니다. (……) 마침 행주의 싸움에서 우리 군대가 큰 승리를 거두어 적군의 기세가 더욱 꺾였으므로 참으로 기회를 탈 수 있었습니다. (……) 연일 이곳에 머무르고 있는 명장明將에게 간곡히 부탁하고 있으나, 만전을 기하여 출병하여야 한다는 말만 하고 진병하려 들지 않으니 더욱 마음 아프고 민망합니다. 적의 형세가 대체로 쇠퇴해졌으므로 우리 군대가 진영을 연결하여 점점 죄어들어가 형세를 크게 떨치는 한편, 정예군을 나누어 보내 곳곳에서 공격하여 적을 뒤흔들어 불안하게 만든다면 반드시 성을 버리고 도망칠 것입니다……"(『선조실록』 26년 3월 4일)

유성룡의 보고는 정확했다. 조명연합군의 상황과 일본군의 상황을 객관적으로 파악해 현실적 방안을 제시한 것이다. 그해 3월 9일 비변사의 장계가 이를 말해준다.

비변사가 아뢰었다.
"도체찰사 유성룡의 장계를 보니, 적을 토벌하는 형세를 의논한 것이 극히 소상하고, 또 모두 형편에 잘 맞습니다. 이런 계획을 다 시행할 것 같으면 흉적들은 격파할 것도 못 됩니다. (……) 그러나 명장이 들어줄지의 여부는 모를 일인데 경략이 근일 여기에 도착한다고 하니

간곡히 진술하여 보는 것도 괜찮을 듯합니다."(『선조실록』 26년 3월 9일)

그러면서 비변사는 군령을 유성룡에게 통일시켜달라고 건의했다.

"심수경沈守慶이 비록 건의 대장建義大將으로 의병을 절제하라는 명령을 받들기는 하였지만 지금은 먼 곳에 있어 그 호령이 번번이 기회에 맞기를 기필할 수 없으니, 서울 근처에 주둔하고 있는 의병은 유성룡이 함께 절제하도록 명하소서."

서울 근교의 의병은 유성룡에게 명령권을 주어 서울을 수복하도록 하자는 건의였다. 그러나 선조의 생각은 달랐다.

"조정이 이미 심수경에게 의병을 절제케 하였는데, 이제 또 유성룡으로 하여금 절제케 한다면 호령이 온당치 못할 듯하다."(『선조실록』 26년 3월 9일)

선조는 유성룡에게 군권이 집중되는 것을 바라지 않았다. 선조에게 유성룡은 여전히 정적政敵이었다. 파천과 요동내부에 반대한 주전론자인 데다 군사전략에도 능한 유성룡을 백성들은 물론 비변사까지 따르고 있었기 때문이다.

선조는 엉뚱한 일을 꼬투리 잡아 유성룡을 공격했다. 유성룡은 선조 26년(1593) 3월 27일 명나라와 일본의 강화회담에 관한 정보를 보고했다. 조선인 역관 김선경金善慶이 입수한 명의 심유경과 소서행장·가등청정의 대화내용을 토대로 양측 모두 강화하려는 의사가 있는 것 같다고 보고한 것이다. 이 단순한 정보보고에 선조는 엉뚱하게 대응했다.

"유성룡의 사람됨은 내가 자세히 아는데 적을 헤아려 승리로 이끌어가는 것은 그의 장기가 아니다. 처음에 군량을 담당하는 대신으로서 곤외閫外(장수)의 직임을 전보받았는데, 요사이 하는 것을 보니 자신이 한 나라의 곤수閫帥가 되어 강화한다는 말을 듣고 한 번도 적을 치고 원수를 갚자고 언급하거나 명장 앞에서 머리를 부수며 쟁변하는 일이 전혀 없고 강화의 말을 당연하게 여기는 것 같았다. 임무를 받은 뒤로 한 번도 기이한 계책을 세워 적을 격파한 적이 없으니 아마도 끝내는 실패할 듯하다. 나의 생각에는 권율·고언백·조호익 등 몇몇 사람에게 위임하는 것이 족할 듯하다. (……) 싸움에 임하여 장수를 바꾸는 일의 염려스러움은 말하지 않아도 벌써 알고 있다."(『선조실록』 26년 3월 27일)

유성룡의 도체찰사 직을 박탈하겠다는 뜻이다. 유성룡은 단 한 번도 강화를 주장한 적이 없다. 강화는커녕 선조가 도주하느라 바쁠 때 몇 차례나 결전하자고 주장한 주전론자였다. 이번 보고 내용도 명나라와 일본의 강화 움직임이 있다는 정보보고지 강화해야 한다고 자신의 의견을 첨부한 것이 아니었다.

이 시기에 유성룡은 오히려 명나라에 합동 군사작전을 펼쳐 서울을 수복하자고 여러 차례 주장했다. 선조 26년(1593) 3월, 유성룡은 「유격遊擊 왕필적王必迪에게 답하는 글」에서 이렇게 건의했다.

"적은 서울에 웅거한 뒤에 험한 것만 믿고 그 뒤를 생각지 않고 있습니다. 한강 이남부터 경상도에 이르기까지 연로에 왕래하고 있는 좌우의 고을에 우리 군대가 있으니, 만일 중국 군사가 강화江華로 해서 남쪽으로 나와 불시를 틈타서 단번에 공격해 적의 머리와 꼬리를 단절하면 서울에 있는 적은 비록 쇠붙이로 성을 만들었다 하더라도 형세가 무너지지 않을 수 없습니다."

명군明軍이 강화도 남쪽으로 내려와서 조선군과 서울 남부를 끊으

김천일 나주에서 의병을 일으켜 활약했으며, 진주성이 함락되자 자결했다.

면 뱀의 머리와 꼬리가 끊어지는 것 같은 형국이 되리라는 뜻이다.

"지금 충청도 수군절도사 정걸丁傑·경기 수군절도사 이빈·의병장 김천일金千鎰이 각각 수군을 거느리고 강화를 따라 한강의 하류로 진군해서 용산의 적을 맞아 진로를 끊으니, 적의 형세가 이미 위축되었습니다. 중국 군사는 배를 타고 하루 이틀이 못 되어 통진 등에 당도할 수 있습니다. 그렇게 되면 남쪽 지방의 양곡이 조금 넉넉하며 군량도 쉽게 얻게 될 것이니, 이는 실로 잃어서는 안 될 좋은 기회입니다."(「유격 왕필적에게 답하는 글」)

일본군은 명군이 북쪽에 있는 줄만 알고 있다가 갑자기 남쪽에 나타나서 공격할 경우 당황해서 대응하지 못할 것이란 주장이다. 유성룡은 이 전략의 성공을 확신했다.

"삼가 바라건대, 이 일을 극력 주장하시어 의심 없이 계책을 결정하시면 며칠이 못 되어 큰 공을 이룰 것입니다. (……) 비유컨대 병든 사람이 조금이라도 원기가 있을 때는 약을 쓰더라도 효력이 있지만, 원기가 다하면 비록 만금의 좋은 약이 있다 하더라도 어디에다 쓰겠습니까. 그렇기 때문에 우리나라가 망하는 것도 오늘에 달려 있고 망하지 않는 것도 오늘에 달려 있으니, 뒷날로 미룰 수는 없습니다."(「유격 왕필적에게 답하는 글」)

유성룡이 주장하는 서울 공격 시기는 바로 그때, 선조가 유성룡을 체직시키려고 하는 1593년 3월이었다. 비변사는 유성룡이 강화론자가 아니라 주전론자라는 사실을 잘 알고 있었다. 선조는 도주에 급급했던 자신의 전력을 주전론자 유성룡을 강화론자로 몰아 제거함으로써 씻으려 한 것이다.

비변사에서 유성룡의 체직에 반대하고 나선 것은 당연했다.

"체찰사 유성룡이 (……) 강화의논에 쟁변하지 않은 것은 반드시 창졸간에 일어나 그랬을 것이지 어찌 다른 뜻이 있겠습니까. 이 일로 대신의 병권을 가벼이 체직한다는 것은 미안할 듯합니다. 더구나 서울과 경기의 백성들은 날마다 관군이 구제해주기를 바라고 있는데, 불의에 체직한다면 불안과 실망이 전날보다 더 심할 것입니다."(『선조실록』 26년 3월 27일)

비변사의 체직 반대 이유는 문제의 본질을 잘 말해준다. 백성들은 이미 선조를 버린 지 오래였다. 백성들이 믿는 사람은 선조가 아니라 유성룡이고, 권율이고, 이순신이다. 비변사에서 공개적으로 반대하는 판국에 유성룡을 체직시킬 수는 없었다. 선조의 계획은 비변사에 의해 좌절되고 말았다.

서울 수복의 명암

일본군은 명군과 협상을 통해 안전한 퇴로를 보장받고 그해 4월 서울에서 철수했다. 유성룡은 4월 20일 조명연합군과 함께 서울로 돌아왔다. 근 1년 만의 귀경이나 전투를 해서 되찾은 것이 아니기 때문에 즐겁지만은 않았다. 이 무렵 유성룡은 명군 장수들과 강화문제 때문에 자주 충돌했다. 서울로 돌아오기 전날 파주에서 부딪친 것도 같은 이유였다.

기패旗牌를 앞세우고 남하하던 명군은 유성룡에게 고두례叩頭禮(머리를 조아리며 절하는 것)를 행하라고 요구했다. 기旗는 명나라의 국기이며, 패牌는 경략 송응창의 명령서인데, 모두 황제를 대신하는 것이므로 조선 신하는 고두를 해야 한다는 것이었다. 그러나 유성룡은 거절했다.

"기패에 고두례를 올리는 것은 감히 사양할 수 없으나 이것은 단지 적중賊中으로 가는 기패인데 우리들이 어떻게 먼저 고두례를 올릴 수 있단 말인가."

일본과 강화하러 가는 기패이므로 절할 수 없다는 뜻이다. 그러자 참장參將 주홍모周弘謨 등이 크게 성을 내며 재촉했다. 유성룡은 끝내 들어가지 않고 다투면서 패문을 먼저 보자고 요청했다. 그러자 송응창이 준 패문을 꺼내어 보여주는데, 도저히 받아들일 수 없는 구절이 있었다.

'만일 적에게 보복을 가하여 사건을 일으키는 자가 있으면 참형에 처하겠다.'

유성룡은 분개했다.

"이 패문은 우리 병사들로 하여금 왜적을 죽이지 못하게 하려는 것이니 어찌 이런 도리가 있을 수 있단 말인가. 더욱 명을 받을 수 없다."

유성룡은 조선의 장수들과 함께 그 부당성을 역설했다.

"우리나라가 만약 왜노倭奴와 강화하려고 했다면 오늘까지 기다리지 않았을 것이다. 당초 왜노가 우리나라에 강화를 요구한 적이 한두 번이 아니다. (……) 그러나 우리나라는 왜노가 중국에게 불공不恭한 말을 한 것을 분하게 여겨 천하의 대의를 위해서 죽을지언정 치욕을 당하지 않고자 하였기 때문에 이 지경에 이른 것이다. 이제 왜적은 종묘와 사직을 불태웠고 능침陵寢을 파헤쳤으며 우리 백성들을 살육하여 불공대천의 원수가 되었다. 그런데 이러한 패문으로 다시 복수를 못 하게 금하니, 이것이 우리나라 백성들이 뼈에 사무치도록 원통해서 명령을 받을 수 없는 이유다." (『선조실록』 26년 4월 20일)

유성룡은 송응창의 패문을 인정할 수 없었다. 그는 먼저 종묘에 나가 통곡하고, 이여송에게 가서 군대를 내어 적을 추격하도록 요청했다. 이여송은 한강에 배가 없어서 추격할 수 없다는 핑계를 댔다. 이여송의 그간 행태로 이런 핑계를 예상한 유성룡은 이미 경기 좌감사 성영成泳과 수사 이빈에게 적이 후퇴하는 즉시 한강에 있는 배를 모집하라는 명령을 내렸다. 그래서 한강에는 80여 척의 배가 정박해 있었다. 유성룡이 배가 준비되었다고 말하자 이여송은 할 수 없이 동생인 영장營將 이여백을 파견했다. 이여백은 군사 만여 명을 인솔하고 한강을 반쯤 건너다가 갑자기 병이 났다는 핑계를 대고 되돌아왔다.

유성룡은 1년 간 서울을 유린한 일본군이 꽃놀이왔다가 돌아가듯이 후퇴하게 할 수는 없었다. 그래서 도체찰사의 권한으로 조선의 여러 장수들에게 일본군 격살을 명했다. 고언백·이시언·김응서 등은 동쪽으로 강을 건너 이천 부사 변응성과 합세하게 하고,

권율·이빈 등은 서쪽으로 강을 건너 전라 병사 선거이와 경기 좌도의 관군·의병과 합세해 일본군을 습격하라고 명했다. 충청도와 전라도, 경상도의 모든 고을에도 통문通文을 돌려 일본군을 공격하라고 명했다. 그러나 이여송은 조선군을 저지하고 심지어 이빈 등 여러 장수들을 구금했다. 이시언·정희현鄭希賢·변응성 등은 샛길을 따라 일본군을 공격했으나 나머지는 명군의 제지를 받아 눈물을 삼켜야 했다.

분통 터지는 일이나 어쩔 수 없었다. 이에 심상心傷했기 때문인지 유성룡은 4월 23일부터 병석에 누웠다가 6월에야 겨우 일어날 수 있었는데, 그사이 여러 차례 사경을 헤맸다.

조선과 경략부의 갈등

경략 송응창은 선조의 면담 요청을 계속 거부해왔다. 강화에 반대했기 때문이다. 그가 선조의 면담 요청에 응한 것은 선조 26년 6월 5일 안주의 안흥관安興館에서였다. 상견례가 끝나자 송응창은 엉뚱한 소리를 늘어놓았다.

경략이 말했다.
"제독의 보첩報帖에 의하면 귀국이 부산을 분할하여 왜적에게 내주고 또 계패界牌(경계를 표시하는 팻말)까지 세웠다던데 사실입니까?"
상이 말했다.
"부산은 동래와 연결된 땅인데 우리나라가 어찌 원수 왜적에게 떼어줄 리가 있겠습니까. (……) 땅을 떼어 적에게 주면 마침내 나라가 보존될 리 없으니 우리가 비록 어리석지만 어찌 그런 것조차 알지 못하겠습니까."

"나도 믿지 않았습니다."(『선조실록』 26년 6월 5일)

조선이 부산을 일본에게 주기로 약조한 것이 아니냐는 송응창의 힐난에 선조는 변명하기 급급했다. 선조는 심희수에게, "경략의 의심이 아직도 풀어지지 않은 듯하니 상세히 변명하지 않아서는 안 될 것이다"라면서 다시 사실이 아니라고 변명했는데, 송응창의 계략에 완전히 말려든 것이다. 송응창은 선조를 강화주범으로 몰고 자신은 빠져나가려 한 것이다.

경략이 또 말했다.
"나는 이 왜적을 모두 섬멸하고서야 귀국하겠습니다. 왜노가 하루를 떠나지 않으면 나도 하루를 떠나지 않을 것입니다. 내가 떠나지 않으면 제독(이여송)도 철회하지 못할 것이니 왜노를 염려하지 마십시오. 전일에 왜노를 죽이지 말라 한 것도 깊은 뜻이 있어서였으니 의심하지 마십시오."
상이 말했다.
"감격스럽기 그지없어 무엇이라 사례해야 할지 모르겠습니다."
(『선조실록』 26년 6월 5일)

송응창은 '적을 죽이면 참형에 처한다'는 자신의 패문도 '깊은 뜻'에서 나온 것이라며 조선을 배제한 채 진행한 모든 강화회담을

진주성 임진왜란 때의 항전지로 유명하다. 성안에 촉석루가 있다.

합리화했다. 선조는 한마디도 따지지 못하고 그저 사례를 표하고 나왔다.

그러나 송응창의 호언이 허언虛言으로 변하는 데는 많은 시간이 걸리지 않았다. 그달 20일 7만여 명에 달하는 일본군 대부대가 진주성을 공격한 것이다. 6월 21일 진주성을 포위한 일본군은 22일부터 대대적인 공격을 가했다. 창의사 김천일과 경상 우병사 최경회, 충청 병사 황진黃進 등이 군민들을 이끌고 완강하게 저항했으나 28일 큰비가 내려 성이 허물어지면서 29일 함락당하고 말았다. 이때 유성룡은 명군에게 진주성을 구원하라고 여러 차례 요청했으나 명군은 관망만 한 채 움직이지 않았다.

이런 상황에서 일본의 소서여안이 일본의 납관사納款使로 심유경의 안내를 받아 서울을 경유해 명나라로 간다는 사실이 알려졌다. 선조는 큰 충격을 받았다. 할지론이 현실이 된다고 생각했기 때문이다.

조선은 경략 송응창이 명나라 조정을 속이고 있다고 간파했다. 명 조정의 강화조건은 일본군의 전원 철수였으나 송응창은 일본군이 조선 남부를 점령한 상태에서 전쟁을 마치려는 것이었다. 조정에서는 황진을 주청사奏請使로 보내 송응창이 명 조정의 훈령과 달리 행동하는 사실을 폭로하려고 했다. 그러나 요동을 장악한 송응창은 황진이 북경으로 가지 못하게 했다. 조정에서는 거듭 사신을 보냈으나 그때마다 송응창은 사신의 북경행을 저지했다.

명나라 군대 자체가 조선의 골칫거리가 되었다. 싸우지는 않으면서 군량만 축냈기 때문이다. 명나라는 '식량이 없는 것이 아니라 운반이 곤란한 것'이라며 조선에 군량을 대달라고 요구했을 뿐 아니라 봉급도 요구했다. 비변사에서는 명군 '한 사람당 월급과 월량月糧(식량)으로 은 1냥兩 5전錢, 행량行糧(이동 중에 먹을 양식)과 염채대鹽菜代(반찬값)로 은 1냥 5전, 의화대衣靴代(옷과 신발)로 3전, 호상犒賞(위로비)으로 3전, 도합 3냥 6전을 지급해야 한다'고 보고했는데, 이쯤 되면 구원군이 아니라 용병傭兵 수준이다. 이런 상황에서 경략 송응창은 무려 2만 명의 군사를 주둔시키겠다고 요청했다.

만약 경략의 말대로 2만 명을 유병留兵(주둔)시킨다면 우리나라는 종묘사직의 제사도 궐闕하고 상공上供도 없애고 관원의 녹도 주지 않고 온 나라의 전재錢財를 다 털어 오로지 중국 군사만을 먹인다 할지라도 지탱하기 어려운 형세입니다. (……) 아무리 생각해보아도 결코

5천 명 이상은 청할 수 없습니다.(『선조실록』 26년 8월 10일)

이 무렵 대사헌 김응남金應南은 도성 백성들의 참상에 대해 이렇게 보고했다.

"하루에 죽는 백성이 얼마인지를 알 수가 없을 정도입니다. 그래서 죽은 시체가 길에 가득하고 썩은 살점이 냇물을 막고 있으며, 살아남은 사람들도 모두 도깨비 같은 몰골이 되어 스스로 마침내 다 죽게 될 것이라 생각해 노인은 부축하고 어린애는 끌고 줄지어 도성을 빠져나가고 있습니다."(『선조실록』 26년 9월 2일)

이렇게 백성들은 굶어죽고 있는데, 전투를 회피하는 명군은 막대한 식량만 축냈다. 영남 주둔 중국 장수들이 군량이 떨어졌다고 보고하자 격분한 송응창은 호남과 영남의 관량관管粮官 조신도趙信道와 임발영任發英을 잡아가기도 했다. 황해도 순찰사 유영경柳永慶은 명군의 횡포에 대해 이렇게 보고했다.

"중국 군사가 두려움이나 거리낌 없이 행패를 부리며 작란하는 작태가 날이 갈수록 더욱 심합니다. 말을 소유하고 있는 자에게도 쇄마刷馬(관용말 이용비)를 요구하면서 여러 방법으로 겁을 줍니다. 수령 이하 사람들은 목을 매어 끌고 다니기까지 하는데 주포紬布를 바치지 않으면 그들의 노여움을 풀 수가 없으며 군량도 외람되이 받아다가 매매 비용으로 쓰고 있습니다. 그들의 뜻을 조금만 거역하면 몽둥이와 돌멩이로 무수히 난타당하는데, 요즈음 맞아 죽은 사람이 매우 많습니다. 그 밖에 상처를 입고 신음하는 형상은 하도 비참하여 차마 볼 수 없었습니다."(『선조실록』 26년 9월 6일)

유성룡은 이 문제를 해결할 수 있는 유일한 방책은 조선의 군사력을 기르는 것밖에 없다고 판단했다. 그래서 나온 것이 훈련도감訓鍊都監 설치안이다.

훈련도감을 설치하다

명군이 전투는 거부하고 식량은 한없이 축내면서도 큰소리친 것은 조선에 군사가 없기 때문이다. 조선에는 강력한 중앙군이 없었다. 형식상 오위五衛가 있으나 사실상 유명무실했다. 그래서 정예군사들로 구성된 훈련도감 설치안이 나온 것이다. 훈련도감 설치는 누구의 구상일까? 『선조실록』은 국왕 선조인 것처럼 기록했다.

> 비망기로 전교하였다.
> "오늘의 적세賊勢가 매우 염려되는데 전부터 일을 처리하는 것이 이완되어 적의 난리를 겪는 2년 동안 군사 한 명을 훈련시키거나 기계 하나를 수리한 것 없이, 중국군만을 바라보며 적이 제 발로 물러가기만을 기다렸으니 불가하지 않겠는가. 전일에 군대를 훈련시키도록 전교하였으나 내 말이 시행될 수 없었다. 그러나 이처럼 세월만 보내면서 망할 때만을 기다리고 있어서는 안 될 것 같다. 산릉도감山陵都監도 이미 일이 다 끝났으니 내 생각에는 따로 훈련도감訓鍊都監을 설치하여 합당한 인원을 차출해 장정을 뽑아 날마다 활을 익히기도 하고 포를 쏘기도 하여 모든 무예를 훈련시키도록 하고 싶으니, 의논하여 처리하라."(『선조실록』 26년 8월 19일)

'내 생각에는 따로 훈련도감을 설치하여'라고 써서 마치 선조가 훈련도감을 처음 설치하자고 제안한 것처럼 기록돼 있다. 도굴된 선릉 등을 재정비하는 산릉도감 역사가 끝났으니 훈련도감을 설치해 군사를 훈련시키는 것이 좋겠다고 제안했다는 식이다. 『선조실록』에는 선조가 훈련도감 사목事目(세부 규칙)의 세세한 사항까지 지시했다고 기록되어 있다. 예를 들면, "옛날 척계광戚繼光(명나라 장수)이 군사를 가르칠 적에 그 방법이 매우 많았으나, 모래주머니를 발목에 달고 달리도록 하고 그 모래의 무게를 점점 높이는 것으로 상규常規를 삼았다"라고 세세한 부분까지 지시하는 식이다.

이런 기록들에 따르면 훈련도감의 설치를 제안하고 주조한 인물은 여지없이 선조다. 『선조실록』은 또 훈련도감의 총책임자인 훈련도감 제조提調가 훈련절목訓鍊節目에 대해 보고한 내용을 싣고 있다.

훈련도감 제조가 아뢰었다.

"훈련절목은 『기효신서紀效新書(척계광의 병법서)』란 책에 지극히 자세하고도 세밀하게 기재되어 있으니 지금 일체를 그대로 본떠야 합니다. 다만 그 책의 글과 기계의 명칭에 알기 어려운 데가 있으니 이번에 중국군이 돌아가기 전에 총민한 사람으로 하여금 다방면으로 따지고 질문하게 하여 환히 의심스러운 데가 없게 된 다음에야 훈련하여 익히게 할 수 있는 것입니다……

일찍이 들건대, 고려 때 송나라의 상인 이원李元이 재상 최무선崔茂先의 종의 집에 와서 머물게 되자 최무선이 매우 후대하면서 이로 인하여 염초焰硝로 화약 만드는 방법을 배웠는데, 우리나라에 화약이 있게 된 것은 최무선에게서 시작되었다고 합니다. 더구나 지금 남방 사람들이 여기에 많이 모였으니 그중에는 군사학軍事學을 잘 알고 식견과 생각이 해박한 사람이 매우 많을 것입니다. 모름지기 은정으로 접대하여 그들이 알고 있는 것을 다 털어놓아 우리에게 전수해준다면 뒷날에 유익함이 어찌 끝이 있겠습니까."(『선조실록』 26년 10월 6일)

훈련도감 제조가 훈련도감에서 사용할 교재로 척계광의 『기효신서』를 선정하고 명나라 장수 중에 병법에 밝은 인물을 교관으로 초빙해 훈련시키자고 제안한 것이다. 이 기사에서 이름을 밝히지 않은 훈련도감 제조가 바로 유성룡이다.

선조 26년(1593) 10월 설치된 훈련도감의 제조는 유성룡, 유사당상有司堂上은 이덕형李德馨, 대장은 조경趙儆이다. 유성룡이 훈련도감 제조까지 맡게 된 것은 훈련도감에 대한 구상부터 설치까지, 대강의 방안부터 세세한 부분에 이르기까지 모두 그의 머릿속에서 나왔기 때문이다.

훈련도감은 과거의 군영과는 확연히 달랐다. 과거의 군영과 달리 훈련도감은 국가에서 급료를 지급하는 직업군인 체제였다. 인조반정 이후 서인들이 편찬한 『선수실록』의 유성룡 졸기에는 "유성룡은 임진란 후에 임금에게 건의하여 훈련도감을 처음으로 설치했다(선조 40년 5월 1일)"고 적시했다. 『선조실록』도 26년 6월 6일조에는 유성룡이 "중국 군사를 머무르게 하여 진수鎭守하며 훈련하는 것은 바로 오늘날의 급무입니다"라고 했다는 말을 기록해 비록 '훈련도감'이라는 표현은 쓰지 않았지만 유성룡이 훈련도감 설치를 이때 이미 건의했음을 시사해준다.

유성룡은 조선은 조선인이 지키는 자주국방체제를 이룩하기 위

『기효신서』 명나라의 장군 척계광이 지은 병서.(국립중앙도서관 소장)

한 근본대책으로 훈련도감 창설을 고안한 것이다. 싸우지 않고 식량만 축내는 명군에 대한 근본대책도 훈련도감을 통한 조선의 군사력 강화밖에 없었다. 명군을 선용하는 길은 그들을 훈련교관으로 사용하는 것뿐이었다.

명군을 머무르게 하는 일은 반드시 큰 폐단이 되겠으나 적병이 물러가지 않는 한 곤란할 듯싶습니다. (……) 대저 지금 적을 방어하는 일은 일각이 급하오니 나이 젊고 날쌘 군사를 골라 명장에게 배속시켜, 강남의 기계와 전법을 익히게 하는 것이 가장 먼저 해야 할 일입니다.

마침 낙 참장(낙상지)이 우리나라를 위한 정성이 간절하므로 신이 성중에서 70여 명을 모집하였는데, 그중에는 화포를 만드는 장인이 많았습니다. 오늘부터 넓은 집을 마련하여 학습하게 하고, 호조에 통지해 왜진(倭陣)에서 버리고 간 쌀을 손질해 100여 섬을 장만해 하루에 2되씩 지급해 굶주림을 면하게 해야 합니다. (……) 이들을 만약 몇 달

안으로 가르쳐 재주를 이루게 하면 각 도로 나누어 보내서 지방 사람들을 가르치게 하니, 이익이 무궁할 것입니다……

신의 병세는 차도는 있으나 원기가 다하여 온종일 땀을 흘리고, 방안에서도 지팡이를 의지해야 일어납니다. 생각건대, 남방의 사세가 대단히 급한데, 도원수 김명원만이 그곳에 있습니다. 만일 기력이 차차 회복되면 병든 몸을 이끌고 남으로 내려가겠습니다.(「서울의 군졸을 모아 절강의 화포를 연습시키기를 청하는 서장募京城軍卒練習浙江火砲狀」)

병석에 누운 유성룡을 문병 온 명장 낙상지와 대화 중에 싹튼 생각이 훈련도감이다. 유성룡은 골칫거리로 변한 명나라 군사를 가장 효과적으로 이용하는 방법은 그들의 군사지식과 최신 무기 제조법을 습득하는 것이라고 생각했다. 그래서 하루에 쌀 두 되씩을 주는 조건으로 군사를 모집해서 훈련시키고 그런 다음 이들을 전국으로 나누어 보내 지방 군사들도 훈련시키려 했다.

요즈음 낙 참장이 신의 병고病苦를 듣고 매양 역관을 보내 문병하고, 또한 우리나라의 당면 문제에 대하여 무척 성의 있게 누누이 말하였습니다. 대요는 이런 내용입니다.

"명군이 돌아가고 적이 다시 침입한다면, 당신 나라는 앞으로 어떻게 막겠는가. 남병(중국 남쪽 병사)들이 돌아가기 전에 서둘러 훈련해 배워 익히고 화포·낭선(筤筅=狼筅, 끝에 칼이 달린 창)·장창 그리고 칼 쓰는 법과 조총 등 병기의 사용법을 낱낱이 익혀서 한 사람이 열을, 열 사람이 백을, 백 사람이 천을 잇따라 가르칩니다. 그러면 수년 뒤에는 우수한 병졸이 몇만 명은 되니, 왜적이 다시 침입한다 해도 방어할 수

226

있지만, 그렇지 못하면 당신 나라의 일은 장차 어찌할 수 없소."

그는 말을 매우 많이 했지만, 말끝마다 우리나라를 깊이 염려해서 후환에 대비하고자 하지 않음이 없으니, 신은 듣고 감격의 눈물을 거두지 못하였습니다.(「병사 훈련과 절강의 무기를 모방한 화포를 많이 조제해 훗날에 이용하기를 거듭 바라는 서장再乞鍊兵且倣浙江器械多造火砲諸具以備後用狀」)

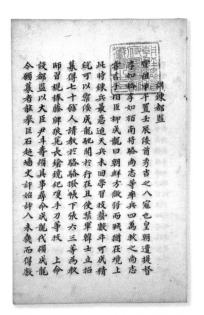

『만기요람』「훈련도감」조 각 부대와 관련 관서의 직제와 운영이 자세하게 기록되어 있다.(국립중앙도서관 소장)

훈련도감은 이처럼 유성룡과 낙상지의 대화 도중 처음 나온 구상이다. 그러나 『선조실록』은 유성룡이 제안한 사실은 누락한 채 선조의 제안으로 만든 것처럼 기술했다. 유성룡은 『잡저』「훈련도감」조에서 자신이 훈련도감을 만든 경위를 기술했다.

이때(선조 26년 10월)에 훈련도감을 설치하여 군사를 훈련시키라 명하시고, 나를 도제조로 삼았다. 나는 이렇게 청했다.

"당속미唐粟米 1천 석을 꺼내 양식으로 하되 하루 한 사람에게 두 되씩 준다고 군인을 모집하면 응모하는 자가 사방에서 모여들 것입니다."(『잡저』,「훈련도감」)

유성룡의 예견대로 응모자가 쇄도해 대장 조경은 시험을 봐야 했다. 『만기요람』「훈련도감」조는 "유성룡이 모집에 응하려는 자는 큰 돌을 들고 한 길(丈) 이상 되는 담을 뛰어넘는 자라야 입대를 허가하도록 하였다. 얼마 안 되어 수천 명을 얻게 되어, 파총把摠과 초관哨官을 두어 이를 영솔하게 하였다"라고 적고 있다. 유성룡은 "어떤 사람은 도감문 밖에서 시험을 보게 해달라고 요구하다 쓰러져 굶어죽은 자도 있었다"고 기록했다. 유성룡은 또 "무릇 행차의 거둥이 있을 때는 이들로 호위하니, 민심이 차츰 믿게 되었다"고 전하고 있다.

포수砲手 · 살수殺手 · 사수射手의 삼수군으로 구성된 훈련도감은 조선군의 전력을 크게 높였다. 유성룡은 선조 28년(1595)의 한 계사에 훈련도감 훈련 규칙을 기록하기도 했다. 훈련도감의 유사당상은 매일 한두 부대를 대상으로 검열을 실시하고, 검열이 끝나면 전 부대를 대상으로 합격자의 다과多寡를 기준으로 상벌을 시행했다는 것이다. 그러니 군관들은 다른 부대에 뒤지지 않게 밤낮으로 훈련에 열중했고 정예군사가 된 것이다. 이런 일상적인 훈련을 통해 훈련도감은 조선 제일의 강군이 되어갔다. 훈련도감이 강화되는 만큼 명군에 대한 조선의 예속은 약화될 것이었다. 무엇보다 그것이 자주국방의 근본방책이기도 했다.

宣廟御製#小

萬曆戊子春謝

開主事馬維銘贈

首夫兪泓之是行

心手奉 綸音親

10_ 유심룡의 영의정 복귀

선조는 유성룡을 다시 영의정으로 임명했다. 유성룡은 사직상소를 올려 사양했으나

선조는 받아들이지 않았다. 유성룡도 운명이라고 여겼다. 국난 극복의 책무가 자신에게 있다고 여겼다.

이런 점에서 고향에서 『양명집』을 보고 백성들의 마음을 되돌리는 방안이 떠오른 것은 우연이 아니었다.

선조 26년(1593) 10월 27일, 이렇게 유성룡은 영의정으로 복귀했다.

영의정 유성룡의 무게는 다른 인물과는 다를 수밖에 없었다.

양명서를 다시 접하니

선조 26년(1593) 6월, 유성룡은 병이 조금 낫자 군사상태를 점검하기 위해 영남지역으로 내려갔다. 이때 유성룡은 전후 처음으로 고향 안동에 들렀다. 형 유운룡이 어머니를 모시고 강원도로 피신했다가 일본군이 남쪽으로 퇴각하면서 고향에 돌아온 것이다. 임란이후 처음 만나는 어머니이니 통곡하지 않을 수 없었다. 집과 원지정사는 작년 7월 일본군이 안동에 들어오면서 불타 없어졌다. 수많은 서적도 함께 불탔는데, 웬일인지 『양명집』 몇 권은 온전했다.

임진년 7월에 왜구가 안동에 들어와 옛집과 원지정사를 불사르니, 집에 간직해둔 서적은 모두 없어져버렸는데, 오직 이 몇 권만이 수풀 사이에 있어 온전하였다. 내가 그것을 다시 보니 불각 중에 눈물이 흘

원지정사 유성룡이 잠시 조정에서 물러나 고향에 내려와 있을 때 세운 것으로 원지산을 바라보고 있다고 하여 원지정사라고 부른다.

러내리고 슬펐다. 행장과 함께 가지고 제천에 도착하여 사실의 대강을 적어 자제로 하여금 잘 보존하여 다시는 유실되지 않도록 하라고 일렀다. 계사년(선조 26) 9월 9일 하루 전에 쓰다.(『양명집』 뒤에 쓰다)

이때 양명학 서적을 다시 보고 '불각 중에 눈물'을 흘렸다는 것은 과거에 대한 회상 때문만은 아닐 것이다. 『양명집』을 처음 접한 때부터 35년이 흘렀다. 유성룡은 『양명집』을 처음 본 순간의 흥분을 잊지 않고 있었다. 그는 다시 책을 펼쳐보았다. 역시 놀라운 주장들이 가득 차 있었다.

성인聖人의 마음은 천지만물로 일체를 삼으니 온 세상의 사람에 대해 내외원근內外遠近의 구별을 두지 않고, 무릇 혈기 있는 것은 모두 형제나 친자식으로 여기어 그들을 안전하게 하고, 가르치고 부양하고 그 만물일체의 생각을 다하고자 하지 않음이 없다.(왕양명, 『전습록』)

대인大人은 천지만물을 한 몸으로 삼는 자다. 그는 천하를 일가一家 같이 여긴다. (……) 대인이 천지만물을 한 몸으로 삼는 것은 의도적인 것이 아니라 그 마음의 인仁이 본래 그러하기 때문이다. 천지만물과 더불어 하나가 됨은 어찌 대인만이 그러하겠는가? 비록 소인의 마음이라 하더라도 그러하지 않음이 없다. 그러나 소인은 스스로 그 마음을 작게 할 뿐이다.(왕양명, 『대학문大學問』)

성인이나 대인은 모두 천지만물을 한 몸으로 본다는 것이다. 여기에 귀천의 차별은 있을 수 없다. 이런 글들에서 유성룡은 망국

하회마을 전경 많은 고관들을 배출한 양반 고을로 전래의 유습이 잘 보존되어 있다.

직전의 나라를 되살리는 중요한 계시를 얻었다. 임진왜란으로 이미 과거의 조선은 멸망했다. 양반 사대부만이 특권을 독점하던 조선은 백성들이 경복궁을 불태울 때 이미 불타버린 것이다. 궁궐을 불태운 백성들의 마음을 다시 불러 모으지 않으면 조선이란 나라는 재건될 수 없었다. 조선을 재건하기 위해서는 백성을 주인으로 섬기는 개국정신으로 돌아가야 했다. 정도전과 조광조가 혁명적인 토지개혁을 주장하고, 이이가 공납의 폐단을 혁신하고 천민들도 군사로 종군시켜 면천시켜야 한다고 주장한 그 정신으로 돌아가야 했다.

유성룡이 영남으로 내려간 직후 선조는 서둘러 올라오라고 전교했다.

"풍원 부원군 유성룡이 병이 차도가 있으면 남쪽으로 내려간다고 하였는데, 그곳에는 이미 도원수 등 여러 장수가 있으니 풍원 부원군이 남쪽으로 가더라도 특별히 할 일은 없을 것이다. 그래서 차라리 이곳으로 불러 올라오게 하려는데 비변사에게 이를 물어보라."(『선조실록』 26년 6월 26일)

비변사에서 거절할 이유가 없었다. 비변사는 전략·전술에 능한 유성룡이 꼭 필요했다. 도체찰사 유성룡은 수하 군사들에게 이런 전술을 지시한 적이 있다.

"창릉昌陵과 경릉敬陵(경기도 고양시 서오릉) 사이에 매복하여, 각각 자기 군사들을 거느리고 나타났다 숨었다 하면서 적군을 초격抄擊하되, 적병이 많이 나오면 피하여 싸우지 말고, 조금 나오면 곳곳에서 맞아 치게 하였더니, 이로부터 적군은 성 밖으로 나와서 땔나무를 하지 못하게 되었으며, 말이 수없이 죽었다."(『징비록』)

이는 유격전의 천재라 부르는 모택동의 16자결과 그 원리가 같다. 모택동의 16자결은 적진아퇴敵進我退, 적주아요敵駐我擾, 적피아타敵疲我打, 적퇴아박敵退我迫으로 적이 공격하면 우리는 후퇴하고, 적이 주둔해 있으면 우리는 교란시키고, 적이 피로하면 우리는 공격하고, 적이 후퇴하면 우리는 추격하는 전술이다. 모택동보다 350여 년 전에 조선의 문신 유성룡은 유격전술의 핵심을 이미 꿰고 있던 것이다. 선조는 8월 6일 승정원에 전교해 유성룡을 부르라고 명했다. 그러나 그가 유성룡을 다시 부른 이유는 다른 데 있었다. 바로 경략 송응창의 움직임이 심상치 않았기 때문이다.

전투보다는 모사에 능한 경략 송응창은 선조가 계속 강화를 반대하자 선조를 무력화시키는 방안을 구상했다. 세자 광해군을 이용하는 방법이었다. 송응창은 광해군에게 영남·호남·호서의 하삼도下三道를 맡기라는 '하삼도 경리안下三道經理案'을 요구했다.

"지금 듣건대 왕의 둘째 아들 광해군이 영웅의 풍채에 위인의 기상으로 준수하고 온화하며 어린 나이지만 재능이 뛰어나다고 하니, 제 생각에는 나라의 기업을 새로 회복하는 이때에 광해군으로 하여금 전라·경상·충청도를 차례로 순찰하면서 크고 작은 일을 막론하고 모두 그의 결재를 받도록 하여 군병을 선발할 때 반드시 친히 검열하게 하면 연약한 자가 감히 끌려와서 섞이지 않을 것이며, 성지城池를 수리하거나 설치할 때 반드시 친히 답사하게 하면 공인工人과 재목을 모으는 자가 감히 게을리 못할 것이며……." (『선조실록』 26년 8월 16일)

세자 광해군에게 하삼도를 맡기라는 요구다. 선조는 이것이 자신의 왕위를 빼앗으려는 시도라고 여겼다. 그는 이에 맞서 전가의 보도를 꺼내들었다.

"나는 젊어서부터 병이 많아 반생을 약으로 연명하고 있는데, 이는 약방藥房의 여러 사람들이 모두 알고 있는 바다. 전일 옥당玉堂에 내린 비답批答에 '인간 세상에 뜻이 없다'고 한 말에서 더욱 상상할 수 있을 것이니 지금 다시 말하지 않겠다. (……) 지금은 흉적이 물러갔고 옛 강토도 수복되었으므로 나의 뜻이 이미 결정되어 다시 돌이킬 수 없다. 세자가 장성하여 난리를 평정하고 치적을 이룩할 임금이 되기에 충분하니 선위禪位에 관한 여러 일들을 속히 거행하도록 하라."(『선조실록』 26년 8월 30일)

광해군에게 왕위를 넘기겠다는 것이다. 이 비망기에서 선조는 광병狂病·목병目病·비병痺病·습병濕病·풍병風病·한병寒病 등 온갖 병을 앓고 있다고 말했다. 이는 신하들의 충성심을 확인하려는 의도였다. 조정은 또 한 번 소모적 정치놀음에 말려들 수밖에 없었다. 영중추부사 심수경·좌의정 윤두수·우의정 유홍이 2품 이상의 관원들을 거느리고 명을 거두어달라고 요청하지 않을 수 없었다. 세자 광해군도 가만히 있을 수 없었다. 광해군은 곧바로 예궐詣闕하여 땅에 엎드려 눈물을 흘리며 명을 환수하도록 요청해야 했다.

선조는 물론 신하들도 송응창의 요구가 강화에 반대하는 선조의 기세를 꺾기 위한 술책이란 사실을 잘 알고 있었다. 그래서 신하들은 절충안을 마련했다. 세자가 병이 있어 내려갈 수 없다는 것이다. 윤근수는 기고旗鼓 장구경張九經에게 세자가 위증胃症과 담증痰症을 앓아 하삼도로 내려갈 수 없으니 경략 송응창에게 대신 말해달라고 요청했다. 장구경은 간단하게 답했다.

"만약 병이 다 나았다면 가야 되지만, 아직 다 낫지 않았다면 능력 있는 배신陪臣을 먼저 보내고 세자는 병이 다 나은 뒤에 가시오."

광해군이 내려가는 것이 그리 급하지 않다는 뜻이다. 선조는 안도했지만 당장 선위령을 철수할 수는 없었다. 선조는 계속 선위를 고집했고, 그때마다 광해군과 대신들은 명을 거두어달라고 요청했다. 결말이 뻔히 예상되는 지루한 실랑이 끝에 선조는 9월 8일 드디어 선위 명령을 거두겠다고 선언했다.

이때는 선위소동으로 지새울 때가 아니었다. 백성들은 굶어죽고 있었고, 명군은 일본군을 조선 남부에 방치한 채 손을 놓고 있었다. 선조 26년(1593) 9월 24일, 경략 송응창과 제독 이여송은 유병군留兵軍 1만 6천여 명을 남겨놓고 요동으로 돌아갔다. 전투는 거부하며 군량만 낭비하는 1만 6천여 명의 명군이 혹처럼 존재했다. 조선군의 단독 역량으로는 일본군을 몰아낼 수 없으니 명군에게 철수를 요구할 수도 없었다. 진퇴양난이었다.

이런 상황에서 선조가 도성으로 돌아왔다. 10월 1일 아침 벽제역을 출발하여 미륵원彌勒院에서 점심을 먹고 저녁에 정릉동貞陵洞 행궁行宮(덕수궁)으로 들어갔다. 도성을 버리고 도주한 지 1년 반, 조명연합군이 서울에 입성한 지 무려 6개월 만이었다.

환도 다음 날 선조는 영의정 최흥원崔興源을 꾸짖는 전교를 내렸다. 자신이 입성할 때 기민들을 구제하기 위한 곡식을 들여오지 않았다는 것이다. 유성룡의 「훈련도감」조는 선조가 귀경하던 날의 정경을 이렇게 전한다.

"계사년(선조 26년) 10월, 거가가 환도하니 불타다 남은 너저분한 것들이 성안에 가득하고, 거기에다가 길가에 전염병과 기근으로 죽은 자들이 서로 겹쳐 있으며, 동대문 밖에 쌓인 시체는 성의 높이와 가지런하니, 냄새가 지독하고 더러워 가까이 갈 수가 없었다.

사람들이 서로 먹어서, 죽은 사람이 있으면 삽시간에 가르고 베어 피와 살덩어리가 낭자하였다.

상이 용산창龍山倉에 거둥하시어 창고의 곡식을 내어 방민坊民에게 흩어주었는데, 곡식은 적고 백성은 많으므로 겨우 한 줌의 곡식을 얻을 수 있을 뿐이었다. 또한 어공미御供米를 삭감하여 구휼하기 위해 동·서에 진제장賑濟場을 설치했으나 겨우 만분의 일도 구제하지 못했다."(『잡저』,「훈련도감」)

선조는 도성을 버리고 도망간 비겁한 임금이 아니라 굶주린 백성들에게 곡식을 나누어주기 위해 귀환한 자비로운 임금으로 자리매김하려는 의도가 어긋났기 때문에 화를 낸 것이다. 선조는 내키지 않았지만 유성룡을 복귀시켜야만 했다. 경략 송응창은 자신을 흔들고 있었고, 비변사 역시 도주에 급급했던 자신을 신뢰하지 않았다. 자칫하면 광해군에게 왕위를 빼앗길 수도 있었다. 유성룡은

영의정 교지 유성룡에게 내린 선조의 교지.

때로 정적같이 느껴졌지만 자신을 버리고 광해군에게 붙을 무원칙한 인물은 아니었다.

선조는 유성룡을 다시 영의정으로 임명했다. 유성룡은 사직상소를 올려 사양했으나 선조는 받아들이지 않았다. 유성룡도 운명이라고 여겼다. 국난 극복의 책무가 자신에게 있다고 여겼다. 이런 점에서 고향에서 『양명집』을 보고 백성들의 마음을 되돌리는 방안이 떠오른 것은 우연이 아니었다. 선조 26년(1593) 10월 27일, 이렇게 유성룡은 영의정으로 복귀했다. 영의정 유성룡의 무게는 다른 인물과는 다를 수밖에 없었다. 도체찰사를 겸하는 영의정 유성룡은 정국을 실제로 주도할 수 있는 역량과 무게가 있는 것이다.

경략의 간계와 싸우다

영의정이 되자마자 처리해야 할 일이 산적해 있었다. 가장 중요한 문제는 경략 송응창이 계속 세자의 하삼도 경리안을 요구하는 것이었다. 이 문제는 선조의 양위 문제와도 결부되어 있기 때문에 커다란 폭발력을 지니고 있었다. 경략 송응창은 명나라 조정을 움직여 하삼도 경리안을 국서國書에도 명시시켰다. 선조는 바짝 긴장했다. 자칫 실제로 양위讓位해야 하는 사태가 발생할지도 모른다고 생각한 선조는 세자가 와병 중이란 이유로 위기를 모면하려 했다. 그러나 아무도 세자가 어떤 병에 걸렸는지 알 수 없었다. 선조 스스로 세자의 병세를 언급했을 뿐이다.

"동궁이 인후증咽喉症으로 지난 25일 침을 맞았다고 한다. 증세

만 이럴 뿐이 아니라 원기가 이미 약해졌기 때문에 이런 겨울철에
내가 차마 남쪽으로 보낼 수가 없다. 지난번 자문咨文(세자를 남으로
보내라는 신종의 국서)을 보고서는 혼자서 눈물만 흘렸다. 그러나 국사
가 이 지경에 이르렀는데 어찌 사생을 헤아릴 수 있겠는가. 동궁은
내려가더라도 일을 경험해보지 않았으니 호령號令을 시행하기는 어
려울 것이다. 나는 여기에 있더라도 별로 하는 일이 없다. 내 생각
은 내가 세자를 대신하여 남쪽에 내려가 전주 근처에 주차하여 제
반 일을 책응策應하고, 일대의 형편을 보아 호남 백성들을 진무하다
가 사세를 보아서 돌아오고 싶다. 의논해서 아뢰라."(『선조실록』 26년
10월 30일)

세자 대신 자신이 내려가겠다는 대답이었다. 자칫 세자를 내려
보냈다가 왕위를 빼앗길까 염려한 것이다. 유성룡은 선조도, 세자
도 내려가지 않는 방안을 제시했다.

"송 경략에게는 '세자가 병이 있지만 병을 무릅쓰고 해주에서
내려오고 있다'고 답하고, 세자께서는 될 수 있는 대로 빨리 서울로
돌아와 사세를 보아 가면서 점차 내려가도록 도모하는 것이 합당
할 듯합니다."(『선조실록』 26년 11월 2일)

선조는 '아뢴 대로 하라'고 곧바로 재가했다. 자신은 물론 세자
도 내려보내고 싶지 않은 속내와 같기 때문이다. 유성룡은 경략 송
응창과 조선의 대결이라고 판단했다. 송응창이 조선 내부를 분열
시켜 일본과 강화하려고 했기 때문이다. 선조는 유성룡에게 평소
자신에게 호의적인 총병總兵 척금戚金을 만나 사태를 해결해보라고
지시했다. 유성룡은 척금을 만나 전황을 설명했다.

"왜적이 바닷가에 둔취해 있는데도 이 사정을 중국 조정에 주달

하기 어렵습니다."

일본군이 남해안에 주둔해 있는데도 송응창이 모두 철수했다고 거짓으로 보고했으니 사실을 전달하기가 어렵다는 뜻이다. 척금은 크게 웃으며 말했다.

"그 말이 매우 옳소. 다만 송 경략이 이미 조정에 그런 식으로 보고했으니 그의 몸이 죽는 것은 매우 중대한 일인데, 어찌 언어로 움직일 수가 있겠는가."(『선조실록』 26년 11월 29일)

척금은, "송 경략 자기의 생사가 달린 일인데 어찌 뜻을 돌릴 수 있겠는가"라고까지 말했다.

이런 상황에서 행인行人 사헌司憲이 사신으로 다시 왔다. 그런데 총병 척금은 사헌이 오는 목적이 '광해군과 윤두수에게 3조曹를 총독하게 해서 군사 훈련을 하게 하는 일'이라고 전해주었다. 3조는 '병조·공조·호조'로 선조가 아니라 광해군에게 전쟁을 총괄시키려 한다는 뜻이다. 이런 상황에서 경략 송응창이 급사중給事中 위학증魏學曾을 시켜 명 조정에 올리려던 주본奏本이 윤근수尹根壽를 통해 드러나면서 사태는 더욱 악화되었다.

"조선이 이미 제대로 왜적을 막지 못하여 중국에 걱정을 끼쳤으니, 마땅히 그 나라를 분할하여 두셋으로 나눈 뒤 왜적을 막아내는 형편을 보아 나라를 맡겨 조치하게 함으로써 중국의 울타리가 되도록 하소서."

나라를 두셋으로 나누어 잘하는 인물을 국왕으로 삼자는 것이다. 광해군의 하삼도 경리안이 나라를 둘로 가르려는 의도라는 사실이 드러난 것이다. 당황한 선조는 초경初更(오후 7시~9시)에 편전便殿에서 영의정 유성룡을 인견했다.

상이 유성룡에게 앞으로 나오도록 명하고 글 하나를 보이니 유성룡이 아뢰었다.

"이 글이 윤근수가 바친 것입니까? 말이 흉참兇慘할 뿐만 아니라 땅을 베어 남에게 주려고까지 한다는 말은 차마 볼 수 없습니다."

상이 일렀다.

"내가 바라던 대로 다 되었다. 오늘 영상領相과 더불어 사퇴를 청하겠다. 내가 비록 미혹迷惑하기는 하나 이런 일이 있을 줄 미리 알았다."

유성룡이 아뢰었다.

"이처럼 나라 일이 위급할 때에 신과 같은 자가 대신의 자리를 무릅쓰고 차지하고 있으니 먼저 파출하고 외방外方에 있는 대신을 소환하는 것이 옳습니다."

상이 일렀다.

"옛말에 '영웅이 낭사浪死(헛되이 죽음) 한다'더니, 경 같은 학문과 재지才智로 불행히도 이런 때에 나왔다……."(『선조실록』 26년 윤11월 12일)

"오늘 영상과 더불어 사퇴를 청하겠다今日請與領相辭之"는 말은 의미심장하다. 유성룡을 끌어들여야 자신이 살 수 있다고 판단한 것이다. 『선수실록』은 유성룡이 "국사가 이 지경에 이르게 하였으니, 모두 신의 죄입니다"라고 말하자 선조가 이렇게 답했다고 적고 있다.

"그렇지 않다. 옛사람 중에도 자사子思가 위衛나라에 있었으나 위나라의 영토가 깎이고 쇠약해짐을 면하지 못하였으며, 제갈공명諸葛孔明도 제대로 한실漢室을 흥복시키지 못하였다. 어찌 일률적으로 논할 수 있겠는가."

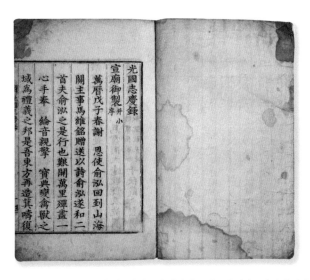

『광국지경록』, 종계변무가 바로잡힌 것을 축하하는 선조와 신하들의 시가 담겨 있다.

『선수실록』은 또 유성룡이 선조가 명 사신 앞에서 사퇴하겠다는 의사를 절대 표하지 말라고 적극 당부했다고 적고 있다.

한 주발의 술을 하사해 마시도록 명하고 일렀다.

"이것으로 서로 결별한다. 내일은 내가 명나라 사신 앞에서 사위辭 位할 것이다."

유성룡이 울면서 아뢰었다.

"명나라 조정에서 우리나라가 떨치지 못하는 것을 걱정하여 칙지 勅旨에 권면하고 책려責勵하는 뜻이 아닌 것이 없으니, 원컨대 성상께 서는 동요하지 마소서. 내일은 정말 그와 같이 해서는 안 되니 부디 참작하소서."

상이 답하지 않았다.(『선수실록』 26년 11월 1일)

『선수실록』은 "또 참소하는 말이 있어 '우리나라 사신이 중국에 들어가 유언비어를 퍼뜨려 중국 조정에서 의문을 갖고 이간하게 하였다' 했으니 상 역시 의심이 없을 수 없었다"라고 부기했다. 선조를 사퇴시키려는 정치세력이 있었다는 뜻이다. 선조는 유성룡이 광해군 편에 서면 자신은 물러날 수밖에 없다는 사실을 잘 알고 있었다. 유성룡 역시 선조가 최선의 임금이라고 생각하지는 않았다. 그러나 유성룡은 지금 선조를 사퇴시킬 경우 국가는 더욱 혼란스러워질 것이라고 보았다. 광해군이 즉위하면 '선왕파'와 '현왕파'로 나뉘어 극심한 정쟁이 벌어질 것이다. 경략 송응창이 바라는 게 바로 이것으로 이이제이의 일종이다. 유성룡은 일개 경략의 의도대로 국왕이 물러날 수는 없다고 생각했다. 유성룡은 선조 보호에 적극적으로 나섰다.

> 이튿날 대신이 백관을 거느리고 명나라 사신에게 정문呈文하여 본국의 사정을 차례로 진술하면서, 왕이 의리를 지키다가 침략을 당하게 된 것이고 잘못한 점이 있지 않다는 것을 말하였다. 유성룡이 또 유격 척금을 통하여 전위傳位하는 일은 매우 불가하다는 점을 은밀히 말하였다. 사신 사헌이 이때부터 상을 대하면서 예의가 상당히 깍듯해졌다.(『선수실록』 26년 11월 1일)

'의리를 지키다가 침략을 당하게 된 것'이란 말은 명나라를 보호하려다가 전쟁을 맞게 되었다는 뜻이다. 선조 나이 마흔둘, 물러나서 상왕으로 지내기에는 너무 젊었다. 게다가 재위한 지 26년이나 되는 임금이었다. 선왕 선조를 두고 광해군이 왕 노릇 하기는 쉽지 않은 것이었다. 명나라에서 선조를 내쫓고 광해군을 즉위시키려는 것은 파병을 계기로 왕위계승권까지 장악하겠다는 의도였다. 명 사신 사헌은 유성룡의 능력을 시험해보았다.

"가령 (원군 요청을) 윤허한다 해도 (명나라의) 선부宣府 · 대동大同 · 보정保定 등에서 징발한 군사가 미처 오기 전에 왜적이 쳐 올라올 텐데, 귀국은 어떻게 대처할 것인가?"

유성룡이 글로 써서 답했다.

"명군이 만약 일찍 나오지 않는다면 소방小邦에는 다른 방책이 없으니, 살아남은 자를 모아서 죽을 각오로 힘껏 싸워야 할 뿐이다."
(『선조실록』 26년 윤11월 15일)

이것 외에 다른 방책은 없었다. '죽을 각오로 힘껏 싸우는 것'뿐이었다. 그러나 이런 상황에서 사헌에게 줄을 댈 권력을 차지하려는 인물들이 있었다. 사헌이 선조를 사퇴시킬 것이란 소문이 돌자 그에게 줄을 댄 것이다.

하루는 사헌이 집정을 불러 일을 의논하려는데, 선생이 재신宰臣 여러 사람과 더불어 들어가니, 사헌이 단독으로 선생을 불러 측근을 물리치고 글을 써서 제시했다.

"당신네 나라에 아무 재신이 일을 주관하여 나라 일을 그르쳤다고 하는데, 그 말이 사실이오?"

선생이 곧 필답했다.

"이 사람은 저와 한 조정에서 일을 함께 한 사람입니다. 난리 중이라 분주한 수고로움은 있으나, 그 밖에 다른 것은 아는 바 없습니다."

사헌이 다시 써서 물었다.

"군자는 편당하지 않는다고 하였거늘 군자도 역시 편당합니까?"

선생은 매우 대답하기가 난처하였으나 곧 답변했다.

"설령 일에 잘잘못이 있다 해도 우리 임금께 말하지 어찌 감히 노야에게 고하겠습니까?"(『연보』)

문제의 본질은 명나라가 파병을 계기로 조선을 실제로 지배하려는 데 있었다. 조정을 둘로 갈라 지배하려는 의도였다. 유성룡은 사헌의 이런 의도를 알아차리고 '잘잘못이 있다 해도 우리 임금께 말하지 어찌 감히 노야에게 고하겠습니까'라고 물리친 것이다. 이로써 선조의 선위 계획은 없던 일이 되었다.

유성룡은 왕위를 굳건히 한 상태에서 명나라의 광해군 하삼도 경리안도 형식적으로 만족시키는 방식을 택했다. 사신이 서울에 있던 선조 26년(1593) 윤11월 19일 세자를 호남으로 출발시킨 것이다. 선조의 선위와 연관된 하삼도 경리안이면 대단히 소란스러웠겠지만 선조가 건재한 상태이니 소동은 벌어지지 않았다. 전체 국사는 선조가 총괄하고, 광해군이 하삼도의 일부 현안을 맡아 처리하는 형식으로 정리된 것이다. 유성룡의 일처리를 지켜본 사헌은 아주 흡족해했다. 그는 선조에게 이런 글을 올렸다.

유성룡 같은 의정議政은 충성스럽고 남달리 곧으며 인의롭고 독실히 도를 믿으므로 천조天朝의 문관·무장이 모두 국왕이 제일 좋은 상신相臣을 얻은 것을 경하합니다. 참으로 국정을 들어 이 신하에게 맡긴다면 어찌 국위國威를 떨치지 못하고 병기兵氣를 드날리지 못할 것을 걱정하겠습니까.(『선조실록』 26년 윤11월 15일)

사헌은 유성룡의 능력뿐만 아니라 인격에도 깊이 감복했다. 사헌이 귀국할 때 유성룡은 벽제까지 따라가 송별했는데, 『연보』에는 이때 "사헌이 손수 술을 따라 권하며 이별의 정을 표하고 떠났다"고 전한다. 유성룡에게 깊은 신뢰를 느낀 것이다.

경략 송응창을 실각시키다

사헌은 유성룡을 통해 사태의 핵심을 파악했다. 송응창과 이여송이 명 조정을 속이고 있다는 사실을 분명히 알게 된 것이다. 이것이 중요한 분수령이었다. 사헌은 1593년 12월 명 조정에 들어가서 "왜적은 떠나지 않고 대부분 조선 변경에 있다"는 내용의 상본을 올렸다고 『선조실록』 27년 2월 21일조는 전한다. 명나라 조정은 사헌의 보고로 비로소 송응창과 이여송이 조정을 속이고 있다는 사실을 확인하게 된 것이다.

그렇다고 유성룡이 사헌만 믿고 있지는 않았다. 그는 선조와 상의해 김수를 사신으로 보내 일본군이 아직 물러가지 않았는데, 송응창이 물러갔다고 거짓으로 보고한 사실을 알리기로 했다. 문제는 송응창이 사신 행렬을 수색해 자신에게 불리한 국서는 빼앗는다는 점이다.

그래서 선조는 12월 7일 "이번 적정에 대한 주문은 송宋(송응창) · 이李(이여송)에게 보여서는 안 되니 모쪼록 은밀히 가지고 가라는 내용으로 아울러 비변사에 이르고, 이에 대해 의논하여 아뢰게 하라"고 전교했다. 유성룡도 묘안을 냈다.

"김수의 사행은 수색당할까 염려스럽습니다. 신들도 이 점을 우려했기 때문에 앞서 역관에게 뒤떨어져 가지고 가게 하여 경략이 모르게 해야 된다는 내용으로 계품하여 하서下書한 바 있습니다. 그러나 주밀하게 하지 않으면 역시 누설되지 않는다고 보장하기 어려우니 이런 내용으로 다시 김수에게 하유하소서."(『선조실록』 26년 12월 25일)

진짜 국서는 사신 김수가 아니라 뒤떨어져 가는 역관에게 보내자는 방안이었다. 송응창 · 이여송이 주목하는 인물은 사신 김수였다. 김수와 함께 가는 역관도 아니고 뒤떨어져 가는 역관이 국서를 휴대하고 있다고는 생각하지 못했을 것이다. 『선조실록』은 유성룡의 이 주장에 대해 "상이 따랐다"고 적어 이 내용이 채택되었음을 말해주고, 『명사明史』「조선열전」은 유성룡의 계획대로 김수 일행이 국서를 빼앗기지 않고 북경까지 가져갔음을 전한다.

22년(1594) 정월, 김수 등을 파견해 방물을 바치고 사은했다. 예부 낭중 하교원何喬遠이 주청했다.

"김수가 울면서 말하기를 '왜구가 창궐하여 조선이 속수무책으로 칼을 받은 자가 6만여 명이나 됩니다. 왜구의 말이 패만하고 무도한데, 심유경이 왜와 교통하면서 화친이라 하지 않고 도리어 왜가 항복을 애걸한다고 했습니다. (……) 바라옵건대 급히 칙명을 내리셔서 봉공封貢을 중지케 하소서' 하였습니다."(『명사』,「조선열전」)

김수는 비밀국서 전달에 성공했다. 그러나 사신이 공식국서의 내용과 다른 내용을 전하면서 운다고 공식국서를 제쳐두고 사신의 주장을 채택할 수는 없었다. 명나라 신종은 병부兵部에서 의논해 처리하라고 말했다. 곧 송응창과 이여송 그리고 그 앞잡이 심유경이 조정을 속인 정상들이 드러났다. 심유경은 명 조정에 풍신수길을 일본 국왕으로 책봉하고 조공을 허락하면 문제가 해결된다고 보고했고, 송응창과 이여송은 일본군이 조선에서 모두 물러갔다고 덧붙인 것이다.

진실이 밝혀지자 그들은 위기에 처하게 된다. 대일강경파가 물러가지도 않은 일본군을 물러갔다고 허위로 보고했다며 그들을 탄핵한 것이다. 광동성 어사 당일붕唐一鵬이 대일강경파 중 한 명이다.

"심유경은 시정市井의 무뢰한으로 이익만을 꾀하는 자인데 그가 무슨 꺼리는 게 있어 하지 않는 것이 있겠습니까. 홀로 괴이한 것은 송응창, 이여송으로 나라의 후한 은혜를 받아서 추기樞機(군사 지휘권)를 쥐고 외정外征에 나갔으면 몸을 잊고 나라를 섬겨 황상皇上의 안녕을 빌고 종사를 태산같이 해야 마땅하거늘 한 가지도 제대로 못하면서 서로 다투어 기망欺罔(속이는 것)을 일삼아 황상으로 하여금 치욕을 사이四夷에 전하게 하고 비방을 후세에 남기도록 하였습니다."

한번 입이 열리자 송응창·이여송과 이들을 두둔한 병부상서 석성石星에 대한 비판이 봇물처럼 터져나왔다. 좌통정左通政 여명가呂鳴珂는 이렇게 말했다.

"이같이 조정에 가득 찬 나라를 위한 공론公論을 억압하지 마시고 더욱 신장시켜서 왜노倭奴의 흉사兇詐를 배척하는 정론을 돕게 하소서."

드디어 송응창과 이여송은 소환되고 계요총독薊遼總督 고양겸顧養謙이 새 경략이 되었다. 『선수실록』은 "경략 송응창이 탄핵을 입고 원적지로 돌아갔다. 병부시랑兵部侍郎 고양겸이 그를 대신하였는데, 그는 요동에 이르러서 압록강을 건너지 않고 사람을 차견하여 왕래시키기만 하였다"라고 전한다. 송응창보다는 낫지만 그 역시 적극적으로 일본군을 몰아낼 의지가 없었다. 결국 일본을 몰아내고 조선을 재건하는 일은 조선이 해야 한다는 뜻이다. 그리고 그 앞자리에 유성룡이 있었다.

11_ 국방정책

崔兵編伍

일반 백성은 모두 병역의 의무가 있었지만 양반 사대부는 면제되었다.

일반 양인良人들은 16세부터 60세까지 정병正兵과 봉족奉足으로 구성되는 병역의 의무를 졌지만

양반 사대부들은 그 대상에서 제외된 것이다. 노비들도 천인이란 이유로 병역에서 면제되었다.

유성룡은 이 부분에 손을 대지 않으면 근본적인 문제를 해결하기 어렵다고 판단했다.

그러나 이는 양반 사대부의 기득권에 손을 대는 것이라 극심한 반발은 불 보듯 뻔했다.

진관체제로 복귀하다

전황은 소강상태에서 변화가 없었다. 유성룡은 새 경략 고양겸에게 회보回報하는 차부箚付에서 선조 27년(1594)의 전황에 대해서 이렇게 설명했다.

　　금년 정월부터 적의 형세는 전년과는 좀 달라졌습니다. 비록 적은 전처럼 서생포 · 기장 · 동래 · 부산 · 김해 · 웅천 · 거제 등에 머물러 버티고 있으나 약탈은 좀 줄었습니다. 오직 적의 괴수 가등청정의 부하로 임랑포林浪浦에 있던 자가 경주를 뺏으려다가 우리 병사들에게 단번에 쫓겨 갔을 뿐입니다.(「고 경략에게 회보하는 차부」)

휴전 비슷한 상태였다. 언제 다시 전쟁이 격화될지는 알 수 없었다. 영의정과 도체찰사를 겸임한 유성룡은 이 소강상태를 어떻게 보내는가에 조선의 미래가 달라진다고 보았다. 가장 중요한 과제는 둘인데 국방력 강화와 민생 안정이었다. 사실 이 둘은 하나다. 민생이 안정되어야 국방력이 강화되는 것이다. 유성룡이 이 두 가지를 동시에 추진한 것은 이 때문이다.

국방력을 강화하기 위해서는 제승방략체제를 다시 진관체제로 바꾸어야 했다. 임란 발발 6개월 전에 유성룡이 주장한 진관체제 복귀가 무산되면서 유성룡의 예견대로 조선은 '토붕와해土崩瓦解의 지경'에 이르렀다. 유성룡은 진관체제로 다시 복귀해야 한다고 주장했다.

> 가령 경상도를 말하자면, 동래진에 소속된 10여 읍의 군사를 공사천과 잡류雜類를 논할 것 없이 모두 동원하여 군사를 삼으면 그 수가 7, 8만에 이릅니다. 설혹 불행하여 패하더라도 또 대구 진관의 군사가 있어 중간에서 막으며, 경주와 진주의 군사가 좌우의 날개가 되어 적을 막을 수 있습니다. (……) 적이 비록 한 겹을 뚫더라도 또 한 겹이 있으니, 어떻게 열흘 사이에 천 리를 횡행하여 도성에 곧바로 나아가 무인지경을 밟는 것같이 하는 데 이르겠습니까?(「진관제도를 재정비하여 거행하도록 청하는 계」)

유성룡의 말대로 진관체제는 동래가 패하면 대구에서 막고, 대구도 패하면 상주에서 막을 수 있는 체제다. 유성룡은 이 계사에서 "제승방략은 처음으로 을묘왜변乙卯倭變에서 나타났습니다. 이는 한때의 위급함을 구하는 계책으로 적은 수의 적을 대응하는 데만 겨우 쓰일 뿐이고 대적을 방어할 술책이 아님을 알지 못하였습니다"

라고 말했다. 명종 10년(1555) 왜구들이 60여 척의 배를 이끌고 전라도를 공격한 것을 을묘왜변이라 부르는데, 이때 이윤경李潤慶을 방어사로 삼아 왜구를 격퇴하고, 비변사를 상설기관으로 삼았다. 을묘왜변 같은 국지전에는 제승방략체제가 효과적이다. 많은 병력을 특정 전투지역에 집중할 수 있기 때문이다.

그러나 임진왜란 같은 전면전에는 큰 결함이 있는 군사체제다. 유성룡은 "중세中世 이후에 좋은 법과 제도가 모두 폐지되고 떨어져서, 사대부는 다만 문장의 화려함을 다듬고 헛된 말만 꾸미기에 힘쓸 뿐 세상을 다스릴 생각에는 조금도 뜻을 두지 않았습니다"라며 "각 도에 명하여 진관제도를 더 닦게 하소서"라고 진관제도 부활을 주청했다. 『선조실록』 27년(1594) 3월 29일조는 유성룡의 계사를 받은 선조가 "지극한 말이다. 그대로 시행하는 것이 마땅하다"라고 말했다고 전한다. 진관체제가 뒤늦게 복귀된 것이다.

양반도, 천인도 병역의무를 져야 한다

진관체제가 부활했다고 문제가 해결된 것은 아니다. 제승방략이든 진관이든 군사가 있어야 실시할 수 있는 제도다. 그러나 조선은 군사가 없었다. 일반 백성은 모두 병역의 의무가 있었지만 양반 사대부는 면제되었다. 일반 양인良人들은 16세부터 60세까지 정병正兵과 봉족奉足으로 구성되는 병역의 의무를 졌지만 양반 사대부들은 그 대상에서 제외된 것이다. 노비들도 천인이란 이유로 병역에서 면제되었다. 유성룡은 이 부분에 손을 대지 않으면 근본적인 문제를 해결하기 어렵다고 판단했다. 그러나 이는 양반 사대부의 기득권에 손을 대는 것이라 극심한 반발은 불 보듯 뻔했다. 그러나 이 모순을 해결하지 않고 전란을 극복할 수는 없었다. 그래서 유성룡은 이 부분을 과감하게 개혁했다.

속오군束伍軍이 그중 하나다. 척계광의 『기효신서』에 따라 중앙에는 훈련도감, 지방에는 속오군을 설치했는데, 속오군에는 양인良人뿐만 아니라 천민賤民과 양반까지 포함시킨 것이다. 비변사에서 선조 30년 11월 16일에, "속오군에 (……) 천인뿐만 아니라 양반兩班·유사儒士·아전衙前의 무리로 토목土木의 역사를 견디지 못하는 자까지도 그 속에 섞여 있습니다"라고 보고한 것이 이를 말해준다.

양반과 천인이 한 부대 내에 섞여 있다는 것은 혁명적 변화였다. 양반은 신분상의 특권을 이유로, 천인은 양반들의 사유물私有物이란 이유로 모두 병역의무에서 벗어나 있었다. 전혀 다른 이유지만 본질은 하나였다. 양반 사대부의 특권이었다. 유성룡은 양반에게도 병역의무를 지우려 했다. 반발이 거셀 것은 불문가지였다. 선조 28년 (1595) 11월 26일, 유성룡은 「함경도 감사와 병사에게 지시하는 공문」을 보내 양반과 천인을 막론하고 모두 속오군에 편입시키라고 지시했다.

> 병졸을 교련시키는 한 가지 일은 조금이라도 늦출 수가 없으니 출신出身(과거 급제 후 출사하지 못한 사람)·양반·서얼庶孽·향리鄕吏·공천公賤·사천私賤을 논할 것 없이 장정으로 실제 군사가 될 만한 사람은, 사목事目(규칙)에 의거하여 모두 대오隊伍(군대)로 편성하여 그 부근의 각 리里에 거처하도록 하고, 각각 묶어 몇 대隊가 되도록 하며,

한편으로는 병기를 조치 준비하여 새로 훈련을 하도록 하라.(『군문등록』, 「함경도 감사와 병사에게 지시하는 공문」)

'출신 · 양반 · 서얼 · 향리 · 공천 · 사천을 논할 것 없이'라는 말은 일체의 신분을 따지지 말고 모두 군적에 포함시키라는 뜻으로 이는 조선 군사제도의 혁명적 변화였다.

개국 초에는 양반들도 병역의무를 졌다. 그런데 중기까지 전쟁이 없는 평화 시대가 오래 지속되다 보니 관아에서는 백성들에게 병역의 의무를 지우는 대신에 포布(무명이나 베)를 받고 군역을 면제해주는 편법을 선호했다. 관아에서는 납부받은 포보다 낮은 가격에 다른 사람을 고용해 군역의무를 지우면서 중간 차액을 다른 곳에 사용했다. 이를 '방군수포제放軍收布制'라고 하는데 물론 불법이었다.

그러나 대부분의 지방 관아에서 암묵적으로 시행했으므로 피할 수 없는 추세가 되어 중종 36년(1541)에는 군적수포제軍籍收布制란 명칭으로 합법화되었다. 문제는 양반 사대부들이 합법적으로 군역에서 면제되었다는 점이다. 중인들은 따로 신역身役이 있었으므로 결국 일반 농민들만 병역의무를 져야 했다. 군역의무에서 면제된 양반들은 군포 납부의 의무도 없었다. 더구나 군적수포제가 실시된 후에는 군포를 내느냐 내지 않느냐가 양반과 일반 양인을 가르는 기준이 되었다. 군역의무에서 면제된 양반이 사회의 지배층이 되는 가치관 전도현상이 발생한 것이다. 이러니 농민들이 나라를 위해 목숨을 바칠 이유가 없었다. 군역 명부에는 등재되어 있어도 막상 전쟁이 터지자 모두 도망간 것은 이 때문이다.

유성룡이 양반 종군從軍을 밀어붙이자 양반들은 거세게 반발했다. 그러나 유성룡은 이에 굴하지 않고 노비들의 종군까지 밀어붙였다.

양반들은 자신들은 물론 노비들의 병역의무도 반대했다. 노비들은 자신들의 재산이기 때문이다. 양반 종군과 천인 종군은 방식이 달라야 했다. 양반 종군은 당연한 의무지만 천인 종군은 반대급부가 따라야 했다. 가장 큰 반대급부는 면천免賤(천인 신분에서 면제되는 것)이었다.

유성룡은 면천을 조건으로 군사를 모집하면 천인들이 대거 입대할 것이라고 판단했다. 나라는 군사 수를 늘려서 좋고 노비들은 면천되어서 좋은 일거양득의 방안이었다. 노비 충군充軍 방안은 임란 전인 선조 6년(1573)에 율곡 이이가 주장한 것이기도 하다. 그는 양인良人 부친과 천인賤人 모친 사이에서 태어난 자식들이 모두 천인이 됨으로써 군정軍丁(병적에 있는 장정)이 날로 줄어든다며 신분법을 개정해 양인의 숫자를 늘려야 한다고 주장했다. 이 혁신적 주장은 『선수실록』 6년 9월 1일조에 "끝내 의논이 일치되지 않아 중지하고 시행하지 않았다"라고 전하는 대로 무산되고 말았다. 물론 양반 사대부들의 반대 때문이었다. 천인을 양인으로 만들어 군정軍丁을 늘리려던 시도가 물거품이 된 것이다.

이이는 선조 16년(1583) 병조판서로 있을 때도 여진족이 경원부慶源府를 함락시키자 다시 서얼이나 공·사 천인들에게 신분상승을 조건으로 국경 방어에 나서게 하자고 주장했다. 여진족과 싸우는 최전선인 육진六鎭 근무를 자원할 경우 만 3년 근무하면 '서얼은 과거에 응할 수 있도록 허락하고, 공·사천은 종량從良하되, 사천인 경우에는 공천으로 대신 충급하자'고 주장한 것이다. '사천은 공천

쌍성 승욱문 여진족의 유적지로 중국 흑룡강성 하얼빈시 남서쪽에 있다.

으로 충급한다'는 것은 사노비가 근무를 자원할 경우 공노비로 그 주인에게 보상해주자는 뜻이다. 그러나 이것도 역시 양사兩司를 비롯한 양반 사대부들의 반대로 무산되고 말았다. 북방에서 전운이 감도는데 양반들은 사대부 계급의 이익 보호에만 신경 쓴 것이다.

　이때의 여진족 문제는 국지전이기 때문에 노비를 충군시키지 않아도 난국을 극복할 수 있었다. 그러나 지금은 달랐다. 유성룡은 양반 종군과 노비 충군을 실현하지 못하면 개국 이래 최대의 난국을 극복할 수 없다고 판단했다. 그는 자신의 모든 것을 걸고 국방개혁을 단행하기로 결심했다. 자신의 자리를 걸고 추진하기로 한 것이다.

　지금 사람을 뽑아 쓰는데, 공사천인公私賤人 · 아전衙前 · 서자庶子 할 것 없이 모두 정밀하게 뽑고, 국가에서는 그들의 처자를 유달리 위안하며, 무기와 말과 식량을 주어 용맹스러운 장수에게 배치하소서. 그중에서 기능과 용맹이 출중한 사람은 군공을 따져 벼슬을 주기도 하고 더러는 금군禁軍에 소속시켜 그들을 흥기시키고 꺼려 피하는 마음을 없게 하며 상시로 훈련해야 합니다. 만약 변란이 일어났다 하면 즉시 출동하여 싸움터로 나가도록 해야 할 것입니다.(『근폭집』, 「정병을 선발해 훗날을 도모하기를 바라는 장계乞抄擇精兵以爲後圖狀」)

　공사천인 · 아전 · 서자 등을 모두 군사로 선발하자는 주장이다. '그들의 처자를 유달리 위안'하자는 말은 가솔들의 숙식을 국가에서 돌보자는 뜻이다. 나아가 군공을 세우면 벼슬도 주고, 국왕 경호부대인 금군에도 소속시켜 자부심을 갖게 하자는 것이다.

　유성룡의 주장대로 시행됐다면 조선의 국방력은 획기적으로 강화되었을 것이다. 그뿐 아니라 신분제에도 혁명적 변화가 일었을 것이다. 양인의 수효는 획기적으로 늘어나고 천인 중에서 군공을 세워 벼슬하는 경우까지 생겨났을 것이다. 천인 종량은 노비에 대한 양반의 사적 지배를 국가의 공적 지배로 전환하는 것이니 임금이 반대할 이유가 없었다. 선조는 재위 26년(1593) 6월 14일 이 문제에 대해 하교했다.

　"우리나라는 예로부터 무략武略이 강하지 못하고 병력도 미약하다. 대체로 공·사천은 그 수가 군정보다 많을 터인데, 이름이 병적兵籍에 오르지 않았다. 공천(공노비)은 그래도 공가公家(관가)에서 부역하지만 사천은 유사有司(관리)도 감히 어쩌지 못하여 국내의 일종인一種人(특별한 존재)이 되었으니, 이는 고금 천하에 없던 일이다. (……) 공·사천에게도 삼의사三醫司(제생원·전의감·혜민국)가 잡과雜科를 보는 것처럼 무재武材를 시험해 합격한 자는 즉시 양민으로 삼아 우림위羽林衛(국왕 경호부대)에 예속시킨다. 사천은 그 주인이 유생이면 벼슬을 제수하고 서얼은 허통許通하고, 공천이면 모두 양민이 되게 한다. (……) 이와 같이 하면, 몇 해 지나지 않아 독려하거나 권장하지 않아도 온 나라의 공·사천이 모두 무술을 익혀 정병精兵이 될 것이다. (……) 어떠할지 자세하게 상의하여 아뢰라."

노비들을 대상으로 과거를 실시해 합격한 자는 양민으로 삼아 우림위에 예속시키고, 노비 주인들이 반대할 것이므로 주인들에게도 벼슬 등의 혜택을 주자는 것이다. 비변사는 대체적으로 찬성하면서 더욱 자세한 규정을 만들자고 회계回啓했다. 도체찰사 유성룡의 방안이기도 했다.

"우리나라 사족士族의 집에는 노복이 천 명 또는 백 명이 있는데 관병은 날로 축소되고 있으니, 이것이 비록 오래된 풍속으로 졸지에 변경할 수 없다고는 하나 이들을 군적에 포함시켜 군사 훈련을 실시하는 것은 조금도 늦출 수 없습니다. 공·사천을 막론하고, 삼의사의 잡과와 같은 예로써 설과設科하여, 뽑힌 자는 즉시 양인으로 삼아 우림위에 예속시키라는 것은 바로 위급한 때를 구제하는 거사로서 지당합니다……"(『선조실록』 26년 6월 14일)

선조가 동조하자 유성룡은 노비들에게 과거를 실시해 합격하면

양인으로 상승시켜 우림위에 예속시키는 방안을 비롯한 노비 충군
방안을 밀어붙였다. 그러자 노비 주인들은 결사적으로 반대했다.
나라가 망하는 한이 있어도 자신의 노비는 군사가 될 수 없다는 사
대부들의 극단적 계급 이기주의였다.

상이 일렀다.
"이러한 때를 당하여 병사를 기르지 말자는 말이 어찌 입에서 나
올 수 있겠는가."
유성룡이 아뢰었다.
"다른 일은 돌아보지 말고 병사를 기르고 식량을 비축하는 것만을
10여 년만 집중하면 왜적을 방비할 수 있습니다. 우리나라는 전에는
공·사천은 병사가 될 수 없었지만 오늘날은 적병이 날뛰니 공·사천
도 병사가 되어야 합니다."
"우리나라는 모든 일이 인정에 끌리니 사천은 병사가 되기 어려울
듯하다."
"상께서 만약 하신다면 어찌 이 지경에야 이르겠습니까. 낙 참장
도 우리나라 공·사천 제도가 잘못되었다고 말했습니다."
상이 일렀다.
"우리나라가 일을 일답게 못한 지가 오래되었다."
삼경三更에 파하고 나갔다.(『선조실록』 27년 2월 12일)

선조가 '사천은 병사가 되기 어려울 듯하다'라고 한 걸음 물러서
자 유성룡은 명나라 참장 낙상지의 말까지 언급하며 강행해야 한
다고 주장한 것이다. 이는 국가체제를 근본적으로 변혁시키는 일

264

이었다. 노비가 양인이 되면 납세와 병역의 의무를 지게 된다. 노비는 양인이 되어서 좋고, 국가는 재정이 튼튼해지고 국방력을 강화시킬 수 있어서 좋았다. 이는 신분제의 완화를 바라는 시대적 흐름과도 맞았다. 선조는 사노비 충군에서는 한발 물러나려고 했지만 유성룡은 사노비가 배제된 노비 충군은 별의미가 없다고 생각했다. 공노비는 국가에서 명령하면 그만이었다. 사노비가 충군되어야 국방력이 강화되고 신분제에도 획기적 변화가 오는 것이다. 그래서 유성룡은 다시 사노비 충군론을 제기했다.

유성룡이 아뢰었다.

"공천·사천을 막론하고 모두 군사로 편입시켜야 됩니다."

상이 일렀다.

"적이 물러간 다음 그 주인이 찾아간다면 훈련도감의 호령도 시행되지 않을 것이다."

"적이 물러간 뒤를 기다릴 것도 없이 지금도 그러합니다."

상이 일렀다.

"이미 노주(노비와 주인)의 분의分義가 있으니 그 상전上典이 잘 조처하여야 할 것이다."

유성룡이 아뢰었다.

"어찌 사람마다 좋게 할 수 있겠습니까. 지금은 처첩妻妾까지도 항오行伍(군대)에 편입해야 할 때입니다. 국초에 김종서는 대간으로 있다가 하향下鄕한 사람까지도 군역軍役을 정하고자 했다 합니다. 지금이 어느 때인데 감히 노주를 따지겠습니까."(『선조실록』 27년 2월 27일)

지금도 훈련도감에 소속된 군사들을 노비 주인들이 데려간다는 뜻이다. 이 경우 조선의 법은 노비 주인의 손을 들어주었다. "어찌 사람마다 좋게 할 수 있겠습니까"라는 말은 국익과 노주의 이익 중 하나를 선택해야 한다고 주장한 것이다. 김종서는 대간으로 있다 가 하향한 사대부들까지 군역에 넣자고 했는데, 어찌 그 노비를 충 군시키지 않겠느냐는 뜻이다. 유성룡은 온갖 반대를 무릅쓰고 양 반 종군과 노비 충군을 밀어붙였다. 그래서 유성룡이 집권하고 있 을 때는 실제로 천인들이 벼슬에 등용되었다. 유성룡은 먼저 군사 를 뽑는 방법을 지시했다.

"병졸을 교련하는 일은 반드시 먼저 초관哨官을 골라 뽑고, 그로 하여금 스스로 기총旗總을 골라 뽑도록 하며, 기총은 대총隊總을 정 하고, 대총은 군사를 뽑도록 한다."(『군문등록』, 「경기도 순찰사에게 지시 하는 공문」, 선조 28년 12월 14일)

초관은 기총을 뽑고, 기총은 대총을 뽑고, 대총은 일반 군사를 뽑아 부대가 일체감을 갖게 하자는 방안이었다. 유성룡이 작성한 『진관관병편오책鎭管官兵編伍冊』을 살펴보면 과거에는 상상하지도 못 한 변화가 눈에 띈다. 노비 출신들이 군적에 등록되어 있는 것은 물론 군의 하급 간부인 대총에 임명되는 경우가 적지 않았다. 우영 장 군자 주부右營將軍資主簿 최준崔浚 휘하의 여러 기총들과 대총들, 일 반 군사들의 명단을 살펴보면 이를 알 수 있다. 1기총 박덕남朴德男 산하에는 3개의 대총이 있는데, 2대총 송이松伊와 3대총 춘복春卜이 모두 종奴 출신이다. 종 출신이 하급 간부가 된 것이다. 1대총 산하 11명의 병사 중에는 종 출신이 무려 8명이었다. 2대총은 6명, 3대 총도 8명이 종 출신이다. 전체 33명의 병사 중에 종 출신이 무려 22

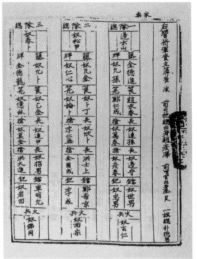

진관관병편오책 유성룡이 작성한 것으로 노비 출신들을 하급 장교로 배치한 것이 눈에 띈다.

명이나 되는 것이다. 2기총도 마찬가지여서 2대총 영수永守가 종 출신이었다. 2기총 33명의 병사 중에도 종 출신이 21명이나 되었다. 유성룡이 작성한 이 편성표는 노비 출신들이 없었다면 조선은 임란을 극복하기 어려웠을 것이라는 사실을 말해준다.

유성룡의 천인 충군론賤人充軍論은 당연히 사대부들의 격심한 반발을 샀다. 유성룡이 임란을 극복한 가장 큰 공신인데도 훗날 반대 당파의 집요한 공격으로 쫓겨난 배경에는 바로 노비 충군에 대한 불만이 있었다. 유성룡이 노비 충군론으로 사대부들의 계급적 이익에 정면도전했기 때문이다.

서인 영수이자 병조판서인 이이가 선조 6년과 16년에 제기한 것이 천인 충군론이고, 남인 영수이자 영의정·도체찰사인 유성룡이 전란 중에 제기한 것도 천인 충군론이다. 계급적 이해와 당파를 떠

나서 바라본 세상은 같은 것이다. 그러나 계급적 이해와 당파의 시
각에서 바라본 유성룡은 사대부 계급의 이익에 손을 댄 사대부 계
급의 적일 뿐이다.

노비 충군에 대한 반발

선조 28년(1595) 전 형조참의 유조인柳祖訒이 상소를 올려 유성룡의
군사정책 전부를 비판하고 나섰다. 유조인의 상소는 남아 있지 않
으나 유성룡의 「유조인의 상소에 대한 회계回啓」가 남아 있어 대략
의 전모를 알 수 있다.

　"(……) 유조인이 상소하여 시폐를 진달하였는데, 그 성의는 칭찬
할 만하며, 그 가운데는 쓸 만한 말도 많이 있기는 하지만 그가 주
장하는 포수砲手와 살수殺手는 우리나라의 장기가 아니므로 전진戰陣
에서는 소용이 없다는 것과 아울러 사천까지 병사로 뽑는 것은 실
책이라고 힘을 다하여 진달한 것에는 신이 원래부터 다른 소견을
갖고 있습니다."(『근폭집』,「유조인의 상소에 대한 회계」)

　유조인의 상소에 대해 유성룡이 반박하는 것은 크게 두 가지다.
하나는 유조인이 조선군에는 포수(대포와 조총을 쏘는 병사)와 살수(긴
창을 쓰는 병사)가 필요 없다고 말한 대목이고, 다른 하나는 사천을
병사로 뽑는 것에 대한 비판이다. 사실 이 둘은 같은 문제다. 훈련
도감에는 많은 노비들이 소속되어 훈련을 받고 있었다. 유조인의
상소는 훈련도감과 노비 충군의 동시 혁파를 바라는 사대부들의
이해를 대변했다.

유조인은 신무기를 쓰지 말고 옛날처럼 활과 화살만 쓰자고 주장했다. 유성룡이, "그가 또 말하기를 '우리나라의 벼슬을 한 지식층과 일반 민간인들까지 포수와 살수를 가리켜, 한바탕 웃음거리로 여기지 않는 사람이 없다'고 하였는데, 이 말은 과연 그러한 실정입니다"라고 말한 대로 많은 사대부들은 유성룡의 신무기 도입에 저항하고 있었다. 새로운 것에 대한 거부였다.

지금 국가가 파멸破滅된 후에는 마땅히 지난날을 경계하여 뒷날에 닥쳐올 화란을 조심하고, 무너진 체제를 아주 새롭게 하여 밤낮으로 병기를 제작하고, 군신과 상하가 큰 일이나 작은 일이나 서로 손바닥을 치면서 국사를 의논하고, 짧은 시간을 아껴서 원수를 갚고 수치를 씻기 위해 마음을 먹어야 하는데도, 유조인은 도리어, '군사를 훈련하는 것은 서둘러 해야 할 일이 아니다'라고 말하였으니 여기서 또한 그의 말이 세상일에 어둡고 시무에 적합하지 않다는 것을 알 수가 있습니다.(『근폭집』,「유조인의 상소에 대한 회계」)

선조 28년의 상황은 종전이 아니라 휴전 중이었다. 더구나 일본군은 물러간 것이 아니라 남해안을 중심으로 성을 쌓고 조명연합군과 대치하고 있었다. 언제 다시 전쟁이 발발할지 모르는 상황이었다. 이런 상황에서 '군사를 훈련하는 것은 서둘러 해야 할 일이 아니다'라고 말한 저의에는 사대부들의 소유인 노비들을 군사로 충군하는 데 대한 불만이 깔려 있는 것이다. 유성룡은 이런 논리에 강하게 반발했다.

사천을 군사로 만드는 데 따르는 폐단에 대해서 현재까지의 관습으로 논한다면 이런 말이 있을 수도 있겠지만, 천하 일반 사회의 도리로 말한다면 사천만은 유독 국민이 아니란 말입니까? 우리나라는 원래 지역이 협소한 데다 그 사이를 양반과 상인常人으로 나누어, 귀천의 구분이 있으니 이른바 사천이란 것이 날마다 불어나고 달마다 번성하여 천만의 무리를 이루었으나 한 사람도 군역에 종사하는 자가 없었습니다. 반면에 양민들은 각종 부역이 번거롭고 무거워서 살아갈 수가 없어 달아나고 흩어져 졸지에 서울과 지방의 양민들은 모두 개인의 사문私門으로 들어가게 되어 공후公侯(양반 사대부)들의 집은 모두 공봉供奉을 받지만 공실公室(국가나 관아)에는 백성이 없게 되었습니다. (……) 이런 까닭에 선현들도 전지田地를 제한하고 노비를 제한하는 법을 시행하려고 하였으니, 그 생각은 먼 앞일을 염려한 것입니다.(『근폭집』,「유조인의 상소에 대한 회계」)

중종 때 조광조를 비롯한 사림파들이 '전지와 노비를 제한하려고 한 선현'들이다. 중종 14년(1519) 사형당한 조광조가 76년 만에 살아 돌아온 셈이었다. 평소 타인에 대한 비난을 자제하던 유성룡답지 않게 이 문제에는 목소리를 높였다.

지금의 실정은 사직이 폐허가 되었고, 백성들이 다 죽어가고 있습니다. (……) 어려운 걱정이 눈앞에 가득하여 뜻이 있는 인사는 눈물을 흘려야 할 터인데도, 무식한 무리들은 이따금 그의 노복奴僕이 병역에 나가는 것을 싫어하여, 입을 벌려 이의異議 선동하는 것이 이르지 않는 데가 없습니다……

당나라 역사를 살펴보니, "장순張巡과 허원許遠이 수양성을 지킬 때 장순은 자기의 애첩愛妾을 죽여서 삶고, 허원도 아끼는 노복奴僕을 죽여서 그 고기를 군사들에게 먹였다"고 하는데, 두 장수는 벌레도 함부로 죽이지 않은 어진 군자들인데도, 유독 사랑하는 첩과 노복에게는 차마 못할 짓을 하고 말았으니, 이것이 어찌 사람의 정리情理로 할 수 있는 일이겠습니까? 진실로 나라 일이 지극히 중대하기 때문에, 다른 것을 돌아볼 겨를이 없었기 때문입니다. 이를 오늘날 자기의 몇 사람 안 되는 노복을 아껴 국가의 큰 계책을 그르치려고 하는 사람과 비교해본다면, 누가 어질고 누가 어질지 못한 것입니까? 만약 천인들은 사적仕籍(벼슬)에 등용할 수가 없다고 한다면, 한漢나라 때 위청衛靑은 노복에서 발탁되어 출세했고, 김일제金日磾는 항복한 부로俘虜(흉노)에서 발탁되었지만 후세에 이를 옳지 않게 여기는 사람이 있다는 말은 듣지 못했습니다. 더구나 당시는 인재가 많았다고 일컫던 때이니 이는 또한 무엇을 의미하겠습니까?(『근폭집』, 「유조인의 상소에 대한 회계」)

『자치통감資治通鑑』 「당기唐紀」에 따르면 장순과 허원은 강회江淮의 요충지인 수양성睢陽城을 지킬 때 양식이 떨어지자 다지茶紙를 먹다가, 이것이 떨어지자 군마軍馬를 잡아먹고, 이것도 없어지자 새와 쥐를 잡아먹었다. 그마저 떨어지자 장순은 애첩을 죽이고, 허원은 노복을 죽여서 군사를 먹이고, 그 후에는 성안의 부인과 노약자를 찾아내 군사를 먹였다는 기사다. 유성룡은 자신의 애첩과 노복을 죽여서 군사를 먹인 당나라 지배층과 노복들을 군대에 보내지 않으려고 반발하는 조선의 지배층 중 누가 올바른지 물은 것이다.

벼슬길에 나가는 노비들

여기에서 유성룡이 '천인들도 사적仕籍에 등용할 수 있다'면서 한나라의 위청과 김일제를 예로 든 것은 중요한 의미를 갖는다. 천인들을 종량시키는 데 그치지 않고 벼슬까지 주려 했기 때문이다. 노비를 인간이 아니라 재산 취급 하던 양반 사대부들의 의식과 비교하면 혁명적 발상이다.

유성룡의 이런 생각은 선조 28년(1595)에 처음 싹튼 것이 아니다. 임란 초기에 이미 이런 생각을 갖고 있었다. 「명군이 퇴각하여 평양에 주둔한 뒤 군중軍中의 할 일에 대해 아뢴 서장」에서 이를 제안한 데서 알 수 있다. 명장 이여송이 평양으로 퇴각한 선조 26년(1593) 1월 말에서 서울을 수복한 4월 사이에 작성한 서장이다.

우리나라에는 공사 노비가 너무 많은데, 양민은 날로 줄어들고 군사의 수효도 많지 않으니, 지금 바로 변경하여 시행하소서. 신의 생각으로는 별도로 시상 조문을 만들어 지난날의 예를 따르되 조금 가감하여 양민은 적의 머리를 1급級 이상, 서얼은 2급, 공사천인은 3급을 각각 얻으면 과거합격으로 인정하는 것입니다. 미리 홍패紅牌(과거합격증)를 공명고신空名告身(이름을 비워둔 관직임명장)처럼 만들어서 원수元帥의 관부에 보냈다가, 적의 머리를 베어온 자는 그 진위를 확인하여 정말 적의 머리가 틀림없고 급수가 차면 곧바로 홍패를 주소서. 이와 같이 하면 비록 끓는 물에 들어가고 불길을 밟더라도 전력을 다해 적을 무찔러 열흘도 채 못 가서 적의 수급이 쌓여 경관京觀(적의 시신을 쌓아놓은 탑)이 될 것입니다. 이것이야말로 지금의 급선무이고 신의 생각만이 아니라 뭇 인심이 그러하므로 감히 말씀드리지 않을 수 없습니다.(『진사록』, 「명군이 퇴각하여 평양에 주둔한 뒤 군중軍中의 할 일에 대해 아뢴 서장」)

일반 양민은 적군을 한 명만 죽이면 과거합격으로 인정하고, 서얼은 두 명, 공사천인은 세 명 이상을 죽이면 과거합격으로 인정해 홍패 같은 공명첩空名帖을 주자는 것이다. 공명첩을 받는다는 것은 과거에 합격한 양반이 된다는 것을 뜻한다. 유성룡의 이런 방안은 군공을 세운 자들을 포상하는 군공청軍功廳에 의해서 법제화되기도 했다.

군공청이 아뢰었다.
"공천과 사천에 대해서는 적의 참수斬首(목을 벰)가 1급이면 면천시키고, 2급이면 우림위를 시키고, 3급이면 허통시키고, 4급이면 수문장守門將에 제수하는 것이 이미 규례로 되어 있습니다. 그리고 이미 허통되어 직이 제수되었으면 사족士族과 다름이 없어야 마땅합니다."
(『선조실록』 27년 5월 8일)

천인이 왜적 한 명의 목을 베면 면천되고 왜적 네 명의 목을 베면 수문장이 될 수 있었다. 이런 조치가 내려지자 천인들이 일본군 사냥에 나선 것은 당연했다. 『선조실록』 27년 5월 8일조에는 "적을 참수한 수급이 10~20급에 이르는 경우가 있는데 사목대로 논상한다면 사노 같은 천인도 반드시 동반東班(문관)의 정직正職에 붙인 뒤에 그만두어야 하니 관작官爵의 외람됨이 이보다 더 심한 경우가 없습니다"라고 반대하는 구절이 있다. 사노가 왜적의 머리 10~20급을 베면 동반 정직을 주어야 하는데, 벼슬 주는 것이 이처럼 심할 수가 없다는 반발이었다. 왜적의 수급 10~20급에 초점이 맞춰져 있는 것이 아니라 노비가 어떻게 벼슬을 하느냐는 데 맞춰진 반발이었다. 그러나 유성룡은 노비도 공을 세우면 벼슬을 해야 한다고 주장했다.

그리고 실제로 그런 사례가 있다. 같은 사료에서 "그뿐 아니라 재인才人·백정白丁·장인匠人·산척山尺 등의 천류賤類라 하더라도 직급을 뛰어넘어 높은 관직에 오르고 있습니다. 바로 장오돌張吾乭이 그런 사람인데, 물정物情이 온당하게 여기지 않고 있습니다"라고 비판한 것이 이를 말해준다. '온당하게 여기지 않는 물정'이란 물론 양반 사대부들의 여론을 뜻한다.

유성룡이 민정과 군정을 총괄하면서 신분제에는 커다란 변화가 일어났다. 천인들이 적극적으로 싸움에 나서면서 전세는 바뀌고 있었다. 일본군이 수세에 몰리게 된 것이다. 신분의 한을 풀기위해 싸우는 군사들이 용감하게 싸우는 것은 말할 나위가 없다. 의병 중에 농민·천인들이 대거 가담한 것은 유성룡의 이런 정책 때문이다.

유성룡은 직접 천민 출신을 발탁하기도 했다. 신충원辛忠元이 그런 인물이다. 유성룡은 선조 26년(1593) 8월 도체찰사로 남쪽 시찰에 나섰을 때 조령에 관문을 쌓는 것이 중요하다고 생각했다. 이런 과정에서 만난 인물이 신충원이다.

"내가 계사년(선조 26)에 남도를 왕래하면서 다시 조령의 형세를 살피고 관문關門을 설치하려고 했다. 관문 양쪽에 복병伏兵을 두어야 적병을 막을 수 있을 텐데 군읍郡邑이 모두 파괴되어 이 일을 처리할 사람이 없었다. 그런데 충주 사람 신충원辛忠元은 과거 의병으로서 조령에서 매복하고 있다가 적병賊兵을 쳐서 목을 베고 사로잡아 그 군공軍功으로 수문장에 임명되었는데, 조령 일대의 길을 자세히 알고 있었다. 그가 가기를 청하므로 내가 임금에게 아뢰었다."
(『잡저』, 「조령에 산성을 축조하다」)

선조 27년 10월조는 신충원을 '미천한 사람'이라고 적고 있고, 선조 34년에는 이항복이 신충원을 '그 지방의 지극한 천인'이라고 말하는 것으로 봐서 신충원은 천인이다. 군공청의 계사에 '적의 목 4급이면 수문장에 제수한다'고 했으므로 그 이상의 왜적을 베어 수문장에 오른 것이다. 그런 신충원을 유성룡이 선조에게 직접 천거했다.

"지금 수문장 신충원이란 사람은 충주 사람으로 임진년 여름에 신립의 군사가 패한 뒤 민병과 승군을 모집하여 조령과 단월丹月 사이에 매복하여 적을 많이 죽였고, 또 원신元愼 등과 함께 홍원興元의 적을 습격하여, 그 군공으로 수문장이 되었습니다. 그는 본고장 사람으로 그곳에 출몰하면서 적을 잡았기 때문에 신이 미처 알지 못한 조령의 형세와 곡절을 아주 자세하게 말했습니다."(『잡저』, 「충주 상류에 조치를 취하고 조령에 둔전屯田을 개설하자는 계啓」)

유성룡이 신충원에게 주목한 것은 그가 조령 방어에 대한 방책을 가지고 있었기 때문이다.

"조령 꼭대기〔嶺上〕는 길이 여러 갈래로 분산되어 지킬 수가 없습니다. 고개 꼭대기에서 동쪽으로 10여 리쯤 내려오면 양쪽 절벽이 매우 험준하고 가운데에는 계수溪水(계곡물)가 고여 있는 곳이 있는데 왕래하는 행인들이 횡목橫木을 놓아 다리를 만든 곳이 모두 24군데로 이곳을 응암鷹巖이라고 부릅니다. 이곳에 병기를 설치하여 파수를 보다가 적병이 오면 다리를 철거하고 또 시냇물을 가로막아 두 계곡 사이로 큰물이 흐르게 한다면 적군은 발을 붙이지 못할 것

조곡관 경상북도 문경새재의 제2관문.

입니다. 이어서 궁노弓弩·능철菱鐵·화포火砲 등의 병기로 지키면 불과 1백여 경졸勁卒로도 조령의 길을 튼튼히 막을 수 있습니다."
(『선조실록』 27년 2월 19일)

신충원은 또 천류들을 동원해 적군과 싸우는 방안을 제시했다. 천류들을 모아 땅을 주면서 군사로 삼으면 강한 군사가 되리라는 것이다.

"거느린 승군과 산척(심마니)으로 남아 있는 자가 아직도 1백여 인

은 됩니다. 연풍延豊 읍내와 서면西面 수회촌水回村은 땅이 지극히 비옥한데도 지금은 무인지경입니다. 파수군把守軍에게 이를 둔전케하여 농사를 짓게 해서 군량을 만들고, 또 화약이나 총포銃砲 등의 병기를 주어 주야로 조련하면 수개월 후에는 정예군사가 될 수 있습니다."(『선조실록』 27년 2월 19일)

유성룡은 신충원을 등용해 조령에 관문을 쌓고 둔전을 개간하자고 제안한 것이다. 선조가 동의하자 유성룡은 신충원을 둔전관으로 임명해 임무를 맡겼다. 효과는 금방 나타났다. 선조 27년 6월 23일 이조吏曹에서 선조에게 "조령·연풍에 둔전관 신충원을 두자 조령 서쪽은 초적草賊이 흩어졌으니, 이는 오늘날 이미 나타난 실효입니다"라고 아뢴 것이 이를 말해준다.

충청 순찰사 윤승훈尹承勳이 장계하였다.

"신이 조령에 도착하여 직접 관關을 설치하는 곳을 살펴보니 고개 남쪽으로 10리 남짓 되는 곳에 응암이라는 곳이 있는데, 1백 장丈이나 깎아지른 듯하고 동남쪽이 모두 층층 절벽이며, 그 사이로 길이 하나 있는데 말을 타고는 두 사람이 함께 지날 수 없었습니다. 파절장把截 將 신충원이 백성을 모집하여 성을 쌓고 시냇물을 끌어다가 참塹을 만들었는데, 공역이 거의 완성되었습니다. 그 형세가 중국의 산해관山海 關이라도 이보다 나을 수 없을 정도로 한 사람이 관을 지키면 만 사람도 열 수 없을 곳입니다. (……) 그리고 죽령의 험하기가 조령보다는 못하지만 관關을 설치하여 적을 막을 만합니다. 응암의 축성을 마친 뒤에 신충원에게 또 그 일을 관장하도록 하고 싶으나 물력物力이 다하여 쉬이 시행하지 못할 듯합니다."(『선조실록』 27년 10월 9일)

신충원을 둔전관이자 파절장(파수장)으로 삼아 조령에 관을 설치하게 한 결과 몇 달 지나지 않아 중국의 산해관에 비견할 만한 방어진이 만들어졌다. 신충원이 사람을 모을 수 있었던 힘은 유성룡이 준 공명첩 수십 장에 있었다. 신충원은 공명첩을 가지고, 노비들을 불러 모으기도 하고, 돈 많은 양민에게 파는 식으로 사람과 돈을 구해 조령에 관문을 설치한 것이다. 신충원이 모집한 사람들 중에 노비들이 많이 있는 것은 당연했다.

"그런데 신충원이 모집한 사람들 중에 공천과 사천이 많으므로 관리들과 노복을 잃은 주인들이 비방하는 말을 만드니, 여러 사람의 입에 시끄럽게 오르내렸다."(『잡저』, 「조령에 산성을 축조하다」)

후술하겠지만 신충원은 유성룡이 실각하면서 숱한 고초를 겪게 된다. 천류를 인간으로 인정하지 않은 양반, 나라가 망하는 한이 있어도 자신들의 계급적 특권은 버릴 수 없다고 생각한 사대부들은 유성룡을 공격할 기회만 노리고 있었다. 그들은 임란으로 이미 양반 사대부 지배체제가 무너졌다는 사실을 인정하고 싶지 않았다.

이몽학의 난

임진왜란은 조정에 대한 백성들의 생각을 근본적으로 바꾸어놓았다. 사대부 지배체제의 무능함을 목도한 백성들은 왕조 자체를 불신했다. 이제 백성들은 왕조에 직접 저항했다. 선조 27년(1594)에는 송유진宋儒眞이, 선조 29년(1596)에는 이몽학李夢鶴이 조선 왕조 타도를 내걸고 봉기했다. 남부에 일본군이 잔류하고 있었으나 이들은 조선 왕조나 일본이나 다를 것이 무엇이냐는 생각에서 개의치 않은 것이다.

송유진은 의병장을 사칭해 세력을 규합했는데, 지리산·속리산·청계산 등에 은신하고 있던 일당의 수가 2천이 넘었다고 전한다. 송유진은 군량미와 무기까지 비축한 후 선조 27년(1594) 정월 보름에 서울을 점령하기로 거사 계획을 세웠다.

> 충청도 홍산鴻山에 사는 송유진이 반역을 꾀하는 밀서를 전주에 보내, "임금의 죄악은 고쳐지지 않고 조정의 당쟁은 풀리지 않았다. 부역이 번거롭고 중하여 민생이 불안하다. 목야牧野에서 매처럼 드날리니 비록 백이숙제伯夷叔齊에게 부끄럼은 있으나 백성을 불쌍히 여기고 죄인에게 벌주니 실로 탕무湯武에 빛이 되리로다"라고 운운했다.
>
> 어느 사람이 고변하면서 의병장 이산겸李山謙이 반역한다고 고하매 이산겸이 전주 무군사撫軍司에 변명하러 갔다가 잡혀 죽었다.(조경남, 『난중잡록』)

고대 주周나라가 은殷나라를 공격할 때 강태공姜太公은 장수가 되어 목야 전투에서 매처럼 활약했다. 처음 출병할 때 백이·숙제가 무왕武王의 말고삐를 잡고 "신하로서 임금을 쳐서는 안 된다"라고 말렸기 때문에 '부끄럼이 있다'고 한 것이다. '탕무에 빛이 되리로다'라는 말은 무왕의 봉기가 백성들에게는 좋은 일이라는 뜻이다. 곧 조선을 멸망시키고 새 나라를 건설해야 백성들에게는 좋다는 것이다. 그러나 송유진의 난은 거사 직전 고변자가 생기는 바람에 무산되고 말았다.

이몽학의 난은 실제 거병까지 이루어졌다. 선조 29년 7월 8일 충청도 순찰어사巡察御史 이시발李時發이 장계를 보내 이몽학의 난을 최초로 보고하면서 조정은 충격에 빠져들었다. 이몽학이 홍산현鴻山縣을 공격하려 한다는 장계였는데, 보고 내용이 사실로 입증되는 데는 오랜 시간이 걸리지 않았다. 그날 저녁 이시발의 장계가 또 온 것이다.

"6일 새벽에 이몽학이 홍산에 쳐들어와 현감 윤영현尹英賢을 사로잡고, 임천林川으로 향해 또 군수 박진국朴振國을 사로잡으니, 어리석은 백성들이 앞다투어 여기에 붙어 도당들이 점점 많아집니다."

선조는 깜짝 놀라 선전관을 보내는 한편 감사 · 병사 · 어사에게 빨리 진압하라고 다그쳤다. 그러나 이몽학 군의 기세는 만만치 않았다. 7일 정산定山을 공격하자 수령 정천경鄭天卿이 달아났고, 8일 청양靑陽을 공격하자 수령 윤승저尹承渚가 또 도망치는 판국이었다. 당시의 기록인『갑진만록』에는 "수일 동안에 무리가 수천에 이르고 시골의 서민들은 산중에 도망가 숨으니 마치 왜란을 피할 때와 같았고, 흉도들의 기세는 대단히 치열하였다"라고 적고 있다. 『난중잡록』에서 "이때 백성들이 난리와 온갖 침노에 곤궁해졌다가 한번 풍문을 듣자 따르는 자가 바람에 풀 쓰러지듯 하여 수일이 못되어 군사가 만여 명이 되었다"고 전하는 것처럼 백성들은 이몽학에게 환호했다.

9일에는 대흥大興을 공격했는데 수령 이질수李質粹는 산중으로 도망갔다. 그의 보고서는 경상도 신평新平과 강원도 대진大津을 거쳐 서울에 도착했다. 이몽학의 군사들이 충청도에서 서울로 가는 주요 도로를 모두 장악했기 때문이다.

적병이 서울로 간다고 큰소리를 치니 서울이 술렁거리며 두려워하고, 진위振威·수원水原 땅에서는 사람들이 모두 짐을 꾸리고 있었다. 이때에 반군이 지나는 곳마다 밭을 매던 자는 호미를 들고, 행상하던 자는 지팡이를 들고 분주히 즐겨 따르지 않는 자가 없었다.(조경남,『난중잡록』)

왕조가 잃어버린 인심은 이몽학 군이 차지하고 있었다. 대흥을 점령한 이몽학 군은 곧바로 홍주洪州를 공격했다. 중과부적인 데다 백성들이 이몽학을 따르므로 목사 홍가신洪可臣은 어쩔 도리가 없었다. 이때 홍주의 관속官屬(아전) 이희수李希壽와 신씨申氏가 홍가신에게 계책을 내놓으면서 전세가 변하기 시작했다.

"우리가 이몽학에게 거짓 항복해서 형편을 살피고 오겠습니다."

두 사람은 광시역光時驛으로 가서 노상에 꿇어앉아 있다가 이몽학 군에 합세했다. 홍주성의 아전이 자진해서 투항한 것에 이몽학은 크게 고무되었다. 대흥을 손쉽게 점령한 이몽학은 두 사람에게 말했다.

"오늘은 아직 시간이 많이 남아 있으니 홍주까지 쳐들어가고자 한다."

이희수와 신씨가 말렸다.

"홍주는 성이 굳건해 함부로 들어갈 수 없습니다. 우리가 먼저 가서 허실虛實을 살펴본 후에 치는 것이 좋을 듯합니다. 우리가 안에서 내응하겠습니다."

이몽학이 이를 받아들여 지체하는 동안 이희수와 신씨의 보고를 들은 홍가신은 홍주성 방비를 굳게 했다. 평소 용맹을 떨치던 무장 박명현朴名賢이 사람들을 모았다. 때마침 체찰사의 종사관 신경행辛敬行이 근처 내포內浦에 있다가 달려오고, 충청도 수군절도사 최호崔湖를 부르자 군사를 거느리고 달려왔다. 또 이웃 고을 수령들에게도 군비軍備를 정비하라는 명령을 내렸다.

이몽학이 홍주성을 공격했을 때는 모든 준비가 끝난 뒤였다. 이몽학이 진을 다섯으로 나누어 한 진에 천여 명씩 배치해 거듭 공격했으나 박명현이 저지했다. 저녁까지 홍주성을 함락시키지 못하자 이몽학 군의 장수 몇 명이 홍주성 아래로 달려와서 호통쳤다.

"천운天運이 우리에게 있는데, 성중 사람들은 어찌 나와서 호응하지 않는가?"

성안에서 화포와 불화살로 맞대응했는데 동문 밖 인가가 불타서 화염이 하늘을 밝혔다. 그사이 충청 병사 이시언이 군사를 이끌고 온양에서 출발해 예산 무한성無限城을 지나고 있었고, 어사 이시발도 유구역維鳩驛에서 홍주로 향했고, 중군中軍 이간李侃도 청양에서 홍주로 향한다는 소식이 들리자 이몽학 군의 사기는 크게 떨어졌다. 이몽학이 물러가면서 외쳤다.

"만약 한현韓絢이 오면 목사의 머리를 기 끝에 달 것이다. (……) 장군 김덕령金德齡과 영천 군수 홍계남洪季男 등이 다 우리와 공모했으니 군사를 거느리고 와서 함께 서울로 향할 것이다."

겸사복兼司僕(임금의 친위부대) 한현은 이몽학과 함께 봉기를 주모했다. 부친상을 당해 서울에서 내포로 내려가면서 이몽학에게 먼저 거사하면 자신이 내응하겠다고 약속했다. 그러나 실제로는 면천沔川 농장에서 성패를 주시하고 있었다.

서울로 향할 것이라는 이몽학의 말과 달리 실제로는 덕산 방면으로 후퇴하자 진중의 사기가 크게 떨어졌다. 박명현은 군사를 이끌고 청양까지 추격했다. 전주 판관全州判官의 아병牙兵 윤계尹誡는 부하 군졸들과 이몽학의 진중에 뛰어들어 크게 외쳤다.

홍주성 이몽학은 홍주성 점령에 실패하면서 무너지고 말았다.

　"도원수(권율)와 전라 감사, 충용장군(김덕령)이 각기 수만 군사를
거느리고 이미 도착했다. 너희들은 내일이면 남김없이 죽게 될 것
이다. 너희 중에 협박 때문에 따른 자들은 장수의 목을 베어오면
화를 면할 수 있을 것이다."

　이몽학은 김덕령이 공모했다고 선전해왔는데, 윤계가 거꾸로 김
덕령이 토벌군 장수라고 말하자 농민군은 이몽학을 의심했다. 서

울로 진군한다더니 덕산으로 퇴각한 것도 의심을 더하게 했다. 김경창 · 임억명 · 태근太斤 등 3명이 이몽학의 머리를 베어 바쳤고, 수많은 난민들은 흩어져 살길을 찾았다. 이렇게 충청도 일대를 소란케 한 이몽학의 난은 종결되었지만 사건의 여파는 계속되었다.

김덕령 연루되다

서울로 실려온 이몽학의 목은 철물전 길가에 효시梟示되었다가, 각 지방을 돌며 전시되었고, 그의 홍산 가옥은 파헤쳐져 연못이 되었다. 홍산현도 혁파되었다. 한현 등 공모자들도 처벌받아 서울로 압송되어 처형된 자가 33명이며, 현지에서 처형된 자도 1백여 명이 넘었다.

『갑진만록』은 "당시에 혜성彗星이 자미성紫微星의 황제 자리를 급히 범했다가 적이 평정되고는 바로 없어졌으니, 천변天變이 위에서 응함이 이와 같았다"라고 말하고 있다.

혜성은 없어졌을지 몰라도 난의 여파는 계속되었다. 조사 과정에서 의병장들의 이름이 나오면서 사건이 이상한 방향으로 흘러간 것이다. 압수된 이몽학의 문서에 기록된 김 · 최 · 홍씨 성의 사람들을 추적하는 과정에서 의병장들이 연루되기 시작했다. 도원수 권율이 김 · 최 · 홍이 누구냐고 묻자 한현은 '김덕령 · 최담령 · 홍계남'이라고 대답했다. 나아가 의병장 곽재우郭再祐와 고언백高彦伯도 모두 자신의 심복이라고 대답했다.

김덕령은 이몽학 군을 토벌하라는 권율의 명령에 따라 경상도 진주에서 전라도 운봉雲峯까지 왔을 때 난이 평정되었다는 소식을 들었다. 그는 이 틈에 광주光州에 다녀오려고 권율에게 휴가를 신청했으나 도리어 체포되어 진주옥에 갇혔다. 서울로 압송된 김덕령은 8월 초 선조의 친국을 받게 된다.

상이 일렀다.

"김덕령을 따로 가두어두었는가?"

"사가私家 한 칸에 가두었습니다."

"앞서 말하지 않았는가? 별처別處에 가두어두고 병조로 하여금 실한 군사를 더 배정하여 수직하게 해야 할 것이다."

유성룡이 아뢰었다.

"김덕령은 역적들의 공초에 나왔으니 의심할 것이 없겠습니다만 여러 역적들이 도착한 다음에 의논하여 처리해야 할 것입니다."

상이 일렀다.

"옛적부터 역적 다스리는 일은 반드시 문서를 기다려본 다음에야 다스린 것은 아니다. 여러 역적들의 공초에 나왔는데 어찌 의심할 것이 있겠는가."

유성룡이 아뢰기를,

"상황이 이러하니 반드시 살 수 없겠습니다만 그래도 차차 따져 물어 실정을 얻어내야 합니다."

윤두수가 아뢰었다.

"이와 같이 큰 옥사는 비록 뒷날까지 기다리더라도 반드시 끝까지 알아내기 어려울 것이니 우선 오늘 문초해야 합니다."

이기李墍와 유영경柳永慶이 아뢰었다.

김덕령 묘 이몽학의 난과 관련해 옥사했는데 선조가 시기심에서 죽였다는 원성이 높았다. 광주광역시에 있다.

"이는 성상께서 재량하여 처리하시기에 달렸습니다만 옥사의 사체로 말하건대 자세히 알아보려 한다면 우선 후일을 기다렸다 하는 것이 무방합니다."

상이 일렀다.

"최담령崔聃齡을 신속히 잡아와야 되니 즉각 선전관을 내보내라. 김덕령은 사람을 죽인 것이 많은데 그 죄로도 죽어야 한다. 이빈이 그를 절제節制하는 장수인데도 또한 죽이려고 했다니 그 죄 역시 크다. 김덕령을 수직하는 일을 소홀히 여기지 말고 긴밀하게 하라. 자진自盡(자살)하는 일이 있을까 염려된다."(『선조실록』 29년 8월 4일)

선조는 김덕령을 당장 형신하려고 했으나 유성룡이 다른 역적들이 모두 도착한 다음에 해야 한다며 말린 것이다. 형신에는 가혹한 고문이 따라 웬만한 장사도 한두 차례 고문으로 죽기 일쑤였다. 유성룡은 관련 인물들을 모두 조사해 김덕령의 유·무죄 여부를 밝혀내야 한다고 여긴 것이다. 관련 인물들을 조사하면 김덕령의 무고가 드러날 것이라고 보았다. 그러나 선조가 알고 싶은 것은 김덕령의 유·무죄 여부가 아니었다. 그는 백성들의 신망을 받는 전쟁영웅들을 질시했다. 그는 이런 전쟁영웅들이 올무에 걸리기만 기다리고 있었다. 올무에 걸리면 그것으로 끝이었다. 김덕령은 "수백 번의 형장 신문에 드디어 정강이뼈가 모두 부러졌다"고 『선수실록』이 전하는 것처럼 숱한 형장을 받았다. 그는 "다만 신이 모집한 용사 최담령 등이 죄 없이 옥에 갇혀 있으니 원컨대 죽이지 말고 쓰도록 하소서"라고 주청했으나 그 자신은 물론 그의 별장 최담령도 고문을 받다가 죽고 말았다. 민심은 극도로 분개했다.

> 남도南道의 군민軍民들은 항상 그에게 기대고 그를 소중하게 여겼는데 억울하게 죽자 소문을 들은 자 모두 원통하게 여기고 가슴 아파하였다. 그때부터 남쪽 사민士民들은 김덕령의 일을 경계하여 용력勇力이 있는 자는 모두 숨어버리고 다시는 의병을 일으키지 않았다.(『선수실록』, 29년 8월 1일)

김덕령을 죽여버린 이 사건은 전쟁영웅 죽이기의 서막에 불과했다. 김덕령을 죽인 선조의 칼끝은 이제 다른 먹이를 찾아 헤매고 있었다.

12_ 민생정책

이 문제를 해결하기 위해서는 공납의 폐단을 시정해야 했다.

시정 방법은 간단했다. 수많은 가짓수의 공납을 쌀 한 가지로 통일하고,

부과 단위를 가호家戶에서 토지 면적의 다과多寡로 바꾸면 된다.

그러면 많은 토지를 가진 양반 사대부들은 소유한 토지만큼 세금을 내고,

송곳 꽂을 땅도 없는 가난한 백성들은 면제되는 것이다.

대동법을 실시하다

병역제도 못지않은 조선의 문제점은 조세제도의 불균등이었다. 가
난한 양민들일수록 과중한 세금에 허덕이고 있었다. 유성룡은 일
찍부터 이를 강하게 비판했다. 32세 때인 선조 6년(1573) 홍문관 수
찬 유성룡은 조강朝講에서 이렇게 말했다.

　"지금 밭둑을 잇대어 많은 전지田地를 차지하고 있는 자는 대부분
세력이 강하여 공부貢賦(세금)를 내지 않는 무리이고, 소민小民이 소유
하고 있으면서 공부를 바치는 전지는 점점 줄어들고 있습니다."

　그러자 특진관 첨지僉知 유희춘柳希春이 말을 받았다.

　"전결田結(세금을 납부하는 토지)의 공부를 강한 세력을 믿고 바치지
않는 자는 세상에 드뭅니다. 다만 부유하지만 어질지 않은 자는 이
웃 전지를 겸병兼倂(병합)하려는 데에 뜻을 두고 침탈하여 억지로 사

들이니, 이들이 바로 미워하여 다스려야 할 자입니다."(『선조실록』6
년 3월 17일)

유성룡이 세도가들이 세금을 내지 않는 반면 세금을 내는 소민
들의 토지는 점점 줄어든다고 말하자 유희춘은 세금을 내지 않는
자는 적지만 남의 땅을 겸병하려는 자들이 있다고 주장한 것이다.
그러나 이 중대한 사안에 대한 논의는 더 이상 이어지지 않았다.
"좌상 등이 번갈아 나아가 말하다가 말이 왕수인王守仁이 꺼림 없이
스스로 훌륭한 체하며 주자朱子를 헐뜯자 중국의 성급한 자들이 부
화뇌동하였다"는 쪽으로 변하면서 왕수인과 주희에 대한 사변적
논쟁으로 흘렀기 때문이다.

전세田稅(토지세)에 한정하면 유희춘이 세금을 내지 않는 자들은
적다고 말한 것이 맞을 수도 있지만 공납 부분으로 세금문제를 확
대하면 이야기는 달라진다. 각 지방의 특산물을 임금에게 바친다
는 소박한 충성개념에서 시작된 공납은 조선 후기에는 국가수입의
약 60퍼센트를 차지할 정도로 큰 비중을 지닌 세원稅源이 되었다.

공납은 많은 폐단이 있었다. 그 종류가 수천 가지에 달했으며 그
지역에서 생산되지 않는 산물이 부과되기도 했다. 이 경우 먼 생산
지까지 가서 사다가 납부해야 했다. 상공常貢과 별공別貢으로 나누
어 시도 때도 없이 부과되는 시기도 문제였다.

공납의 가장 큰 문제는 형평에 맞지 않는다는 점이다. 공납은 먼
저 군현과 마을 단위로 부과되고, 마을에서는 이를 가호家戶 단위로
다시 분배하는데, 각 군현과 마을의 크기가 다른데도 공납부과대
장인 '공안貢案' 액수는 큰 차이가 없었다. 인구가 적은 군현·마을
의 부담이 상대적으로 클 수밖에 없었다. 또한 가호 단위 부과 기

준도 문제다. 송곳 꽂을 땅 한 평 없는 가난한 전호佃戶(소작인)나 드넓은 토지를 지닌 전주田主(지주)나 비슷한 액수를 부담했다. 때로는 가난한 전호가 더 많은 공납을 부과받았다. 관아와 통하기 마련인 양반가의 농간이 작용했기 때문이다.

여기에 방납防納의 폐단이 백성들을 괴롭혔다. 공물을 대신 만들어 납품하는 것이 방납인데, '놓일 방放' 자가 아니라 '막을 방防' 자를 쓰는 이유는 방납업자들이 농민들의 공납을 막기 때문이다. 경아문京衙門의 관리와 아전들은 농민들이 직접 납부하는 공물은 퇴짜놓았다. 방납업자들이 파는 공물을 사서 납품해야 받아주었다. 방납업자들은 농민들에게 엄청난 폭리를 취했다.

이를 견디지 못한 농민들이 도망가면 친족에게 부담지웠는데, 이것이 족징族徵이다. 한 친족이 모두 도망가면 이웃에게 대신 부담지우는 인징隣徵으로 닦달하니 마을 전체가 도망가 텅 비는 경우도 생겨났다.

이 문제를 해결하기 위해서는 공납의 폐단을 시정해야 했다. 시정 방법은 간단했다. 수많은 가짓수의 공납을 쌀 한 가지로 통일하고, 부과 단위를 가호家戶에서 토지 면적의 다과多寡로 바꾸면 된다. 그러면 많은 토지를 가진 양반 사대부들은 소유한 토지만큼 세금을 내고, 송곳 꽂을 땅도 없는 가난한 백성들은 면제되는 것이다.

공납을 쌀로 통일하고 부과 단위를 토지 소유로 바꾸는 것은 군역개혁과 함께 가장 중요한 세제개혁이었다. 그러나 이는 쉬운 일이 아니었다. 양반 사대부들의 반대 때문이었다. 이런 방안을 가장 먼저 제안한 인물은 중종 때의 개혁정치가 조광조다. 그러나 조광조는 기묘사화로 사사당하고 말았기 때문에 그런 구상을 실천에 옮길 기회를 갖지 못했다. 이이도 이를 주장했는데, 그것이 '공납 대신에 쌀로 받는 법'이란 뜻의 대공수미법代貢收米法이다. 그러나 이이의 주장도 주장으로 끝나고 말았다. 양반 전주田主들의 강력한 반대 때문이었다. 사실 양반 사대부들이 모든 것을 장악하고 있는 조선에서 이 법의 시행은 불가능에 가까웠다.

그러나 유성룡은 이 문제를 바로잡지 않으면 백성들의 생활이 안정될 수 없고, 백성들의 생활이 안정되지 못하면 나라를 다시 세울 수 없다고 생각했다. 선조 27년(1594) 영의정 유성룡은 이 문제를 정면으로 제기했다.

또한 신이 들으니, 난리를 다스려서 바름으로 돌아가는 것이 비록 군사와 군량이 넉넉한 데 있지만, 더욱 중요한 것은 민심을 얻는 데 있다고 합니다. 민심을 얻는 근본은 달리 구할 수 없고 다만 요역과 부세를 가볍게 해서 함께 휴식할 뿐입니다.

국가의 전세田稅(토지세)는 십일세什一稅보다 가벼워서 백성들이 무겁게 여기지 않습니다. 다만 전세 외에 공물貢物과 방물方物(수령이 임금에게 바치는 특산물) 때문에 침해당하는 일이 매우 많습니다. 당초 공물을 마련할 때 전결田結 수의 많고 적음에 따라 배정하지 않아서 크고 작은 고을마다 큰 차이가 납니다. 1결의 공물 값이 혹 쌀 1, 2말을 내는 자도 있고, 혹 쌀 7, 8말을 내는 자도 있으며, 혹 10말을 내는 자도 있습니다. 백성들의 부역이 이처럼 고르지 못한 데다가 도로를 왕래하는 비용까지 덧붙이며, 각사各司에서 받을 때는 간사한 아전들이 저자 시세를 조종 농간하여 비용으로 백 배나 더 받습니다. 그렇지만 관가로 들어오는 것은 겨우 10분의 2, 3밖에 안 되고, 나머지는 모두 사문私門으로 돌아갑니다.

　진상하는 폐단에 이르러서는 백성을 괴롭히는 것이 더욱 심합니다. 이 역시 당초에 법을 마련할 때는 반드시 이와 같지 않았지만 실시한 지 100년 동안에 사기가 많이 불어나고 폐단이 수없이 생겼습니다. 지금 만약 곧바로 변통하지 않으면 백성들은 다시 소생할 가망이 없으며, 나라 저축도 쌓아 둘 길이 없습니다.(「시무를 아뢰는 차자」)

　혁명적 세제개혁안에 시동을 건 것이다. 유성룡은 공납의 폐단을 잘 알고 있었다. 쌀 1~2말을 내는 자는 부유한 양반 사대부들이고, 7~10말을 내는 자는 가난한 농민들이기 십상이었다. 여기에 '간사한 아전들이 저자 시세를 조종 농간하여 비용으로 백 배나 더 받는' 폐단에 대해서 유성룡은 정통했다. 유성룡은 곧바로 변통變通, 곧 전면적 개혁을 단행하지 않으면 '백성들은 다시 소생할 가망'이 없다고 판단했다.

　신은 항상 생각건대, 공물의 처치는 마땅히 도내 공물의 원수元數 (장부에 기재된 수)가 얼마인지 총계를 내고, 또 도내 전결田結 수를 계산해서 가지런하게 한 다음 많은 데는 감하고 적은 데는 더 보태며, 크고 작은 고을을 막론하고 모두 한 가지로 마련해야 합니다. 만일 갑읍에서 1결에 한 말을 냈다면 을읍·병읍에서도 한 말을 내고, 만일 두 말을 냈다면 도내의 모든 고을이 두 말을 내야 합니다. 이렇게 한다면 백성의 힘도 균평均平해지고, 내는 것도 한결같아질 것입니다. (……) 백성들은 방물方物이 있는지조차 모를 것입니다.(「시무를 아뢰는 차자」)

도내의 토지 면적을 계산해서 면적 단위로 부과하면 세부담이 균등해지리라는 것이다. 토지 면적을 기준으로 부과하면 백성들은 방물이 있는지도 모를 정도가 될 것이라는 주장이다. 같은 차자에서 유성룡은 "오늘날의 급무도 말을 많이 하는 데에 있는 것이 아니라, 오직 백성에게 편의한 정사를 급히 실시하여 사방에서 그 소문을 듣고 환하게 재생再生의 기대를 갖게 하는 것입니다"라고 말했다.

지금 백성은 이미 극도로 궁하고 사세는 위급하니, 도탄에 빠지고 거꾸로 매달린 고통은 족히 말할 수 없습니다. 신의 건의가 만약 실시된다면 나라에는 남은 축적이 있고 백성은 여력이 있어서, 수년 뒤에는 기세가 촉진되어 하고자 하는 바를 하더라도 어렵지 않을 것입니다. 이 밖에 자질구레한 절목은 그 실마리가 매우 많으나 지금 감히 일일이 열거하지 못합니다.

엎드려 바라건대, 전하께서는 회복할 수 있는 좋은 계책을 깊이 생각하시고, 국가 수치를 아직 갚지 못함을 원통하게 여기소서. 그래서 민심의 만회에 골똘히 노력하는 것으로 영명永命을 하늘에 비는 근본으로 삼아 하루 이틀이라도 재물을 생산하고 군사를 훈련시킬 계책을 생각하여 나쁜 옷과 거친 음식으로 생활하며 노심초사하소서.(「시무를 아뢰는 차자」)

백성이 살아나야 나라도 소생할 수 있다. 백성을 살리기 위해서는 백성들에게 편한 정사를 해야 했다. 이때는 선조도 국망의 위기의식을 느꼈기 때문에 유성룡의 건의를 받아들였다. 이렇게 임란 와중에 최초로 대동법大同法이 시행되는데, 시행 당시에는 작미법作米法

이라고 불렀다. 대동법·작미법·대공수미법은 모두 같은 깃으로 잡다한 공납을 폐하고 쌀로 통일해 내는 법을 뜻한다. 백성들은 이제 수많은 가짓수의 공납 대신 쌀로 납부하면 되었다. 이보다 중요한 것은 토지 보유의 다과多寡가 부과 기준이 되었다는 점이다. 땅이 없는 가난한 백성들은 공납의 부담에서 해방된 것이다. 대동법을 시행하면서 방납의 폐단도 없어졌으니 농민들의 부담은 대폭 경감되었다. 위화도 회군 후 단행한 과전법科田法 이래 최대의 개혁입법이었다.

들끓는 반대론

영의정에다 도체찰사까지 겸임한 유성룡이 밀어붙이면서 대동법은 시행되지만 그 과정이 순탄하지는 않았다. 토지를 많이 가진 양반 사대부들이 강력하게 반발했기 때문이다. 그뿐 아니라 각 도의 감사와 각 고을의 수령들까지도 모두 반대했다. 이들은 자신들의 계급적 이해 때문에 반대한다고 말하기 곤란하니 백성들이 불편하게 여긴다는 핑계를 댔다. 물론 이는 전적으로 거짓이었다. 당시 백성들은 자신들의 견해를 표출할 창구를 갖고 있지 못했다. 양반 사대부들이 이른바 '민심' 운운하며 반대해도 자신들의 견해를 표출할 수 없었다. 그러나 유성룡은 양반 사대부들의 속내와 농민들의 민심을 정확히 꿰고 있었다.

유성룡은 선조에게 올린 '공납을 쌀로 대신하는 헌의', 곧 「공물작미의貢物作米議」에서 이런 반대 논리의 허구를 낱낱이 파헤쳤다.

"이보다 앞서 각 고을에서 공물을 미곡으로 바꾸어 바치게 하니 민간에서 내는 것이 2말보다 몇 배나 더 됐지만 반대하는 말을 듣지 못했습니다. 더구나 이제 호조에서 이를 더 줄여서 2말로 결정했으니 내는 것이 더 가벼워졌는데도 백성들이 불편하게 여긴다고 반대하고 있는데, 신은 그 이유를 알고 있습니다."(「공물작미의」)

유성룡의 주장으로 대공수미법, 곧 대동법을 처음 실시했을 때는 2말보다 몇 배를 더 냈으나 백성들은 반대하지 않았다. 그만큼 공납의 부담이 컸다는 말이다. 유성룡은 여기에서 한 발 더 나아가 1결에 2말만 납부하는 것으로 부담을 대폭 경감했다. 그런데도 백성들이 불편하게 여긴다는 말이 들리는데 자신은 그 이유를 알고 있다는 것이다. 그 이유는 무엇일까?

"평상시 여러 군읍郡邑의 공물 중 전결에서 약간의 토지를 덜어내 '관중제역官中除役(관에서 사용하는 면세지)'이라고 부르면서 관아에서 소용되는 일체의 잡물雜物을 여기에 의지해 변통해 사용해왔습니다. 지금 전결의 원수元數에 따라 각 2말씩을 거두어 나라의 비용으로 쓰게 되자 수령들은 여기에 손을 댈 수 없게 되었습니다. 따라서 백성들이 불편하게 여긴다는 말은 수령들에게서 나온 것입니다."(「공물작미의」)

유성룡은 각 관아의 속사정을 잘 알고 있었다. 수령들은 '관중제역'이라는 일종의 면세전免稅田을 조성해 그 소출로 관아의 비용과 개인적 비용으로 사용했는데, 대동법이 시행되면서 예외 없이 2말씩을 징수하므로 이것이 없어진 것이다. 대동법을 반대하는 것은 백성들이 아니라 바로 이런 수령들이라는 것이다. '관중제역'이 없어져 반대한다고 말할 수 없으니 백성들이 싫어한다는 핑계를 댄 것이다. 각 도의 감사와 병사兵使들도 마찬가지였다.

감영과 병영에서 매달 초하루마다 받던 종이의 수량이 매우 많았
는데 이것 또한 공사公事에 쓰이는 것으로 없앨 수 없는 것이었습니
다. 그러나 애당초 상공常貢(항상 바치는 공물)의 규정에 포함되지 않았
으므로 호조에서 2말을 한도로 거두어들이자 종이를 거두어들일 수
가 없게 되었습니다. 백성들이 불편하게 여긴다는 말은 감사에게서
나온 것입니다.(「공물작미의」)

대동법이 시행되면서 종이를 받지 못하게 되자 감사와 병사兵使
들이 반대한다는 것이다. 반대론에는 힘 있는 백성들도 가세했다.
유성룡은 이들이 대동법을 반대하는 이유도 잘 알고 있었다.

공물 배정에는 수량이 가볍고 무거운 것과 수송에 힘들고 쉬운 것
이 있는데, 힘 있는 백성[豪右之民]들은 번번이 가볍고 싼 것만 배정받
고, 가난한 빈민貧民이나 힘없는 하호下戶들은 무겁고 괴로운 것만 치
우쳐 배정받은 것입니다. 이제 이런 구별 없이 똑같이 배정해서 숨기
거나 회피하는 편법이 통하지 않게 되었으니 백성들이 불편하게 여긴
다는 말은 이들 힘 있는 백성들에게서 나온 것입니다.(「공물작미의」)

아전들도 반대론에 가세했다. 유성룡은 이들이 반대하는 이유도
꿰뚫고 있었다.

서울 각 관사官司의 하리下吏들은 지방의 공물을 나누어 차지하는
것을 세습 사업처럼 여기면서, 10배 혹은 100배의 이익을 노려왔습니
다. (……) 이것이 방납업자들의 손에 들어가 여러 가지 수단으로 협

잡하여 이익을 취해왔기 때문에 백성들의 곤궁함은 날로 심했는데, 지금 공물이 모두 국용國用으로 들어가게 되자 예전 방납업자들이 이익을 잃게 되었습니다. 지금 백성들이 불편하게 여긴다는 말은 각 관사의 전복典僕(하리나 노복)에게서 나온 말입니다.(「공물작미의」)

심지어 지방 수령들이나 아전들은 반대를 넘어 대동법에 대한 조세저항에 나서기도 했다.

명령이 나가는 것이 조금 늦어지고 공문의 전달 시일이 지체되었는데도, 수령들은 불평하는 마음을 가지고 고의故意로 일을 뒤로 미루면서 즉시 거행하지 않고 있으며, 벼·쌀의 납부 시기도 추수 후 곡식값이 떨어지는 때에 하지 않고, 백성들이 곤궁하게 지내는 봄철에 독촉해서 내도록 하고 있습니다. 그러니 백성들이 딱한 사정을 부르짖는 것은 이런 형세 때문이지 토지 1결에 2말을 내는 것을 과중하게 여겨서 그런 것은 아닙니다.(「공물작미의」)

조세부담자가 아니라 조세징수자가 조세에 저항하는 초유의 사태까지 발생한 것이다. 이처럼 감사·병사·수령·아전들과 힘 있는 백성들이 모두 대동법에 저항했다. 나라에서 힘깨나 쓰는 인물들은 모두 반대한 것이다. 그러나 유성룡은 물러서지 않았다. 유성룡은 대동법 징수 시기를 법제화하는 것으로 이들에게 맞섰다.

"이제 곧 과조科條(세부 규칙)를 제정해 백성들의 추수기를 기다려 여력이 있을 때 쌀 2말을 바치게 해야 합니다. 이후에는 한 해 동안 다시 독촉받지 않게 될 것이니 마음이 편안해질 것입니다."(「공물작미의」)

백성들의 생활이 가장 여유로운 가을 추수기에 한 번 납부하면 일제 추가 징수를 못 하게 해야 한다는 것이다. 나아가 유성룡은 백성들에게 여러 편의를 봐주어야 한다고 주장했다.

먼저 1말만 바치도록 하고, 기한을 조금 늦추어 주기도 하고 혹은 보리로 대신 바치도록 하는 식으로 될 수 있는 한 백성들에게 편리하도록 해야 할 것입니다. 그것을 상납할 때에도 수로와 육로로 운송하는 뱃삯과 말의 품삯도 여러 가지를 고려해서 탐욕스런 관원과 교활한 아전이 중간에서 수단을 부리지 못하게 해야 할 것입니다.
그런데도 백성들의 형편으로 뱃삯과 말의 품삯을 더 내는 것을 어렵게 여긴다면 2말 중에서 일부를 덜어내 뱃삯과 말의 품삯을 치르도록 하고 작지作紙(문서를 꾸미는 데 드는 가격)와 인정人情(관련자에게 주는 웃돈)까지 모두 제하고 내도록 한다면 백성들의 원망이 발생하지 않을 것입니다.(「공물작미의」)

유성룡은 국난 극복의 첩경은 백성들의 삶이 윤택해지는 것이라고 믿었다. 그러나 전쟁이 소강상태에 접어들자 벼슬아치들의 생각은 달라졌다. 그들에게 백성들은 여전히 착취대상에 불과했다. 그들에게 백성들은 잇속을 채우는 수단에 불과했다. 유성룡은 관리들과 아전들의 중간 착복을 막아야 백성들의 생활을 안정시키고 나라를 살릴 수 있다고 생각했다.
『만기요람萬機要覽』「대동작공大同作貢」에는 "중종 때 조광조가 공안貢案 개정을 건의했고, 선조 때 이이는 수미법收米法을 제의했으며, 임란 때 유성룡도 수미법의 편리함을 말했으나 모두 실시되지

대동법 시행 기념비 인조 때 김육이 대동법을 시행한 것을 기념해 세운 비이다. 경기도 평택시에 있다.

못했다"라고 기록하고 있다. 그러나 유성룡이 제안한 대동법, 곧 대공수미법은 임란 때 실시되었다. 「공물작미의」에서 유성룡은 분명히 '각 고을에서 공물을 미곡으로 바꾸어 바치게 했다'는 것과 '호조에서 이를 더 줄여서 2말로 결정했다'고 말했다. 그 숱한 반대론은 대동법을 실시한 결과에 대한 반대론인 것이다.

대동법은 유성룡이 영의정·도체찰사로 있던 때에 실시되었다가 그가 실각한 후 반대파들의 기세에 밀려 다시 폐지된다. 유성룡은 「공물작미의」 뒤에 해설을 붙이면서 대동법의 실시와 폐지 경위를 밝혔다.

"지난날에 이익만을 탐내 방납하던 무리들이 온갖 꾀를 써서 이를 방해妨害하였으며, 사대부 중에서도 식견 없는 자들이 이를 좇아 부화뇌동하는 바람에 다시 그 법이 폐지되었다〔還罷其法〕."

대동법은 영의정·도체찰사 유성룡의 강력한 주장으로 임란 때 실시되었다. 그러나 방납모리배들과 양반 사대부들의 강력한 반대로 다시 폐지되고 말았다. 이 법이 언제 폐지되었는지는 분명하지 않지만 유성룡이 영의정 자리에서 쫓겨난 이후일 것이다. 정약용丁若鏞은 『경세유표』「지관地官」조에서, "문충 공文忠公 유성룡이 말한 바는 곧 대동법이다. 대동법에 대한 의논은 문충 공으로부터 비롯된 것이 아니겠는가?"라고 말했다. 유성룡 실각 후 대동법은 광해군 즉위년(1608)에 경기도에 다시 시범 실시되었다가 정확히 100년 후인 숙종 34년(1708)에야 전국적으로 확대 실시되었다. 대동법의 전국 확대에 100년이나 걸린 것은 양반 전주들과 방납모리배들의 반대가 얼마나 심했는지를 말해준다.

대동법이 유성룡 실각과 함께 폐지되지 않고 계속 시행되었다면 조선 후기사는 여러 면에서 달라졌을 것이다. 대동법은 비단 세제 개혁에 머문 것이 아니라 공업과 상업의 발전도 촉진시켰기 때문이다. 유성룡이 대동법 시행을 강력하게 주장한 배경에는 상업에 대한 남다른 견해가 있었다.

상업을 장려하다

전란으로 굶어죽는 백성들이 속출했지만 대부분의 벼슬아치들은 방법이 없다고 생각했다. 전쟁 때문에 농사를 짓지 못해 곡물이 모자라니 굶어죽는 것은 어쩔 수 없고 자신들의 책임도 아니라는 생각이었다. 그러나 어쩔 수 없다고 방치하기에는 그 참상이 너무 심해서 눈 뜨고 볼 수 없을 정도였다.

사헌부가 아뢰었다.

"기근이 극심해 심지어 사람의 고기를 먹으면서도 전혀 괴이하게 여기지 않습니다. 그러므로 길가의 굶어죽은 시체에도 완전히 붙어 있는 살점이 없을 뿐만 아니라, 어떤 사람들은 산 사람을 도살屠殺하여 내장과 골수까지 먹는다고 합니다. 옛날에 이른바 사람이 서로 잡아먹는다고 한 것도 이처럼 심하지는 않았을 것이니, 보고 듣기에 너무도 참혹합니다."(『선조실록』 27년 1월 17일)

이런 굶주림을 해결하기 위해 유성룡이 생각해낸 것이 국제무역이다. 압록강 중강진中江鎭에 국제무역시장을 열어 명나라의 곡물과 조선의 면포를 무역하자는 방안이었다. 조선은 '농업은 근본이고 상업은 끄트머리'라는 농본상말農本商末 정책 때문에 상업을 엄격하게 금지하고 있었다. 양반 사대부들은 장시場市가 확대되면 농민들이 농업 대신 상업으로 몰릴 것이고, 도적도 많아질 것이라는 이유로 상업을 억제했다. 국내 상업도 억제하는 판국에 국제교역은 말할 것도 없었다. 사사롭게 국제무역에 나섰다가 발각되면 사형까지 시킬 정도였다. 그러나 유성룡은 상업금지 정책을 상업장려 정책으로 전환시켜야 나라가 되살아날 수 있다고 생각했다. 그래서 유성룡은 압록강에 국제무역시장인 중강개시中江開市를 열었다.

압록강 중강진에 시장을 열었다. 그때 흉년이 날로 심하여 굶어죽은 시체가 들에 가득하였다. 공사 간의 축적한 것이 탕진되어 진휼하려 해도 별다른 방책이 없었다. 내가 청하여 요동에 자문을 보내 중강에 시장을 열어 무역을 하도록 하니, 중국에서도 우리나라의 기근이 심한 것을 알고 황제에게 아뢰어 허락하였다. 이에 요동의 왼쪽 지방은 미곡이 많이 유출되므로 우리나라 평안도 백성들이 먼저 그 이점을 취하고 서울 백성들 또한 뱃길로 서로 통하게 하니, 여기에 의지하여 수년 사이에 완전히 활기를 되찾은 자가 헤아릴 수 없을 정도였다.(『잡저』, 「중강개시」)

『만기요람』 「중강개시」조는 "선조 계사년(1593)에 국내의 기황飢荒(굶주림)으로 상신相臣 유성룡이 건의하여 요동에 자문을 보내 압록강 중강진에 저자〔市〕를 열어서 교역하게 하니, 이것이 중강개시의 시초다"라고 전하고 있고, 『증보 문헌비고』는 이 사실과 함께 유성룡의 글 「중강개시」를 모두 실어 중강개시를 연 인물이 유성룡임을 밝히고 있다.

국제무역으로 굶주림을 해결하고 국부도 키우자는 발상의 전환이 가져온 변화는 거대했다. 『만기요람』 「중강개시」조는 "그 당시 우리나라에서는 면포綿布(무명) 1필 값이 피곡皮穀(겉곡식) 한 말도 되지 않았으나 중강진에서 팔면 쌀 20여 말이 넘었다. 은·구리·무쇠를 교역하는 자도 10배의 이익을 얻게 되었다. 요동 왼쪽 지방의 미곡이 우리나라에 많이 들어와 생활을 온전하게 한 자가 매우 많았다"라고 적었다.

유성룡은 「중강개시」조에 "비로소 옛사람들이 통상이 흉년을 구

제하는 정사에 중요한 일이라고 한 말은 참으로 까닭이 있음을 알
았다"라고 적었다. 중강개시에서 요동의 곡식이 유입되면서 수많
은 백성들이 기근에서 벗어난 것이다.

유성룡은 국제무역뿐만 아니라 국내교역도 서로 다른 지역에서
서로 필요로 하는 물품들을 교역하면 서로 이득을 볼 수 있다고 여
겼다. 유성룡은 특히 소금에 주목했다.

신이 지난번에 서울에서 들으니, 군자 부정軍資副正 윤선민尹先民이
소금에 관해 잘 안다고 하기에 불러서 계책을 물었습니다. 윤선민은
다음과 같이 대답하였습니다.

"황해도의 풍천·옹진·장연 세 고을의 경계에 서너 개의 섬이 있
습니다. 섬에는 잡목이 무성하니, 땔감으로 베어 근처의 소금 만드는
사람과 목자牧子들을 불러 모아 소금을 굽게 하면, 하루 한 가마盆에
서 닷 섬은 얻을 수 있습니다. 염관鹽官이 반을 차지하고 나머지 반을

소금 굽는 백성에게 준다면 관민이 다 구제될 것입니다. 새미를 붙여 만들게 하면 달포 동안에 몇만 섬의 소금을 얻을 수 있으니, 취하여 시행할 만합니다."(「소금을 만들어 굶주린 백성을 구제하기를 청하는 서장」)

유성룡의 구상은 먼저 소금을 만드는 백성들에게 이익이 가야 한다는 것이다. 소금을 굽는 백성들에게 반을 주면 서로 달려와 소금을 만들 것이라는 뜻이다. 유성룡은 국가에서 생산하는 소금인 관염官鹽 생산이 줄어든 이유를 잘 알고 있었다.

"대개 연해 지방 곳곳에는 염호鹽戶(소금 만드는 집)가 있어 소금을 생산해왔는데, 그 외에도 부역이 번거롭고 무거우며, 가혹한 정치가 침해하는 까닭에 염분鹽盆(소금 만드는 가마)의 수효가 줄어들어 소금이 금같이 귀해져 정부와 백성이 서로 고통을 겪게 되었습니다. 이제 부산하게 벌여놓은 허다한 일들을 죄다 제거해버리고 염호의 부역을 감면해주어 안심하고 모이도록 하고, 소금 달이는 것을 보아 몇 석石은 공염公鹽으로 바치도록 하고 나머지는 자신들이 가지도록 한다면 1년 동안에 공염은 그 수량을 능히 기록할 수 없을 정도로 많아질 것입니다."(『근폭집』, 「소금과 쇠의 판로를 열어서 국용을 넉넉하게 하기를 청하는 계사」)

소금 굽는 백성들의 다른 부역을 모두 없애고 소금만 굽게 하고 국가에 납품하는 소금 외의 것들은 모두 갖게 하면 생산량이 늘어나 소금이 풍부해질 것이란 뜻이다.

유성룡은 「소금을 만들어 굶주린 백성을 구제하기를 청하는 서장」에서 윤선민의 말을 계속 인용해 소금을 이용해 백성들을 살리는 방안을 제시했다.

윤선민은 이렇게 말했습니다.

"바닷가에 숨어 있는 공사 간의 배를 동원하는데 소금으로 값을 치릅니다. 금년에 풍년이 든 호남·호서의 바닷가로 많은 양의 소금을 그 배에 싣고 가서 값을 조금 싸게 해서 곡식과 바꾸어 백성들이 기꺼이 호응하도록 합니다. 그래서 보리·밀·메밀·대두·소두 등의 잡곡은 물론 민가에 있는 것을 다 바꾸어서 한강에 실어와 서울의 백성을 구제하고, 나머지는 개성부의 각 고을에 나누어 봄과 가을의 종자를 삼으면 그 이득이 매우 많을 것입니다."

그의 말대로 실행하여보는 것이 좋겠습니다. (……) 소금의 용도는 곡식과 같아서 사람의 생활에 하루라도 없어서는 안 됩니다. 예로부터 나라를 넉넉하게 하고 백성을 구제하는 방책으로는 바닷물을 구워 소금 만드는 것을 우선했으니 진실로 잘 처리한다면 바다에서 소금을 얻는 것이 무궁할 것입니다. (……) 현재 보건대, 충주 등의 지방은 굶주림이 갈수록 심하고 또 바닷가와는 먼 곳이라 소금이 황금같이 귀합니다. 곤궁한 백성들이 초근목피를 캘 수는 있으나 끝내 간을 맞출 수 없으므로 제대로 먹지도 못합니다. 이때에 만약 1,000여 섬의 소금을 충주로 실어가 청풍·단양·제천·영춘·괴산·음성 등에 나누어주면, 백성들 중에 이것을 의지해서 살아날 자가 장차 이루 헤아릴 수 없을 것입니다.(「소금을 만들어 굶주린 백성을 구제하기를 청하는 서장」)

유성룡은 국가에서 돈 한 푼 안 들이고 수많은 백성들을 살릴 수 있는 것이 소금 사업이라고 생각했다. 황해도 섬에 소금 굽는 사람들을 모을 때 생산물의 반을 준다고 하면 서로 모일 것이며, 나머지 반을 풍년이 든 곡창지대로 가져가 곡식과 바꾸어 서울과 충청도의 굶주린 백성들을 구제하고 나머지는 소금을 생산한 개성부의 종자로 주자는 것이다. 국가에서는 돈 한 푼 안 들이고 수많은 백성들을 구제할 수 있었다. 또한 관련자 모두에게 이익이니 국가정책 하나가 어떻게 수많은 사람들을 살리고 국부도 증진시킬 수 있는지를 보여준 사례다. 과거 소금 생산의 이익은 모두 소수의 궁가宮家(왕실)나 권세가들이 독차지했다. 유성룡은 이런 사염私鹽을 억제하고 공염公鹽을 확대하면 백성들과 나라 모두 이익이란 사실을 잘 알고 있었다. 유성룡은 선조와 조강할 때도 소금 판매 문제를 거듭 주장했다.

"소금이나 쇠로 이익을 내는 일도 할 만합니다. 태공太公이 제齊를 다스릴 때 어염魚鹽의 이익을 말했고, 당唐나라의 유안劉晏도 소금으로 이익을 얻어 그 나라를 부강하게 하였습니다. 우리나라에서 은銀을 캐는 일은 수고는 많아도 이익이 적어 할 수 없으나, 소금이라면 그와 달라 팔아서 곡식을 살 수 있고 백성도 편리하게 여깁니다."(『선조실록』 29년 6월 18일)

조선의 사대부들은 상업에 대해 말하는 것을 선비답지 못하다며 꺼렸다. 속으로는 거대한 농지에서 나오는 막대한 이익을 계산하면서도 겉으로는 이익에 대해 말하지 않는 것으로 선비연하고 있던 것이다. 그러나 유성룡은 그럴 때가 아니라고 생각했다. 백성들의 삶이 우선이었다.

"이익을 말하는 신하는 군자가 취하지 않으나, 촉蜀의 유비도 이익을 일으켜 나라를 풍족하게 하였습니다. 중국은 세입稅入이 매우 많습니다. 한 해 동안에 먹는 것이 8백만 석이나 되는데, 모든 사람들이 관염을 사서 먹으므로 그 값이 다 관가에 들어옵니다."(『선조실

유성룡의 소금정책은 백성들과 국가 모두에게 이익이었다. 그간 사염으로 배를 불리던 일부 궁가와 권세가들을 제외한 모든 백성들에게 이익이 되는 방안이었다.

유성룡은 현실을 정확하게 분석했으며 그 대책을 갖고 있었다. 그는 전체를 조망하는 거시적 안목과 부분에 해박한 미시적 시각을 동시에 갖고 있었다. 행정에 박식한 관료이자, 군사에 통달한 병법가이고, 경제에 해박한 학자였다. 또 전란 극복에 가장 필요한 것이 무엇인지 알고 있는 실학자였다. 이런 유성룡이 행정과 군사를 총괄하면서 조선은 점차 안정을 찾아갔다. 그러나 위기가 다시 다가왔다. 소강상태에 접어든 전쟁이 격화될 조짐이 보인 것이다. 풍신수길은 조선 남부를 달라는 요구조건이 거부되자 재침 결심을 굳혔다.

13_ 정
유재란 전야

소서행장과 심유경의 간계임에 분명하지만 무작정 거부할 경우

심유경의 농간에 빠지는 것이니 신중하게 처리해야 한다는 말이다.

유성룡은 일단 심유경에게 애매한 내용의 답서를 보내 시간을 번 다음

일본의 동태를 보아서 후속 조처를 의논하자고 주장했다.

이 회의에서 유성룡은 무엇보다 중요한 것은 방어태세 강화라고 주장했다.

기축옥사 연루자의 신원을 주장하다

선조 27년(1594) 11월 13일, 유성룡은 사직 상소를 올렸다. 신병 때
문이었다. 유성룡은 자신의 병이 임진년(1592)에 발생했다고 밝히
고 있다.

　내 병의 근원은 임진년 가을과 겨울 여섯 달 사이에 일어났다. 그
때 안주의 백상루百祥樓에 거처하면서 북쪽에서 불어오는 바람을 텅
빈 곳에서 맞게 되니, 밤마다 기력이 쇠약해지고 신경이 날카로워져
서 잠을 자지 못했다. 반드시 한데에 등을 드러내놓아야 했고, 옷과
이불을 가까이 할 수가 없었으며 몸이 싸늘한 쇠와 같이 차갑게 된
다음에야 잠을 잘 수 있었다. 이듬해 정월부터 4월까지는 동파東坡의
산골짜기 속 한데서 거처하고 자면서 한습寒濕한 기운을 많이 받게 되

었으니, 이것이 내 병의 근원이다.

(……) 그 이듬해인 갑오년(1594) 4월 23일에 또 병을 얻었는데, 병의 증세는 지난해의 증세와 같았다. 7월 초승에 발병했는데, 가래와 기침이 나오고 피를 토하는 증세가 잇달아 일어나서 4, 5년이 지나도 그치지 않았으니 이것이 지난날의 병증病症의 대강이다.(『잡저』, 「내 병의 근원」)

임진년 가을과 겨울을 한데서 지내 병이 생겼다는 것이다. 선조는 사직서 수리를 거부했다. 유성룡은 이듬해에도 병이 낫지 않자 다시 정사呈辭(사직서를 제출하는 것)했다. 선조는 또 수리를 거부하면서 약재를 보냈으나 사흘 후 유성룡은 다시 사직 차자를 올렸다. 선조는 다시 만류했다.

"어찌 사직을 하는가? 안심하고 오래오래 조리하라. 비록 내사來仕하지 않아도 국사를 족히 요리할 수 있을 것이다. 소소한 일에는 일일이 마음 쓸 것 없다. 나의 뜻을 알라."(『선조실록』 28년 3월 18일)

그러나 유성룡의 병을 도지게 한 인물은 바로 선조다. 이 무렵 또다시 선위하겠다고 소동을 부린 것이다. 유성룡은 아픈 몸으로 백관을 이끌고 명의 환수를 거듭 요청했다. 선조의 선위소동은 없던 일로 끝났지만 유성룡의 몸은 더 약해졌다.

이런 상황에서 기축옥사己丑獄事(정여립 사건) 연루자들의 신원을 요구하는 상소가 올라왔다. 선조 28년(1595) 봄, 호남의 진사 나덕윤羅德潤이 상소를 올려 사건 관련자들의 신원을 요구했다.

정개청鄭介淸은 처음부터 조정의 반열에 참여하지 않았고, 특히 산림에 숨어 학문하던 선비였습니다. (……) 학문에 독실하고 행실에 힘

쓰는 선비가 아니면 그를 알아보고 친밀하게 지내지 않아 그런 사람이 적었습니다. 그러므로 세상에 제멋대로 방종을 즐기면서 예법에 구속되는 것을 싫어하는 사람들은 늘 기롱하고 배척하여 원수처럼 미워하였습니다. (……) 정개청의 아우 대청大淸은 그 형이 비명에 죽은 것을 아프게 생각하고 원한을 씻기를 위해 상복을 입고 슬피 울며 감히 고기를 먹지 않은 지 이제 6년이란 오랜 세월이 지났는데, 길 가는 행인들이 듣고 상심치 않는 자가 없으니, 그 원통한 것을 어찌 다 헤아리겠습니까.(『기축록 하己丑錄下』, 「을미년 봄 진사 나덕윤 소」)

자산서원 정개청의 문인들이 스승의 신원운동을 전개하면서 건립한 서원. 전라남도 함평군에 있다.

나덕윤은 정개청 외에도 최영경崔永慶·유몽정柳夢井·이황종李黃鍾 등 기축옥사 때 죽은 사대부들의 신원을 요구하면서 그 당시의 위관인 서인 정철鄭澈을 강하게 비판했다.

"정철은 사납고 강퍅한 성미로 이에 화란을 얽어 만들 꾀를 내어 불평자들을 모아 그 세력을 확장하고, 몰래 함정을 파서 죄 없는 사람을 빠뜨리고, 공법公法을 칭탁하여 사적인 원수를 갚아 평생에 눈을 흘긴 조그만 혐의까지도 모두 보복하려 한 것입니다."(『기축록 하』,「을미년 봄 진사 나덕윤 소」)

이 무렵 정철은 이미 사망한 뒤였다. 그는 세자 건저 문제로 귀양 갔다가 임진왜란 때 백성들의 요구로 복관되었으나 삼사의 논박을 받고 강화도 송정촌松亭村으로 물러나 은거하다가 선조 26년(1593) 12월 사망했다. 사신史臣은 그의 졸기에 "정철은 성품이 편협하고 말이 망령되고 행동이 경망하고 농담과 해학을 좋아했기 때문에 원망을 자초하였다. 최영경이 옥에 갇혀 있을 때, 그가 영경과 사이가 좋지 않다는 것은 나라 사람이 다 같이 아는 바이고 그가 국권을 잡고 있었으므로 법을 집행하는 사람들도 모두 정철과 잘 알고 지내는 사이였다. 그런데 마침내 죽게 만들었으니 가수假手(타인을 시켜 자신의 목적을 달성하는 것)했다는 말을 어떻게 면할 수 있겠는가"라고 비판할 정도로 기축옥사 관련자들의 원한은 모두 정철에게 집중되었다.

이들은 영의정 유성룡이 정철 비판에 가세해주기를 바라고 있었다. 삼사에서 주청하고 있는 관작 추탈 요구에 찬성해주기를 바란 것이다. 유성룡이 한마디만 보태면 정철의 관작은 추탈될 것이 분명했다. 그러나 유성룡은 기축옥사 관련자들의 신원은 찬성했으나 정철을 공격 대상으로 삼는 것은 반대했다.

"요즘 대간의 일을 보면, 정철 한 사람의 일로 매우 소요스러운데, 혹은 '공의公議를 신장시켜야 한다' 하고, 혹은 '정철은 모르는 일이다' 하여, 이미 지난 일을 가지고 이처럼 다투어 조정이 안정되지 못하게 하고 있습니다. 근거 없는 동서인東西人의 일로 이 지경에 이르렀기 때문에 소신은 전부터 동서인의 일을 입에 담지 않았습니다."(『선조실록』 27년 10월 14일)

'동서인의 일', 곧 동인과 서인의 당쟁이 다시 일어나서는 안 된다는 생각이다. 연일 정철의 관작 삭탈 문제로 시끄러웠으나 유성룡은 시종일관 반대 당파의 영수 정철을 감싸 안았다. 그러면서 비변사를 통해 계사를 올려 무고한 기축옥사 연루자들을 신원해달라고 요청했다.

> 만약 그때 옥사를 맡아 처리하는 신하가 전하의 지극하신 뜻을 넓히고, 질문과 변론을 잘하여 그 허실과 경중의 실상을 찾아 털끝만큼의 사적인 감정도 그사이에 간여하지 않게 하였다면, 원흉과 대악大惡, 법에 응당 연좌된 자를 제외하고 그 나머지는 (……) 모두 마땅히 차례로 석방하여 그 정상과 죄벌이 서로 알맞게 되었을 것입니다. (……) 이른바 한쪽의 사람들이 이 기회를 타서 주위 사람끼리 서로 적발케 하여 연좌시킬 죄를 내면서 그 형세에 추종하고 그 의도를 엿보아 소疏를 올려 무고한 사람을 모함하는 자가 관서官署 앞에 서로 잇달았습니다. (……) 한 사람도 이 같은 사실을 임금 앞에 아뢰는 자가 없었으니 이는 여러 신하들이 나라를 저버린 죄를 고루 가지고 있는 것이지 오로지 한 사람만을 허물할 수는 없는 것입니다.(『기축록 하』, 「서애 유성룡의 계사」)

유성룡은 억울한 연루자가 많다는 사실은 인정했지만, 그 책임을 정철 한 사람에게 돌릴 수 없다고 반대했다. 당시 '한쪽의 사람들', 곧 서인들이 의도적으로 옥사를 확대했으나 이런 사실을 아무도 선조에게 알리지 않았으므로 공동책임이 있다는 것이다. 그러면서도 유성룡은 "나덕윤의 무리가 천 리 길을 발을 싸매고 와서 대궐문을 두드리고 원통함을 호소한 것은 마땅한 일입니다"라고 억울한 연루자들의 한을 풀어주어야 한다고 주장했다.

위관 정철에 대한 처벌은 요구하지 않되 억울하게 죽어간 사람들의 원한은 씻어줌으로써 과거를 정리하고 함께 미래로 가자는 것이었다. 그러나 선조는 임란 1년 전인 신묘년(1591) 김성일의 주청에 의해 이미 신원시킨 최영경에 대해서만 갑오년(1594)에 대사헌을 증직하고 나머지는 받아들이지 않았다. 기축옥사 때 무고한 원혼이 많이 나온 것은 정철뿐만 아니라 선조에게도 그 책임이 있었기 때문이다. 방계혈통의 선조가 왕권의 우위를 과시하기 위해 옥사 확대를 방조한 정황도 있었다. 선조가 정철의 추가 처벌도 반대하고 무고한 연루자를 신원하자는 유성룡의 건의를 거부한 것은 이런 배경 때문이다.

이런 상황에서 정철의 아들 정진명鄭振溟이 부친을 변호하는 상소를 올리면서 변수가 발생했다. 최영경을 죽인 사람은 정철이 아니라고 주장하면서 선조를 끌어들이자 화를 낸 것이다.

"최영경의 문서 가운데 사운시四韻詩가 있는데 성상께서 '이는 필시 영경의 시일 것이다'라고 하시고 최영경을 끝까지 추문하라고 명하셨는데, 영경이 대답하지 못했습니다. 그러나 신의 아비가 '이 시는 전부터 전해온 익명시匿名詩로 신도 일찍이 들은 바 있습니다.

이는 영경이 지은 것이 아닙니다'라고 아뢰었으니, 이는 영경이 대답하지 못하자 신의 아비가 이처럼 분별하여 해석한 것입니다."

(『선조실록』 27년 10월 17일)

선조는 자신을 끌어들인 데 격분해 정진명을 의금부에 가두어 심문하라고 명했다. 유성룡은 이에 반대했다.

"들으니 정철의 아들 정진명을 조옥詔獄(의금부의 옥)에 내렸다 하는데, 신은 상소의 내용은 잘 모릅니다만 자식은 아비를 위하여 악을 숨기는 것이니 묻지 않는 게 어떻겠습니까?"

그러나 선조는 "자식이 아비를 위하여 악을 숨긴다는 것이 어찌 임금을 속이고 아비의 악을 숨긴다는 말이겠는가"라며 분개했다. 장령 유영순柳永詢이 이때를 틈타 "그것이 바로 그 아비가 최영경을 모함하여 죽인 정상情狀입니다"라고 가세했다.

결국 정철은 그해 11월 13일 삭탈관작되고 말았다. 선조는 "이처럼 다급한 때에 서로 버티고 있기가 어려우니, 억지로 따르겠다"면서 삭탈 주장에 응한 것이다. 화해로 과거를 털고 미래로 가자는 유성룡의 생각은 먹혀들지 않았다. 과거사 문제로 동서 당쟁이 다시 재연되고 있었다. 당쟁에 몰두할 때가 아니었다. 전쟁 상황이 크게 변했기 때문이다.

강화교섭

선조 27년(1594) 12월, 일본의 납관사納款使 소서여안小西如安은 명나라 조정에 항복문서를 전달했다. 위조된 가짜 문서였다. 이에 따라 명나라 조정은 일본군의 완전 철병을 조건으로 풍신수길을 왕으로 책봉하는 책봉사冊封使를 파견하기로 방침을 정했다. 『명사明史』신종神宗 만력萬曆 23년(1595) 1월조는 "도독첨사都督僉事 이종성李宗城과 도지휘 양방형楊方亨을 파견하여 평수길平秀吉(풍신수길)을 일본 국왕으로 삼았다"라고 하며 이종성과 양방형이 일본에 가서 풍신수길을 일본 국왕으로 책봉한 것처럼 기록했다. 그러나 사실은 다르다. 이종성은 수많은 우여곡절 끝에 일본 땅을 밟아보지도 못했다.

당초 명 사신 이종성과 양방형이 만주의 요양遼陽을 떠나 조선을 거쳐 일본으로 간다는 정보를 들은 선조는 마음이 다급해졌다. 일본이 조선 남부를 떼어달라는 것을 강화조건으로 요구했기 때문이다. 선조는 혹시 명나라가 조선 남부를 일본에 떼어주고 강화하는 것이 아닐까 두려워했다. 선조는 서울에 있는 명나라 유격遊擊 진금홍陳金鴻 등을 만나 진의를 탐색했는데 그는 일본군 1만 5천 명이 36척의 배로 철수하는 것을 자신이 직접 보았다면서 강화협상을 통해 일본군을 철수시켜야 한다고 주장했다. 그해 3월에는 명나라 도사都司 장응룡章應龍이 서생포西生浦(울산)로 가서 가등청정을 만났다. 두 나라 사이에 강화 분위기가 한창이었다. 두 나라의 진의를 알 수 없는 선조는 답답해했다.

문제는 지난번에도 그랬듯이 풍신수길의 뜻과 조선에 나와 있는 장수들의 생각이 서로 다르다는 것이다. 현장에서 두 나라는 책봉사 문제로 부딪쳤다. 명나라는 일본군이 철수하면 책봉사를 파견하겠다고 주장한 반면 일본군은 책봉사 파견의 확증이 있기 전까지 철수할 수 없다고 버텼다. 그래서 일본군이 철군 준비를 끝내면 책봉사가 요양에서 서울로 출발하고, 책봉사가 서울에 도착하면 일본군은 곧바로 철병한다는 절충안이 마련되었다. 그러나 이는 풍신수길의 의도와는 전혀 달랐다. 이런 상황에서 이종성과 양방형이 서울에 도착해 일본군의 철수를 독촉했으나 일본군은 물러가지 않았다. 이종성은 자신이 직접 일본군 진영으로 가서 철군을 독촉하면 일본군이 물러갈 거라고 생각했다. 그래서 부사 양방형을 먼저 부산으로 보낸 뒤 9월에는 자신도 서울을 출발해 11월 22일에 부산의 일본 군영에 들어갔다.

그러자 일본군은 오히려 이종성을 연금시킨 채 도일渡日을 재촉했다. 일본군이 철군하지도 않았는데 자신이 먼저 도일할 경우 문책이 두려워진 이종성은 도일을 거부했다. 사실 인질이 된 뒤에야 이종성은 풍신수길의 진짜 요구를 듣게 되었다. 조선 남쪽을 떼어주는 '할지割地'와 명나라 공주를 내리는 '납녀納女'가 진짜 요구였다. 게다가 풍신수길이 책봉사를 인질로 삼아 조선을 재침할 것이라는 정보가 들리자 이종성은 1596년 4월 야음을 틈타 일본군 진영을 탈출했다. 이 사실이 알려지자 선조는 조신들에게 이렇게 말했다.

"정사 이종성이 왜영을 탈출했다고 하는데 그사이의 곡절은 알지 못하겠으나, 필시 걱정스런 사단이 있었을 것이다. 그러나 왕인王人의 거조는 이럴 수 없으니, 와전된 말이 아닌가."

선조는 명나라 사신이 중도에 도망쳤다는 사실을 믿을 수가 없었다. 유성룡은 침착하게 대응했다.

"일이 몹시 급박하게 되었습니다. 빠른 시일 내에 요동에 자문을 보내는 한편 북경에 주달해서 중국 조정의 조처를 보아야 합니다."

이종성은 몰래 조선을 지나 명나라로 귀국했고 명 조정은 그를 투옥했다. 그리고 부사 양방형을 정사로 삼고, 심유경을 부사로 삼아 강화교섭을 계속하도록 했다. 심유경은 이종성이 도주하기 석 달 전인 선조 29년(1596) 1월, 소서행장과 함께 이미 일본으로 건너 가 있었다. 심유경이 부사가 된 것은 국제사기꾼에게 날개를 달아 준 격이어서 조선은 크게 걱정했다.

아니나 다를까 심유경은 조선에 사신을 파견하라고 요청했다. 철천지원수인 일본에 사신을 파견하라는 요청에 어이가 없었으나 무작정 거부했다가 강화가 결렬되기라도 하면 조선이 모든 책임을 뒤집어쓸 판국이었다. 심유경도 이것을 노리고 사신 파견을 요청 한 것이다.

선조가 이 문제를 2품 이상 47명의 조의朝議에 부치자 영의정 유 성룡은 이렇게 분석했다.

"심유경도 그 일이 이루어지지 못할 것을 알고 계책이 궁해지자 도리어 그 허물을 다른 곳으로 돌리어 스스로 변명할 계책을 삼고 자 하는 것입니다. (……) 이제 이 자문을 직선적인 말로 거절해버린 다면 바로 심유경의 농간에 빠지게 되는 것으로 심유경은 이것을 핑계로 중국에 치보하기를 '봉사封事는 이루어져 가는데 사신을 보 내달라는 요청을 조선에서 허락하지 않기 때문에 왜적이 물러가지 않는다'라고 할 것이며, 그의 말을 따르려고 한다면 또한 인정과 의 리상 차마 할 일이 아닙니다. 비록 사신 보내는 것을 허락하더라도 왜적의 철수는 기필할 수 없는 일이니, 이것이 난처한 까닭입니 다……."(『선조실록』 29년 1월 3일)

소서행장과 심유경의 간계임에 분명하지만 무작정 거부할 경우 심유경의 농간에 빠지는 것이니 신중하게 처리해야 한다는 말이 다. 유성룡은 일단 심유경에게 애매한 내용의 답서를 보내 시간을 번 다음 일본의 동태를 보아서 후속 조처를 의논하자고 주장했다. 이 회의에서 유성룡은 무엇보다 중요한 것은 방어태세 강화라고 주장했다.

"또 신이 생각나는 일이 있어 아울러 언급합니다. 금년 봄에 방어하고 수비할 계책을 시급히 조처하지 않을 수 없습니다. 지난 임진년에 왜적이 또한 멀리서 헛된 말로 우리를 해이하게 하여 세견선歲遺船이 곧 이를 것이라고 말하더니, 대적大賊이 갑자기 이르렀습니다. 금년 일 또한 그렇지 않다고 어떻게 보장할 수 있겠습니까. (……) 기타의 모든 일은 비변사와 함께 주야를 가리지 않고 적절히 조처하는 것이 마땅합니다."(『선조실록』 29년 1월 3일)

임진년과 마찬가지로 겉으로 강화하는 척하다가 갑자기 재침할 수 있으니 이에 대비해야 한다는 주장이다. 조선에서 시간을 끌자 다급해진 심유경은 통신사通信使가 아니라 배신陪臣(명 사신을 수행하는 신하)이라도 보내달라고 요청했다. 유성룡은 근수跟隨라는 명목으로 배신을 보내자는 방안을 냈다. 통신사가 아니라 명나라의 책봉사를 수행한다는 뜻의 근수 배신跟隨陪臣을 보내 조선이 강화를 깼다는 혐의에서도 벗어나고 일본에 대한 정보도 수집하자는 주장이다.

그러나 삼사三司에서는 근수 배신 파견을 강하게 반대했다. 이런 상황에서 선조 29년(1596) 6월 명나라 조정에서 일본에 보내는 봉왜고명封倭誥命과 유서諭書(황제의 칙서)가 도착했다. 풍신수길을 일본 국왕으로 책봉한다는 고명과 유서였다. 명나라 조정도 강화를 원하고 있음이 확인된 것이다. 삼사는 계속 근수 배신의 도일을 반대했지만 유성룡은 근수 배신 파견을 강행했다.

"통신사를 들여보낸 다음에야 우리나라가 지탱하게 될 것입니다. (……) 일에는 경중과 대소가 있는 법입니다. 국가의 보존과 멸망이 따르는 일인데 어찌 신하 하나를 보내지 않을 수 있겠습니까." (『선조실록』 29년 7월 15일)

이에 따라 호군 황신黃愼의 직급을 돈녕부 도정敦寧府都正으로 올려 근수 상사上使로, 대구 부사 박홍장朴弘長의 직급을 장악원정掌樂院正으로 올려 근수 부사로 삼아 일본으로 파견했다.

양방형과 심유경은 비로소 선조 29년(1596) 9월 2일 오사카성〔大阪城〕에서 풍신수길을 만나 명나라 신종의 고명과 유서를 전달했다. 양방형과 심유경은 이로써 사태가 끝나리라고 예상했지만 풍신수길은 유서를 보고 불같이 화를 냈다. 자신을 일본 국왕으로 봉한다는 내용 외에 조선 남부의 '할지'와 명나라 공주를 보내는 '납녀', 명나라와 일본 사이의 국제무역을 허용하는 '준공准貢' 등이 모두 빠져 있었다. 풍신수길은 국왕 책봉을 거부하고 조선 근수사의 직급이 낮다는 이유로 접견을 거절했다.

풍신수길은 명나라 책봉사와 조선 근수사의 퇴거를 요구했고, 가등청정 등 강경파들은 재출병을 주창하고 나섰다. 선조 29년(1596) 9월 9일 귀국길에 오른 근수 사신 황신은 수행 군관을 먼저 보내 일본이 재침략할 것이 확실하다고 보고했다. 다시 전운이 드리워지고 있었다. 그러나 임진년에 그런 것처럼 조선은 또다시 당쟁에 빠져들었다.

14_ 정유재란 발발

선조는 일본군이 본격적으로 북상하기도 전인 6월 말부터 중전을 피신시키겠다고 나섰다.

그 후 자신이 뒤따라가려는 속셈이었다.

임진년 때의 고생을 반복하지 않기 위해 중전을 먼저 피신시키고 여차하면 자신도 뒤따라갈 요량이었다.

유성룡은 백성들이 심하게 동요할 것이라며 중전의 피신에 반대했다.

그러나 선조는 유성룡이 가속을 피신시켰다는 말을 듣고 유성룡을 공격했다.

이순신 제거되다

유성룡은 일본군의 재침을 예견하고 방비책을 세웠다. 바로 청야
전법淸野戰法이다.

유성룡이 아뢰었다.

"(……) 신의 생각으로는 어쩔 수 없이 우선 요해지에 의거하여 성벽
을 굳게 지키고 청야淸野해야 하겠습니다. 이에 앞서 권율이 행주에 웅
거하였으므로 이겼거니와, 이제 어쩔 수 없이 요해지에 웅거하여 저축
하고 힘을 다하여 지킨다면, 행주 싸움처럼 적의 기세가 먼저 꺾이고
우리 군사는 용기를 얻을 것이며 적은 천리길에 양식을 나를 수 없으므
로 그 형세가 반드시 지칠 것입니다. 이때에 우리 군사가 지친 틈을 타
서 크게 친다면 이기지 못할 리 없습니다."(『선조실록』 29년 11월 7일)

청야전법이란 고구려에서 즐겨 사용한 전법이다. 식량을 비롯한 모든 군수품을 산성으로 옮겨놓아 적이 굶주리게 하는 전법이다. 유성룡은 또한 국제사기꾼 심유경이 중국 조정에 거짓으로 보고할 것도 미리 짐작하고 있었다.

"적정이 변동할 것임은 틀림없으니, 싸워 지킬 일이 있을 뿐이고 다른 일은 없습니다. (……) 오늘날의 계책으로는 반드시 힘을 다하여 대비하고 중국 조정에 빨리 알려 중국군을 평양에 출진出鎭시켜달라 청해야 할 것이니, 그러면 될 것입니다."(『선조실록』 29년 11월 7일)

심유경이 거짓으로 보고하기 전에 명나라 조정에 상황을 설명하자는 것이다. 과연 심유경은 그해 10월 25일 대마도에서 문서를 위조해 풍신수길이 '책봉에 사은한다'는 표문을 명 조정에 보냈다. 그러나 명나라는 조선의 통보로 강화교섭이 실패한 사실을 알고 있었다. 명나라는 심유경을 처벌하고, 강화를 주도한 병부상서 석성石星까지 실각시켰다. 명나라 조정은 일본군이 재침하면 강경하게 대응한다는 방침을 정했고, 조선도 영의정 유성룡을 중심으로 일본군의 재침에 대비한 전쟁 준비에 들어갔다. 그러나 사정은 여의치 않았다. 당쟁이 재연되었기 때문이다.

유성룡에 대한 공격은 우익을 자르는 것으로 시작되었다. 이순신을 공격한 것이다. 일본은 재출병의 선결조건이 이순신 제거라고 생각했다. 이순신이 건재하면 수송로가 단절되어 임진년의 비극이 되풀이 될 것이기 때문이다.

소서행장은 이순신을 제거하기 위해 이중간첩 요시라要時羅를 이용했다. 대마도 좌하촌佐賀村 출신인 요시라는 유창한 조선어 솜씨 덕분에 소서행장의 통역이 되었다. 유성룡은 『징비록』에 "적의 장수 소서행장이 그의 졸병 요시라를 경상 우병사 김응서의 진영에 자주 드나들도록 하여, 은근한 정을 보였다"라고 썼다. 요시라의 주선으로 김응서는 함안咸安 곡현谷峴에서 소서행장과 이른바 함안회담을 하기도 했다. 이 함안회담은 조정의 사전 허락 없이 진행되었으므로 김응서에 대한 처벌론이 나오기도 했으나 회담에서 얻은 정보의 가치를 높이 산 선조가 "단기單騎로 행장을 만나보았다니 김응서 역시 보통 사람은 아니다"라고 평하면서 흐지부지되었다. 이에 고무된 요시라는 조선에 벼슬을 요구했고, 김응서는 정3품 절충장군折衝將軍과 은자銀子 80냥까지 주었다. 요시라를 간자間者로 삼았다고 여긴 것이다. 요시라는 조선 관복을 입고 조선 진중에 마음대로 드나들었다. 이때 요시라가 준 정보에 김응서를 비롯한 장수들과 조정 대신들 그리고 선조까지 현혹되면서 이순신의 고초가 시작된다.

요시라가 준 정보는 '가등청정이 건너올 때를 가르쳐줄 테니 제거하라. 소서행장도 이를 원하고 있다'는 것이다. 이순신은 요시라의 술책임을 단번에 파악했다. 자신을 유도해 제거하려는 소서행장의 술책이라고 여긴 것이다. 그러나 선조와 조정 대신들은 요시라의 말을 사실로 믿었다.

정유년(1597) 1월 21일, 권율 원수가 한산도 진영에 이르러 공(이순신)에게 "적장 가등청정이 다시 나온다고 하니, 수군은 요시라의 말대로 하라. 삼가 기회를 놓치지 마라"고 말했다. 이때 조정은 원균의 말만 믿고 공을 비방해 마지않았으므로 공은 요시라의 말이 속임수임을 알면서도 감히 그 앞에서 마음대로 물리칠 수 없었다.(『행록』)

이순신은 적극적으로 움직이지 않았다. 이런 와중에 가등청정이
장문포場門浦(거제도)에 도착했다는 사실이 전해지자 이순신에 대한
비방이 벌떼처럼 일어났다. 일부러 가등청정을 잡지 않았다는 것
이다. 당초 요시라를 포섭했다고 자부한 경상 우병사 김응서는 자
신이 보낸 전사戰士 송충인에게 소서행장이 한 말을 전하면서 이순
신을 비판했다.

> 소서행장이 송충인에게 매우 통분해하면서, "그대 나라 일은 매양
> 그러하니 후회해도 소용없다. 가등청정이 이미 바다를 건너왔으니,
> 전날 내가 한 말이 청정의 귀에 누설될까 걱정된다. 모든 일의 비밀
> 을 지키도록 힘쓰자"라고 말했습니다. (……) 대개 우리나라의 일은
> 이처럼 지체하여 만에 하나도 성사될 수 없으니, 다만 민망하고 답답
> 할 뿐입니다.(『선조실록』 30년 1월 23일)

가등청정과 소서행장은 일본군의 두 기둥이었다. 가등청정이 주
전론자이고 소서행장은 주화론자이며, 둘 사이가 썩 좋지 않은 것
은 사실이지만 적군을 이용해 아군 장수를 제거한다는 것은 병법
에도 없는 일이다. 만약 이런 방법을 통해 가등청정을 제거하려 한
사실이 풍신수길에게 전해진다면 멸문지화를 당할 일이다. 이는
소서행장 자신이 조선의 간첩이 되어야 가능한 일이다. 그러나 조
선 조정은 이런 상식이 통하지 않았다. 소서행장이 이런 간계를 쓸
수 있던 것은 이순신이 정유재란 1년 전인 선조 29년부터 논란의

대상으로 전락한 사실을 알고 있었기 때문이다.

　상이 일렀다.

　"이순신은 밖에서 의논하기를 어떠한 사람이라고들 하는가?"

　좌의정 김응남金應南이 아뢰었다.

　"이순신은 쓸 만한 장수입니다. 원균元均으로 말하면 병폐가 있기는 하나 몸가짐이 청백하고 용력으로 선전善戰하는 점도 있습니다."

　상이 일렀다.

　"이순신은 처음에는 힘껏 싸웠으나 그 뒤에는 작은 적일지라도 잡는 데 성실하지 않았고, 또 군사를 일으켜 적을 토벌하는 일이 없으므로 내가 늘 의심하였다. 동궁東宮(광해군)이 남으로 내려갔을 때에 여러 번 사람을 보내어 불러도 오지 않았다." (『선조실록』 29년 6월 26일)

　선조가 이순신을 비난하고 나서자 이순신을 공격하는 대신들이 늘어갔다. 선조 26년(1593)부터 영의정으로 정권을 장악한 유성룡에 대한 불만이 이순신에게 투영된 것이다.

　김응남이 아뢰었다.

　"원균이 당초에 사람을 시켜 이순신을 불렀으나 이순신이 오지 않자 원균은 통곡을 하였다 합니다. 원균은 이순신에게 군사를 청하여 성공하였는데, 도리어 공은 순신이 위에 있게 되자, 두 장수 사이가 서로 벌어졌다 합니다."

　상이 일렀다.

　"이순신의 사람됨으로 볼 때 결국 성공할 수 있는 자인가? 어떠할

원균 임진왜란 내내 이순신과 대립했다. 정유재란 때 적의 유인전술에 말려들어 칠천도에서 전사했다.

는지 모르겠다."

김응남이 아뢰었다.

"알 수 없습니다마는, 장사將士들은 이순신이 조용하고 중도에 맞는다 합니다. 그러나 지금 거제진巨濟鎭에는 원균을 보내야 하니, 거제를 지키는 일이라면 이 사람이 아니고 누가 하겠습니까."

상이 일렀다.

"거제에서 군사를 철수한 뒤에 나도 물었고 비변사도 주둔시켜 지키지 않으려는 것이 아니었다. 한산도는 어떻게 해야 하겠는가?"

윤근수가 아뢰었다.

"반드시 한산도를 지킬 필요는 없습니다."

상이 일렀다.

"한산도는 진을 비울 수 없다. 그러나 지킬 경우에 군사가 적어 세

이원익 남인 영수로 유성룡 사후 대동법을 되살리는 데 힘썼다.

력이 분산되겠거니와 양향粮餉(식량)은 또 어떻게 장만하여 내겠는가?"
(『선조실록』 29년 6월 26일)

김응남과 윤근수는 모두 서인이다. 게다가 김응남은 『선수실록』 27년 11월조에서 "이산해의 매서妹壻로 (……) 한결같이 산해의 구태舊態대로만 따랐다"라고 쓴 것처럼 북인 영수 이산해의 사돈이다. 북인 이산해는 "요시라와 소서행장은 후대하지 않을 수 없으니, 이 뒤에도 기대하는 바가 있기 때문입니다(『선조실록』 30년 1월 27일)"라고 말할 정도로 소서행장과 요시라를 철썩 같이 믿고 있었다. 조정에서는 그해 11월 다시 이순신과 원균이 싸운 것에 대한 논란이 벌어졌다.

우의정 이원익이 아뢰었다.

"이순신은 스스로 변명하는 말이 별로 없었으나, 원균은 기색이 늘 발끈하였습니다. 예전의 장수 중에도 공을 다툰 자는 있으나, 원균의 일은 심하였습니다. 소신이 올라온 뒤에 들으니, 원균이 이순신에 대하여 분한 말을 매우 많이 하였다 합니다. 이순신은 결코 한산도에서 옮길 수 없으니 옮기면 일마다 다 글러질 것입니다……."

상이 일렀다.

"난처한 일이다."

좌의정 윤두수가 아뢰었다.

"원균은 소신의 친족인데, 신은 오랫동안 그 사람을 보지 못하였습니다. 대개 이순신이 후진인데 지위는 원균 위에 있으므로 발끈하여 노여움을 품었을 것이니, 조정에서 헤아려 처치해야 할 것입니다."

상이 일렀다.

"내가 전일에 들으니, 당초 군사를 청한 것은 실로 원균이 한 것인데 조정에서는 원균이 이순신만 못하다고 생각하므로 원균이 이렇게 노하게 되었다 하고, 또 들으니 원균은 적을 사로잡을 때 선봉이었다 한다."

유성룡이 아뢰었다.

"원균은 가선대부嘉善大夫(종2품)가 되었을 뿐인데 이순신은 정헌대부正憲大夫(정2품)가 되었으므로, 이 때문에 원균이 분노한 것입니다."

상이 일렀다.

"내가 들으니, 군사를 청해 수전한 것은 원균에게 그 공이 많고 이순신은 따라간 것이라 하며, 또 들으니, 이순신이 왜적을 많이 잡은 것은 원균보다 나으나 공을 이룬 것은 실로 원균에게서 비롯하였다 한다."

(중략)

승지 이덕열李德悅이 아뢰었다.

"이순신은 열다섯 번이나 부른 뒤에야 비로소 가서 적의 배 60척을 잡고서는 자신이 맨 먼저 쳐들어간 것으로 자기 공을 신보申報하였다 합니다."

(중략)

이원익이 아뢰었다.

"원균은 당초에 많이 패하였으나 이순신만은 패하지 않고 공이 있으므로, 다투는 시초가 여기에서 일어났습니다."(『선조실록』 29년 11월 7일)

남인 이원익은 이순신을 옹호한 반면 서인 윤두수는 원균을 옹호했다. 다른 인물도 아닌 선조가 원균을 옹호하고 이순신을 비판한 것은 위험한 일이었다. 이틀 후 해평 부원군海平府院君 윤근수尹根壽의 장계는 이순신 죽이기의 서막이 올랐음을 말해준다.

임진년에 수전한 장수들 중에서 공이 있는 자는 손꼽아 셀 수 있는데, 그 가운데에서 원균이 가장 우직하여 제 몸을 잊고 용맹을 떨치며 죽음을 피하지 않아서 공적이 매우 뚜렷합니다. 또 수전에 익숙하여 적을 보는 대로 나아가 이기기만 하고 지는 일이 없으므로 군졸이 믿어서 두려워하지 않는데, 이제 주사舟師(수군)를 버리고 기보騎步(육군)를 거느리니, 병사兵使(충청 병사)가 수사水使보다 높기는 하나, 이것은 옛사람이 이른바, 그 잘하는 것을 버려두고 그 재주를 못 쓰도록 한다는 것입니다.(『선조실록』 29년 11월 7일)

윤근수 장계의 내용대로라면 백전백승의 장수는 이순신이 아니라 원균이다.

원균이 수군을 거느리면 반드시 이길 도리가 있음을 기대할 수 있겠으나, 마땅하지 않은 사람으로 담당하게 하여 적에게 대항하지 못함으로써 적이 혹 호남으로 가는 길을 한번 범하면 원균이 한 도의 기보 군졸을 거느려 대장大將이 되더라도 결코 수전에서처럼 뜻대로 싸우지 못할 것이니, 다시 수사를 삼아 전일에 싸운 장기를 쓰게 하지 않아서는 안 되겠습니다.(『선조실록』 29년 11월 7일)

'마땅하지 않은 사람'인 이순신을 원균으로 대체하자는 것이 윤근수의 주장이다.

어떤 이는, "원균은 이순신과 서로 사이가 좋지 않다. 이순신이 통제사統制使이므로 원균을 절제節制할 것인데, 원균이 그 아래에 있는 것을 감수하지 못하여 두 장수가 화합되지 않을 것이니, 일이 성공될 리가 없을 듯하다"라고 말하나, 신은 그렇지 않다고 생각합니다. 통제사란 직임은 한때의 필요로 생긴 것이어서 그대로 둘 수도 있고 없앨 수도 있습니다. 이순신의 통제사라는 직명을 낮출 수도 있고 혹 원균을 경상도 통제사라 칭하여 이순신과 명위名位가 대등하게 할 수도 있으니, 신축자재하게 한다고 안 될 것이 없습니다. 이는 대개 원균의 자급이 본디 이순신과 같기 때문입니다. 이것은 국가의 존망에 관계되는 것이므로, 감히 다시 아뢰어 번거롭게 하는 혐의를 피할 겨를이 없습니다.(『선조실록』 29년 11월 7일)

원균을 수군으로 재임명하는 것이 '국가의 존망'에 관련되는 중대사란 뜻이다. 이에 대해 선조는 "이렇게 써서 아뢰니, 매우 아름답고 기쁘다"라고 답했다. 육군 명장 김덕령을 제거한 데 이어 수군 명장 이순신을 제거하기 위한 작전이 착착 진행된 것이다. 이런 상황에서 이순신이 요시라의 정보대로 움직이지 않았으니 스스로 그물에 걸려든 격이었다. 이들이 공격한 표면적 대상은 이순신이

지만 실제 대상은 그를 천거한 유성룡이다.

　조정 의논이 두 갈래로 갈라져 각각 주장하는 바가 달랐는데, 이순
신을 천거한 사람이 나(유성룡)이므로, 나와 사이가 좋지 않은 사람들
은 원균과 합세하여 이순신을 몹시 공격했으나 오직 우상右相 이원익
만은 그렇지 않다고 밝혔다.(『징비록』)

　신영申霅은 『재조번방지再造藩邦志』에서, "당시 서인은 원균 편을
들고 동인은 이순신 편을 들어 서로 공격하느라 다른 국사는 치외
도지했으니 이러고도 나라가 망하지 않은 것이 다행이다"라고 한
탄할 정도였다. 문제는 서인만이 아니라 동인에서 갈라진 북인까
지 공격에 가담한 데 있다.

　판중추부사 윤두수가 아뢰었다.
　"지난번 비변사에서 이순신의 죄상을 이미 헌의했으므로, 이순신
의 죄상은 상께서도 이미 통촉하시지만 이번 일은 온 나라의 인심이
모두 분노하고 있으니, 행장行長이 지휘指揮하더라도 역시 할 수 없을
것입니다. 위급할 때 장수를 바꾸는 것이 비록 어려운 일이지만 이순
신을 체직시켜야 할 듯합니다."
　지중추부사 정탁鄭琢이 아뢰었다.
　"참으로 죄가 있습니다만 위급할 때 장수를 바꿀 수는 없습니다."
(『선조실록』 30년 1월 27일)

　소서행장이 지휘해도 할 수 없다는 발언이다. 마치 소서행장이

조선군 도원수라도 된 듯한 발언이다.

　상이 일렀다.

　"나는 이순신의 사람됨을 자세히 모르지만 성품이 지혜가 적은 듯 하다. 임진년 이후에 한 번도 거사를 하지 않았고, 이번 일도 하늘이 준 기회를 취하지 않았으니 법을 범한 사람을 어찌 매번 용서할 것인 가. 원균으로 대신해야겠다. 중국 장수 이 제독李提督(이여송) 이하가 모두 조정을 기만하지 않는 자가 없더니, 우리나라 사람들도 그걸 본 받는 자가 많다. 왜영을 불태운 일도 김난서金鸞瑞와 안위安衛가 몰래 약속하여 했다고 하는데, 이순신은 자기가 계책을 세워 한 것처럼 하 니 나는 매우 온당치 않게 여긴다. 그런 사람은 비록 가등청정의 목 을 베어오더라도 용서할 수가 없다."

　영돈녕부사 이산해李山海가 아뢰었다.

　"임진년에 원균의 공로가 많았다고 합니다."

　상이 일렀다.

　"공이 없다고 할 수 없다. 앞장서서 나아감을 귀하게 여기는 것은 사졸士卒들이 보고 본받기 때문이다."(『선조실록』 30년 1월 27일)

　가등청정을 제거하러 출격하지 않았다고 공격하더니 이제는 '가등청정의 목을 베어와도 용서할 수 없다'고 하는 판국이었다. 이순신 제거에 선조와 서인 영수 윤두수, 북인 영수 이산해가 동조 하는 형국이었다. 결국 유성룡이 나서지 않을 수 없었다.

　의정부 영의정 유성룡이 아뢰었다.

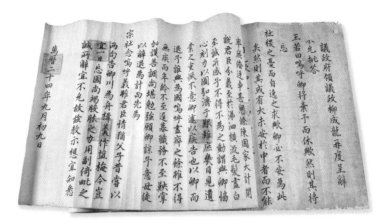

사직 상소 불윤비답 정유재란 직전에 이순신에게 죄를 주자는 의견에 반대해 유성룡이 낸 사직 상소에 대한 선조의 불윤비답이다.

"신의 집이 이순신과 같은 동네에 있기 때문에 신이 이순신의 사람됨을 깊이 알고 있습니다."

"경성京城(서울) 사람인가?"

"그렇습니다. 성종 때 사람 이거의 자손인데, 직사職事를 감당할 만하다고 여겨 당초에 신이 조산 만호로 천거했습니다."

상이 일렀다.

"글을 잘하는 사람인가?"

유성룡이 아뢰었다.

"그렇습니다. 성품이 굽히기를 좋아하지 않아 제법 취할 만하기 때문에 그 사람이 어느 곳 수령으로 있을 때 신이 수사水使로 천거했습니다……"

(중략)

상이 일렀다.

"이순신은 조금도 용서할 수가 없다. 무신이 조정을 가볍게 여기는 습성은 다스리지 않을 수 없다. 이순신이 조산 만호로 있을 때 김경눌金景訥 역시 녹둔도鹿屯島에 둔전屯田하는 일로 마침 그곳에 있었는데, 이순신과 김경눌은 평소 사이가 좋지 않았다. 이순신이 밤중에 호인胡人 하나를 잡아 김경눌을 속이니, 김경눌은 바지만 입고 도망하기까지 하였다. 김경눌은 허술한 사람이어서 그처럼 위태로운 곳에서 계엄을 하지 않았고, 이순신은 같은 변방의 장수로 서로 희롱해서는 안되는 것이다. 내가 그런 일을 일찍이 들었다."(『선조실록』 30년 1월 27일)

모두가 비난하는 상황에서 유성룡이 외롭게 조산 만호와 수사로 천거했다고 방어하는 형국이었다. 선조는 이순신에 대한 증오에 사로잡혀 있었다. 10년 전 녹둔도 시절의 일을 국왕이 알 수 없다는 점에서 반대파의 사주를 받은 후궁이나 내관이 알려준 이야기일 것이다. 사실 여부는 알 수 없지만 설혹 사실이라 할지라도 전선에서 경계를 철저히 한 이순신을 칭찬하는 용도로 사용될 일화이지 비난의 용도로 사용될 일화는 아니다. 좌의정 김응남은 규찰어사를 파견하자고 제의했고 이에 따라 선조는 남이신南以信을 보내 진상을 조사하게 했다.

드디어 의금부 도사를 보내 이순신을 잡아오게 하고 원균을 대신 통제사로 삼았다. 임금께서 이 일이 모두 사실은 아닐 것이라 의심해서 성균관 사성 남이신을 보내 한산도로 가서 사찰査察하도록 하였다. 남이신이 전라도에 들어가니 군사와 백성들이 길을 막고 이순신의 원통함을 호소하는 사람이 이루 헤아릴 수 없었으나 남이신은 사실대로 보고하지 않고, "가등청정이 섬에 7일간이나 머물러 있었으니 우리 군

사가 만약 출진했으면 청정을 잡아올 수 있었을 텐데, 이순신이 머뭇
거리는 바람에 그만 기회를 놓쳐버렸습니다'라고 보고했다.(『징비록』)

남인 유성룡과 정탁 등을 빼고는 이순신 제거에 온 당파가 단결
했다. 길을 막고 호소하는 군사와 백성들은 눈에 보이지 않았다.
선조가 이순신을 증오한 이유가 바로 여기에 있다. 자신은 백성들
의 조롱을 받는데 이순신은 백성들의 추앙을 받은 것이다. '임금께
서 이 일이 모두 사실은 아닐 것이라 의심'했다는 말은 유성룡의 의
례적 수사에 불과하다. 선조는 이순신 제거가 추락한 국왕의 권위
회복에 필수라고 여기고 있었다.

　　비망기로 우부승지 김홍미金弘微에 전교하였다.
　　"이순신이 조정을 기망欺罔한 것은 무군지죄無君之罪(역적죄)이며,
적을 놓아주어 치지 않은 것은 부국지죄負國之罪(국가 반역죄)이며, 남
의 공을 가로챈 것은 함인지죄陷人於罪(남을 함정에 빠트린 죄)이며, 방자
하지 않음이 없는 것은 기탄지죄忌憚之罪(기탄함이 없는 죄)이다. 이렇게
많은 죄가 있으면 용서할 수 없는 법이어서 마땅히 율律에 따라 죽여
야 할 것이다. 신하로서 임금을 속인 자는 반드시 죽이고 용서하지
않을 것이므로 지금 형벌을 끝까지 시행하여 실정을 캐어내려 하는데
어떻게 처리할 것인지 대신들에게 하문하라."(『선조실록』 30년 3월 13일)

선조는 이순신을 '반드시 죽이고 용서하지 않을 것'이라고 극언
했다. 여기에 서인과 북인들이 동조하고 있었다. 유성룡은 분노했
다. 그 분노는 이순신의 목숨이 경각에 달린 선조 30년(1597) 2월 28

일 사직서를 제출하는 것으로 나타났다.

> 신은 본디 변변치 못한 인물로 오래도록 중한 자리에 있으면서 한
> 가지의 공효功劾도 없었습니다. (……) 신의 본직本職(영의정)과 도체찰사
> 직명을 속히 체직하도록 허락하소서.(『선조실록』 30년 2월 28일)

'심병心病이 더욱 중해'졌다는 것이 사직의 변이었다. 심기가 불
편하다는 뜻이다. 불패의 명장 이순신이 사형당할 위기에 처하자
사직으로 항의한 것이다. 선조가 허락하지 않자 유성룡은 다음 날
또 사직서를 제출했다. 이번에도 선조는 사직을 허락하지 않았다.
『연보』는 "차자를 올려 관직을 사양하였다"라는 구절 바로 뒤에
"이에 앞서 통제사 이순신이 한산도에 있으면서 누차 적을 격파하
자, 적장 평행장平行長(소서행장)이 걱정하여 그 허실을 탐지하려고
사람을 시켜 우병사 김응서에게 속여 말하였다"라고 적었다. 유성
룡의 사직 차자는 이순신 공격에 대한 항의 표시였다.

이순신은 충직하여 평소에 권력자를 섬기지 않았고, 게다가 선생이
천거한 사람이다. 그러므로 당시 선생을 좋아하지 않는 무리들이 이순
신을 배척하여 선생에게까지 화를 끼치려고 군기를 그르쳤다는 죄목으
로 갖가지를 얽어매었다. 그러자 상이 진노하여 이순신을 법으로 처리
하고 원균에게 이순신의 자리를 대신하게 하려 하자, 선생이 말하였다.
"통제사는 이순신이 아니면 할 수 없습니다. 사태가 위급한 데다가
장수를 바꾸어 한산도를 지키지 못하면 호남도 보전할 수 없습니다."
상은 더욱 노하여 비변사가 아첨만 하고 정직하지 못하다 하니, 모

한산도 제승당 제승당의 원래 이름은 운주당으로, 이순신이 거처하면서 삼도수군을 지휘한 곳이다.

든 신하들이 다 황공하여 감히 말을 못했으나, 선생만은 국사의 성패로 수일 동안에 간쟁하여 고집하기를 그치지 않았다. 며칠 뒤에 상은 선생에게 나가 경기를 순찰하라고 명한 다음 재신들을 인견하고 이순신의 죄를 논하자, 최황崔滉이 죄를 주자는 결의에 찬성하니 이순신은 드디어 죄를 얻고야 말았다. 선생이 조정에 돌아와 차자를 올려 사직하였으나 윤허하지 않았다.(『연보』 정유년)

이순신 처벌에 반대하는 유성룡을 순찰 명목으로 경기로 내보낸 다음 처벌을 결정한 것이다. 선조는 이순신을 죽이기로 결심했다. 의금부 옥에 갇힌 이순신이 혹독한 고문을 받았음은 당연하다. 한

번만 더 심문하면 그대로 고문사할 상황이었다.

이때 이순신을 죽여서는 안 된다고 주장하는 차자가 올라왔다. 정탁의 차자였다. 정탁은 자신이 예전에 죄인을 국문했을 때 고문으로 죽는 경우를 많이 봤다고 말하면서, "이제 이순신이 이미 한 차례 고문을 당했으므로 만일 또다시 형을 가한다면 엄한 고문으로 반드시 생명을 보전하기가 어려울 것입니다"라고 더 이상의 고문을 반대했다.

정탁은 남인이자 퇴계의 문인이다. 그가 차자를 올려 이순신을 구원하고 나선 배경에는 남인 영수 유성룡이 있었을 것이다. 살려주어야 한다는 차자가 올라온 상황에서 선조가 계속 죽이라고 명할 수는 없었다. 이순신은 겨우 목숨을 건지고 백의종군에 처해져 옥문을 나섰다. 선조 30년(1597) 4월 1일, 체포된 후 27일 동안 이승과 저승을 오간 셈이다. 그사이 원균은 삼도 수군통제사가 되었다. 그 자체가 조선 수군의 위기였다.

이순신은 한산도에 있을 때 운주당運籌堂이라는 집을 짓고 밤낮으로 그 안에 거처하면서 여러 장수들과 군사에 관한 일을 함께 의논했는데, 비록 지위가 낮은 군졸일지라도 전사에 관한 일을 말하고 싶은 사람은 운주당에 찾아와서 말하게 함으로써 군중의 사정에 통달하였다. 이순신은 작전을 개시할 때마다 부하 장수들을 모두 불러서 계책을 묻고 전략을 세운 후 나가서 싸웠기 때문에 패전하는 일이 없었다.

원균은 애첩愛妾을 데리고 와 운주당에서 함께 살았으며 울타리를 쳐 당堂의 안팎을 막아버려서 여러 장수들이 그의 얼굴을 볼 수 없었다. 또 술을 즐겼는데 날마다 주정을 부렸으며 형벌을 쓰는 데 법도法

度가 없으니 군중에서 가만히 수군거리기를, "만일 적병을 만나면 우리는 다만 달아나는 수밖에 없다"라고 했으며, 여러 장수들도 서로 원균을 비난하고 비웃으면서 군사 일을 아뢰지 않아 그의 호령은 부하들에게 시행되지 못했다.(『징비록』)

원균 출진하다

요시라를 이용해 이순신 제거에 성공한 소서행장은 같은 전술을 원균에게도 적용했다. 소서행장은 요시라를 김응서에게 보내 일본군 후속부대가 도해하는 시일을 알려주었다. 원균은 4월 19일 조정에 "소서행장·요시라 등이 거짓으로 통화通和하는 것이므로 그 실상을 알 수가 없습니다"라고 보고했다. 그러나 요시라 덕분에 이순신의 자리를 차지한 원균은 요시라의 정보를 끝내 무시할 수 없었다. 조정에서 출진을 독촉하자 원균은 선조 30년(1597) 6월 18일 조선 수군의 전력全力인 200여 척의 함대를 이끌고 한산도를 출항해 일본 수군과 맞붙었다. 그러나 원균은 일본 수군의 상대가 못 되었다. 보성 군수 안홍국安弘國이 머리에 총탄을 맞아 전사했으며, 원균 자신도 거제군 칠천도七川島로 퇴각했다가 겨우 한산도로 귀환했다. 그러나 조정과 도체찰사 이원익·도원수 권율은 재출전을 강하게 지시하면서 선조에게 원균이 출진을 기피한다고 보고했다. 선조는 크게 화를 냈다.

"원균에게도 아울러 말을 만들어 하유하기를, '전일과 같이 후퇴하여 적을 놓아준다면 나라에는 법이 있고 나 역시 사사로이 용서하지 않을 것이다'라고 전하라."(『선조실록』 30년 7월 10일)

공격당하는 대상이 이순신에서 원균으로 바뀐 셈이다. 더 이상 피할 수 없던 원균은 7월 14일 600여 척의 선단이 입항해 있는 부산의 일본군 본영을 공격해 결판을 내기로 결정했다. 7월 14일 새벽 삼도 수군통제사 겸 전라 좌수사 원균은 휘하의 전라 좌수영 군과 이억기李億祺의 전라 우수영 군, 배설裵楔의 경상 우수영 군, 최호崔湖의 충청 수영군 등을 이끌고 견내량과 가덕도를 거쳐 부산으로 출항했다. 그러나 조선 수군이 부산 앞바다 절영도 근해에 도착했을 때 일본 수군은 이미 이 사실을 탐지하고 있었다. 이날 전투의 상황을 『징비록』은 이렇게 전한다.

> 원균의 배가 절영도에 이르자 바람이 일고 물결이 일어났는데, 날은 벌써 저물었으며 배를 정박할 만한 곳이 없었다. 바라보니 왜적의 배가 바다 가운데서 나타났다 숨었다 하므로 원균은 여러 군사들을 독려하여 앞으로 나아갔다. 군사들은 한산도에서부터 하루 종일 노를 저어왔기 때문에 잠시도 쉬지를 못하였으며 또 기갈에 시달리고 피곤해서 배를 마음대로 움직일 수가 없었다. (……) 왜적들은 우리 군사들을 피곤하게 하려고 우리 배 가까이 왔다가 갑자기 배회徘徊하고 피하면서 교전하지 않았다. 밤은 깊고 바람은 세찬데 우리 배들은 사방으로 흩어져 떠내려갔으며 갈 방향을 알지 못했다.(『징비록』)

원균은 거제도의 영등포로 퇴각하려 했으나 영등포는 일본군이 선점하고 있었다. 영등포에 상륙하려던 조선 수군은 400여 명의 사상자를 내고 퇴각할 수밖에 없었다. 원균은 겨우 거제도 칠천량漆川梁에 상륙했다. 그러나 패전 소식에 격분한 권율이 그를 소환했다.

도진의홍 노량해전에서 이순신에게 패전했다.

고성固城에 있던 권율은 원균이 아무런 전과도 올리지 못했다고 격서檄書를 보내 원균을 불러 곤장을 치고 다시 나가 싸우라고 독촉했다. 원균은 군중으로 돌아와 더욱 화가 나서 술을 마시고 취해 누웠으니, 여러 장수들이 군사 일을 의논하고자 해도 만날 수 없었다.(『징비록』)

이런 상황에서 일본 수군이 습격했다. 조선 수군은 전열도 채 정비되어 있지 않았다. 원균은 탈출하다가 도진의홍島津義弘(시마츠 요시히로) 군의 추격을 받아 전사했고, 전라 우수사 이억기도 전사했다. 경상 우수사 배설만이 12척의 배를 이끌고 한산도로 퇴각하는 데 성공했다.

배설은 그전부터 원균이 반드시 패전할 거라고 생각해 여러 번 간했으며, 이날도 칠천도는 물이 얕고 협착해서 배를 운행하기가 불편하니 다른 곳으로 옮겨 진을 치자고 말했으나, 원균은 전혀 듣지 않았다. 배설은 가만히 자기가 거느린 배들과 은밀히 약속하고 엄중히 경계하면서 싸움에 대비하고 있다가 적병이 내습하는 것을 보자 항구를 벗어나 먼저 달아났기 때문에 그가 거느린 군사는 홀로 보존되었다.(『징비록』)

권율 도원수부 자리 이순신이 백의종군할 때 권율을 만난 곳이다. 지금은 경상남도 합천군 초계면 사무소 자리다.

이때 배설이 거느린 배가 12척이었다. 조선 수군은 이렇게 궤멸했다. 이순신이 체포된 지 불과 5개월 만이었다. 조선 수군의 궤멸은 전황을 근본적으로 바꾸어놓았다. 일본군은 드디어 임진년 이후의 숙원인 제해권을 장악했다. 안정적인 보급로도 자연히 확보하게 되었다. 삼도 수군이 모두 궤멸했으므로 영·호남을 막론하고 어느 한 곳 안전하지 못했다. 조정은 다급해졌다.

도원수 권율의 군관 이덕필李德弼 등이 백의종군하고 있는 이순신의 숙소를 찾아온 것은 조선 수군 궤멸 사흘 뒤인 7월 18일 새벽이었다. 삼도 수군의 궤멸 소식을 듣자 이순신은 통곡했다. 잠시후 도원수 권율이 이순신을 방문했다. 이순신 외에는 사태를 수습할 사람이 없었다. 7월 22일 선조는 이순신을 전라 좌도 수군절도사 겸 삼도 통제사로 재임명할 수밖에 없었다. 자칫하면 도성이 재함락될 판국이므로 자존심을 따질 겨를이 없었다. 그러나 선조는 조선 수군이 다시 살아날 수 없다고 판단했다.

이순신은 『난중일기』 8월 15일자에 "선전관 박천봉朴天鳳이 8월 7일 작성된 국왕의 유지有旨를 가져왔다. 즉시 회신 장계를 작성한 후에 과음했으나 잠을 이루지 못했다"라고 적었다. 이 날짜 일기에는 "영의정(유성룡)은 경기도 지방을 순찰 중이라고 한다"는 내용도 있다. 이순신은 박천봉에게 선조의 유지 내용에 유성룡도 동의했는지 물었는데, 지방 순찰 중이어서 몰랐다는 내용이 함축된 것이다.

이순신을 과음하게 하고 잠 못 이루게 한 선조의 유지는 수군을 철폐하니 이순신을 육군으로 임명한다는 내용이었다. 이때 이순신은 유명한 '신에게는 아직도 12척의 전선이 있습니다'라는 장계를 작성한다.

"임진년으로부터 5, 6년간 적이 감히 호남과 충청에 돌입하지 못한 것은 우리 수군이 적의 진격로를 막았기 때문입니다. 지금 신에게는 아직도 12척의 전선이 있으니 사력을 다해 싸우면 적의 진격을 저지할 수 있습니다. 지금 만일 수군을 전폐시킨다면 이것이 야말로 적에게는 다행한 일로 호남과 충청 연해를 거쳐 한강까지 도달할 것이니 이것이 신이 두려워하는 바입니다. 설령 전선 수가 적다해도 미신微臣이 아직 죽지 않았으니 적이 감히 모멸하지는 못할 것입니다."(『행록』)

통제사 이순신이 '신에게는 아직 12척의 전선이 있으며', '미신이 아직 죽지 않았다'고 반대하는데 수군을 폐지할 수는 없었다. 어차피 없어질 수군이라고 생각했는지도 모른다. 일본군 부산 본영의 선박만 600여 척이었다. 12척의 배로는 어차피 이길 수 없는 싸움이라고 생각했을 것이다. 이순신을 죽이려는 선조 쪽이나 반대파 쪽에서는 이순신이 전투 도중 전사하는 것도 나쁘지 않다고 생각했는지도 모른다.

파죽지세의 일본군

정유재란 발발 직전 조선 남부에는 약 2만여 명의 일본군이 주둔하고 있었다. 여기에 일본 본토에서 12만여 명이 더 증원되어 일본군은 모두 14만여 명이나 되었다. 이순신을 제거하고 원균을 패퇴시킨 일본군의 사기는 충천했다. 조선 수군이 궤멸함에 따라 일본군은 숙원인 호남 지역으로 거침없이 들어왔다.

1597년 8월 3일, 일본군 총대장 소조천융경小早川隆景은 일본군을 좌·우 2개 군으로 나누어 우희다수가宇喜多秀家를 좌군대장, 모리수원毛利秀元을 우군대장으로 삼고 전주를 목표로 총공격 명령을 내렸다. 좌군은 남해안을 따라 고성→사천→하동→구례→남원을 거쳐 전주에 도착하도록 했으며, 우군은 낙동강을 건너 거창→안의→진안을 거쳐 전주로 진군하도록 했다. 수군 역시 하동에 상륙해 섬진강을 거쳐 구례로 진군하도록 했다. 수군이 없어진 호남은 무인지경이라 여기는 듯했다.

좌군대장 우희다수가와 그 선봉 소서행장은 고성·사천·하동을 경유해 전주로 향했으며, 우군대장 모리수원과 그 선봉 가등청정은

남원성 명나라 지원군이 오지 않아 함락되었다.

서생포·밀양·초계를 거쳐 전주로 향했다.

　조선의 도체찰사 이원익이 선산의 금오산성에, 도원수 권율이 성주와 김천 사이를 지키고 있었고, 경상 우병사 김응서가 합천에 방어막을 쳤으나 길목을 지키는 정도에 불과했다. 명군들도 충주·전주·성주를 지키고 있었으나 제해권까지 장악한 일본군을 막기에는 역부족이었다. 일본군은 영남을 휩쓸고 호남으로 진격했다. 선조와 유성룡의 반대파들이 아군으로 철석같이 믿어 의심치 않던 소서행장은 일본 좌군을 이끌고 고성·사천·하동을 거쳐 8월 7일에는 구례를 점령했다. 소서행장의 빠른 북상에 조선 조정은 경악했으나 달리 방법이 없었다. 8월 12일, 소서행장은 남원성을 포위

공격했다.

 남원성은 명군 부총병 양원楊元과 조선의 접반사接伴使 정기원鄭期遠이 지키고 있었는데, 5만여 명의 대군이 몰려오자 전주에 주둔하고 있는 명군 유격장 진우충陳愚衷과 전라 병사 이복남李福男에게 구원을 요청했다. 전라 병사 이복남과 구례 현감 이원춘李元春은 1천여 명을 이끌고 달려왔으나 진우충은 끝내 외면했다. 명군 3천여 명과 조선군 1천여 명은 5만여 명에 달하는 일본군의 공세를 한 차례 격퇴하고 다시 진우충에게 구원을 요청했으나 그는 또 외면했다. 고립된 조명연합군은 사력을 다했으나 중과부적으로 남원성은 끝내 함락되고 말았다. 끝까지 항쟁한 전라 병사 이복남, 구례 현감 이원춘과 명군의 중군 이신방李新芳, 천총 장표蔣表 등이 전사했으며 부총병 양원만이 소수의 병력을 이끌고 겨우 탈출에 성공했다. 이 소식을 듣고 전주 부윤 박경신과 명군 유격장 진우충이 공주로 달아나면서 일본군은 전주에 무혈입성할 수 있었다. 소서행장은 이순신을 제거한 공까지 있으니 임란 이후 최고의 성가聲價를 구가했다. 가등청정이 이끄는 일본 우군도 안음 현감 곽준과 함양 군수 조종도趙宗道의 강력한 저항을 뚫고 황석산성黃石山城을 함락시킨 후 전주로 합류했다.

 일본군은 전주에서 좌·우군의 역할을 재조정해서 우군은 충청도 지방으로 북상하고, 좌군은 전라도 지역 점령을 강화하는 한편 해로를 차단해 조선군 각 부대의 연결을 막기도 했다.

 선조 30년(1597) 8월 29일, 소서행장이 이끄는 일본 우군은 전주를 출발해 충청도로 진격했다. 9월 3일에 공주를 무혈점령한 일본군은 연기와 청주를 거쳐 천안으로 북상했다. 일본군이 충청도까지 북상했다는 소식에 선조는 경악했고, 도성 사람들은 짐을 싸느라 분주했다. 『연보』는 일본군이 충청도까지 북상한 선조 30년(1597) 8월 말의 상황을 이렇게 적었다.

당시에 제독 마귀麻貴가 서울에 있었는데 어떤 사람이 마귀에게 참소했다.

"유모柳某(유성룡)가 지금 가속을 거느리고 성을 나갔다."

마귀는 그 말을 믿고 군문軍門 형개邢玠에게 말하여 주문奏文 가운데 기재하기까지 하였다. 또한 유언비어가 궁중까지 들어가 어수선한 의혹을 만 가지나 불어넣었다. 얼마 후에 적병이 점점 가까이 오자, 상이 중전으로 하여금 나가서 피난하게 하자 양사에서 이를 극력 반대했다. 그러자 상이 말했다.

"들으니 대신도 가속을 먼저 내보낸 자가 있는데 대간이 이를 논박하지 못하고 도리어 중전만 논박하니, 그렇다면 대신이 더 권한이 있단 말인가."

대신은 대개 선생(유성룡)을 가리킨 것이다.(『연보』)

선조는 일본군이 본격적으로 북상하기도 전인 6월 말부터 중전을 피신시키겠다고 나섰다. 그 후 자신이 뒤따라가려는 속셈이었다. 임진년 때의 고생을 반복하지 않기 위해 중전을 먼저 피신시키고 여차하면 자신도 뒤따라갈 요량이었다. 유성룡은 백성들이 심하게 동요할 것이라며 중전의 피신에 반대했다. 그러나 선조는 유성룡이 가속을 피신시켰다는 말을 듣고 유성룡을 공격했다. 유성룡은 사직 차자를 올리면서 가속을 피신시켰다는 소문은 모두 낭

설임을 밝혔다. 선조가 대답했다.

"차자를 살펴보고 경에게 진심으로 사과하는 바이다. 요즘 도성 사람들 대부분이 가속을 피난시켰는데 여론이 모두 내 탓이라 하면서 못 하는 말이 없기에 나는 참으로 개인적인 분노를 참지 못하고 있었다. 이때에 논핵하는 자가 또 단지 몇 사람을 예로 들어 책임을 메우려 하고 그때 마침 대신이 가속을 피난시킨다는 말이 전파되어 모르는 자가 없으므로 논계할 적에 우연히 언급한 것인데 그 뒤에 대간의 계사를 보고 과연 이것이 와전된 것임을 알았다. 한번 웃어버릴 일을 가지고 어찌 사직하려 하는가."(『선조실록』 30년 8월 22일)

'도성 사람들 대부분이 가속을 피난시켰는데 여론이 모두 내 탓이라 하면서 못 하는 말이 없었다'는 말은 도성 사람들이 가속을 피난시키면서 모두 선조의 핑계를 댔다는 뜻이다. 선조가 중전을 먼저 피신시키니 우리들도 가속들을 피난시키자고 한다는 것이다. "그 뒤에 대간의 계사를 보고서 과연 이것이 와전된 것임을 알았다"는 말은 선조가 대간을 시켜 유성룡이 가속들을 피신시켰는지 조사하게 했는데 그런 사실이 없다는 보고를 받았다는 뜻이다.

유성룡의 가속 피난설은 유언비어로 판명되었으나 그렇다고 도성의 위협이 사라진 것은 아니었다. 『선조실록』 30년 8월 27일조는 비변사에서 "국사가 위급한 이때에 내외 관원들이 앞다투어 밤중에 도망하여 목숨만 구차하게 보존하려는 자가 많으니 인신人臣의 의리가 땅을 쓴 듯 완전히 없어졌습니다. 법조를 분명하게 세워 더욱 엄금하지 않으면 수일 안으로 도성이 모두 비게 될 우려가 있으니 매우 통분할 일입니다"라면서 도망간 관리들과 아전들을 엄중하게 처벌하도록 건의했다. 그러자 선조는 "직임을 버리고 도피한 수령에 대해 효수梟首(목을 베어 게시하는 것)의 중률重律로 다스리라"는 전교를 내렸다. 자신은 일본군이 나타나기도 전에 도주할 계획이면서도 도피하는 다른 수령은 모두 효수하라는 명령이다. 비변사는 이렇게 건의했다.

"수령으로서 직임을 버리고 도피하는 것은 지극히 가슴 아픈 일이니, 그중에서 정범情犯이 더욱 심한 자는 효수의 중률로 다스려 대중을 경계시키라고 각 도의 순찰사와 도원수·도체찰사에게 알리는 것이 어떠하겠습니까?"(『선조실록』 30년 8월 27일)

정황을 살펴 심한 경우에만 효수하자는 것이다. 이렇게 관원들이 앞다투어 도주하는 상황을 종결지은 인물도 유성룡이다. 『연보』는 이때의 상황을 이렇게 설명한다.

당시에 적의 형세는 날마다 급박하고 인심은 무서워서 벌벌 떨었다. 성안의 백성들과 각사各司의 전복典僕들은 산산이 흩어져 거의 없었다. 이에 선생이 관할하던 4도의 군사를 징발하여 서울을 호위하게 하였더니, 이르러 온 자가 수만 명이나 되었다. 경기도 군사들에게는 상하의 여울을 나누어 지키게 하고 황해도 등의 군사들에게는 성첩城堞을 나누어 지키도록 하였으며, 금위의 수직과 명군을 이바지하는 일도 역시 다 여기에 힘입어 모양을 갖추게 된 것이다.

처음에 선생이 4도와 약속하여 군사들을 조련시켜 군사 대오는 씩씩하고 가지런하며 법령은 밝고 엄숙하였다. 변란에 임해 징발할 적에는 감히 앞서거나 뒤에 처진 자가 없었고, 이미 다 이른 뒤에도 한 사람도 도피한 자가 없었다.(『연보』)

이런 상황에 대비해 유성룡은 휘하 군사들을 강하게 조련한 것이다. 4도의 군사를 동원해 지키면서 도성은 점차 안정되었고, 조명연합군과 이순신의 조선 수군이 반격에 나서 전황의 역전을 꾀하게 된다.

반격

비록 제해권은 상실했지만 조선군도 임진년 같지는 않았다. 도체찰사 유성룡은 일본군의 재침을 예견하고 군사를 맹훈련시켰으며, 명나라도 선조 30년(1597) 3월 6만 대군의 동정군東征軍을 파견했다. 재파병된 명군은 병부좌시랑 형개邢玠가 경략, 산동 우참정山東右參政 양호楊鎬가 경리經理, 마귀麻貴가 제독, 양원楊元 등이 부총병이었다.

충청 방어사 박명현은 일본군을 여산礪山 · 은진恩津에서 요격하고, 충청 병사 이시언도 회덕懷德 · 한산韓山 방면으로 진출하는 적군을 요격했다. 9월 7일에는 명군과 일본군이 직산稷山에서 전투를 벌였다. 제독 마귀 휘하의 명군도 6차례의 대접전 끝에 일본군을 격퇴했다. 직산 전투는 승승장구하던 일본군의 사기를 단번에 저하시킨 반면 명군과 조선군의 사기를 크게 올려주었다.

여기에 통제사로 복귀한 이순신이 재기를 도모하고 있었다. 『난중일기』에 이때의 이순신의 동태와 심경이 잘 나타나 있다.

8월 3일(신유) "맑다. 이른 아침에 선전관 양호가 교유서를 가지고 왔다. 삼도 수군통제사 임명장이다. 숙배를 한 뒤에 다만 받들어 받았

진주 수곡 이순신이 삼도 수군통제사 교지를 받은 곳이다.

다는 서장을 써서 봉하고, 곧 떠나 두치에 이르니 날이 새려 한다. (……) 저물어서 구례현에 이르니 일대가 온통 쓸쓸하다. 성 북문 밖에 전날의 주인집에서 잤는데, 주인은 이미 산골로 피난갔다고 한다.”

8월 5일(계해) “맑다. 옥과(곡성군 옥과읍)에 이르니 피난민이 길에 가득하다. 말에서 내려 타일렀다. (……) 옥과 현감 홍요좌는 병을 핑계로 나오지 않았다. 잡아다 죄주려 하자 그제야 나와서 봤다.”

8월 9일(정묘) “일찍 떠나 낙안에 이르니 사람들이 많이 나와 오리까지나 환영하였다. 백성들이 달아나고 흩어진 까닭을 물으니 모두 ‘병마사가 적이 쳐들어온다고 겁을 먹고 창고에 불을 지르고 달아났기에 백성들도 뿔뿔이 흩어졌다’고 답했다. 군청에 이르니 관청과 창고가 모두 다 타버리고 관리와 마을 사람들이 눈물을 흘리며 와서 봤다. 오후에 길을 떠나 십 리쯤 오니, 늙은 노인들이 길가에 늘어서서 술병을 다투어 바치는데, 받지 않으면 울면서 억지로 권했다.

8월 27일(정축) "경상 우수사 배설이 와서 보는데, 많이 두려워하는 눈치다. 나는 '수사는 어찌 도망가려고만 하시오'라고 말했다."

8월 28일(병술) "적선 여덟 척이 뜻하지도 않았는데 쳐들어왔다. 여러 배들은 두려워 겁을 먹고 경상 우수사 배설은 피하여 물러나려 하였다. 내가 움직이지 않고 호각을 불고 깃발을 휘두르며 따라잡도록 명령하니 적선이 물러갔다. 갈두(전라남도 해남군 송지면 갈두)까지 쫓아갔다가 돌아왔다."

9월 2일(경인) "오늘 새벽에 경상 우수사 배설이 도망갔다."

9월 7일(을미) "탐망探望군관 임중형林仲亨이 와서, '적선 55척 가운데 13척이 이미 어란 앞바다에 도착했는데, 우리 수군을 공격하려는 것 같다'고 보고했다. 그래서 각 배들에 엄중히 일러 경계했는데, 포시(오후 3~5시)에 적선 13척이 곧장 우리 배를 향해 왔다. 우리 배들도 닻을 올려 바다로 나가 맞서 공격하니, 적들이 배를 돌려 달아났다. (……) 오늘밤 아무래도 적의 야습이 있을 것 같아 각 배에 경계하라고 일렀다. 이경(오후 9~11)에 적선이 포를 쏘며 야습해왔다. 우리 배들이 겁을 먹은 것 같아 다시금 엄명을 내리고 내가 탄 배가 곧장 적선 앞으로 가서 포를 쏘았다. 그랬더니 적이 침범할 수 없음을 알고 자정에 물러갔다."

9월 8일(병신) "맑다. 적선이 오지 않았다. 여러 장수들을 불러 대책을 논의했다. 전라 우수사 김억추는 한갓 만호감으로나 맞을까 대장의 재목은 못 되는데도 좌의정 김응남이 서로 다정한 사이라고 해서 억지로 임명하여 보냈으니 한탄스럽다."(『난중일기』)

이순신이 자리를 비운 다섯 달 사이에 조선 수군은 쑥대밭이 되었다. 전선의 상황만 변한 것이 아니라 이순신의 심경도 변했다. 선조가 보낸 통제사 임명장을 받고, '다만 받들어 받았다는 서장을 써서 봉하고, 곧 떠나'라는 건조한 표현이 이를 말해준다. 이순신은 고문을 받아 사경을 헤매는 동안 선조가 충성을 바칠 군주가 못 된다는 사실을 깨달았다. 만호감에 지나지 않는 김억추 같은 인물을 수사로 보내는 조정의 당파도 마찬가지였다. 이순신을 싸우게 하는 것은 다시 돌아온 그를 보려고 오 리나 줄지어선 백성들이고, 나라에 대한 그 자신의 충성이었다. 그리고 운명에 대한 자신의 의지였다. 그 백성들을 위해서 이순신은 수군통제사로 복귀한 후 몇 차례 적군의 공격을 격퇴했다. 국지전에서 몇 차례 승리를 거둔 것이다.

궤멸된 것으로 여긴 조선 수군이 저항하자 일본 수군은 총공세를 퍼붓기로 결정했다. 조선 수군을 무너뜨리고 수륙水陸병진 작전으로 서울로 쳐들어가려는 계획이었다. 이렇게 명량해전이 다가오고 있었다.

9월 15일(계묘) "맑다. 수가 적은 수군으로 명량해협을 등지고 진을 칠 수 없다. 그래서 진을 우수영 앞바다로 옮겼다. 여러 장수들을 불러 모아 약속하면서, '병법에 반드시 죽고자 하면 살고 살고자 하면 죽는다必死卽生必生卽死고 하고, 또 한 사내가 오솔길의 길목을 지키면 천 사내를 두렵게 할 수 있다一夫當逕足懼千夫고 했는데, 이것이 바로 우리를 두고 한 말이다'라고 말했다. (……) 이날 밤 신인神人이 꿈에 나타나 '이렇게 하면 크게 이기고, 이렇게 하면 지게 된다'고 말해

명량해전도 이순신은 수로가 협소하고 조류가 빠른 점을 이용하여 일본군을 유인하여 함포 공격을 퍼부었다.

주었다."(『난중일기』)

　결전의 날이 다가왔음을 느낀 이순신은 휘하 전 장수들을 불러 "반드시 죽고자 하면 살고 살고자 하면 죽는다"고 결의를 북돋웠다. 이순신은 천험天險의 지형에 급조류가 흐르는 명량해협을 결전장으로 삼았다. 그러나 도중에 한 척이 더 보강되었다고 해봐야 총 13척 밖에 되지 않는 작은 선단이었다. 이순신은 지형과 해류를 이용해 수가 적은 약점을 상쇄하려 했다. 울돌목〔鳴梁項〕으로 일본 수군을 끌어들이려 한 것은 이 때문이다. 급조류가 암초에 부딪히며 커다란 굉음을 내기 때문에 명암鳴岩이라고도 부르는 울돌목으로 일본 수군을 끌어들이면 이길 수도 있다고 판단했다.

　9월 16일이 결전의 날인데, 김육金堉의 「이순신 신도비神道碑」는 "호남의 피난선 100여 척이 여러 섬에 흩어져 있었는데, 공이 그들과 약속한 다음 뒤에다 늘여 세워 응원케 했다"고 기록했다. 전선의 열세를 보강하기 위해 피난선을 뒤에다 세워 수가 많은 것처럼 위장한 것이다. 그러나 일본군에 체포되었다 탈출한 김중걸은 일본 수군이 이미 이순신의 전선이 10여 척밖에 안 된다는 사실을 알고 있다고 보고했다. 그런데도 이순신은 일본군을 혼란케 하는 효과는 있으리라고 판단하고 피난선을 늘어놓은 것이다. 9월 16일 아침 별망군이 와서, '헤아릴 수 없을 만큼 많은 적선이 곧장 우리 전선을 향하여 옵니다'라고 보고하면서 명량해전이 시작된다.

　이민서李敏敍가 찬한 「이 충무공 명량대첩 비문李忠武公鳴梁大捷碑文」은 '함대가 바다의 좁은 입구에 도착하자 전선을 펼친 후 닻을 내려 바닷물을 가로막고 적이 오기를 기다렸다'고 기록하고 있는데 이곳이 울돌목이다. 「이 충무공 명량대첩 비문」은 '적들은 상류에서 조류를 타고 바다를 가렸으니 그 기세는 산을 누르는 것 같았다'고 전한다. 배수진이다. 이순신의 설명에 따라 명량해전의 현장으로 가보자.

나는 곧 여러 배에 명령해서 닻을 올리고 바다로 나아가니 적선 330여 척이 우리의 배들을 에워쌌다. 여러 장수들이 중과부적이라고 생각하고 돌아서 피할 궁리만 했다. 우수사 김억추의 배는 아득히 먼 곳에 있었다.

나는 노를 바삐 저어 앞으로 돌진하며 지자포·현자포 같은 여러 총통을 어지럽게 쏘아대니 바람과 우레처럼 나아갔다. 군관들은 배 위에 빽빽하게 서서 빗발치듯 쏘아대니 적의 무리가 감히 대들지 못하고 나왔다 물러갔다 했다. 그러나 적에게 몇 겹으로 포위되어 있었으므로 어떻게 될지 알 수 없었다.

배에 있는 군사들이 서로 돌아가며 얼굴빛을 잃었는데, 나는 부드러운 말로 그들에게, "적이 비록 천 척이라도 우리 배를 곧장 범하기는 어려울 것이니 조금도 두려워하지 말고 더욱 힘을 다하여 적선을 향해 쏘아라"라고 타일렀다. 그러나 여러 장수들을 돌아보니 물러나

현자총통 임진왜란 때 차대전次大箭이란 화살 끝에 화약 주머니를 매달아 쏘던 작은 대포.

먼 바다에 있으면서 관망하고 진격하지 않았다.(『난중일기』)

이순신이 함포를 이용해 사격을 가하자 일본 수군이 반격할 기회를 노렸는데, 통제사 이순신이 탄 배만 혼자 적진 깊숙이 들어와 있었다. 자칫 이순신의 배가 무너지면 조선 수군이 무너지는 일촉즉발의 상황이었다.

　나는 배를 돌려 바로 중군장 김응함金應諴에게 가서 먼저 그 목을 베어 효시하고 싶었으나 내 배가 뱃머리를 돌리면 여러 배들이 차차 멀리 물러날 것이고, 이때 적선이 점점 다가오면 일은 아주 낭패가 되는 것이다. 그래서 곧 호각을 불어서 중군中軍에게 명령하는 기旗를 내리고 또 초요기招搖旗를 올리니 중군장 미조항 첨사 김응함의 배가 차차 내 배 쪽으로 가까이 오기 시작했다. 이에 앞서 거제 현령 안위安衛의 배가 먼저 다가왔다. 내가 배 위에 서서 몸소 안위를 불러 외쳤다.
　"안위야! 군법에 죽고 싶으냐? 안위야! 군법에 죽고 싶으냐? 네가 도망간다고 살 수 있을 것 같으냐?"
　그러자 안위가 황급히 적선 속으로 뛰어들었다.
　다시 김응함을 불러 외쳤다.
　"너는 중군장으로 멀리 피하고 대장을 구하지 않으니, 그 죄를 어떻게 면할 것이냐? 당장 처형할 것이로되 전세 또한 급하므로 우선 공을 세우게 하려 한다."
　두 배가 곧장 적선으로 쳐들어가 싸우려 할 때 적장이 그 휘하의 배 세 척을 지휘하여 한꺼번에 개미가 붙듯이 안위의 배에 매달려 서로 먼저 올라가려고 다투었다. 안위와 그 배에 탄 군사들이 죽음을 각오하고 힘껏 싸웠으나 힘이 거의 다하게 되었다. 나는 배를 돌려 곧장 쳐들어가 빗발치듯 어지러이 쏘아대니 적선 세 척이 몽땅 가라 앉았는데, 녹도 만호 송여종宋汝悰, 평산포 대장代將 정응두丁應斗의 배가 잇달아 와서 적을 쏘았다.(『난중일기』)

드디어 전세는 이순신의 계획대로 흘러갔다. 울돌목의 빠른 조류를 이용한 조선 수군이 초기의 두려움에서 벗어나 "죽으려고 하면 살고, 살려고 하면 죽는다"는 이순신의 말대로 힘껏 싸우자 기적 같은 대역전극이 벌어지려 했다. 그야말로 '죽으려고 하면 살고, 살려고 하면 죽는' 상황이었다.

안골포에 있는 적의 수군으로 있다가 항복해온 준사俊沙는 내 배 위에서 외쳤다.
"저 붉은 비단옷 입은 자가 적당 마다시馬多時다."
나는 김돌손金乭孫에게 요구要鉤(갈고리)를 던져 뱃머리 위로 끌어 올리게 했다. 준사는 펄쩍펄쩍 뛰며 "이것이 마다시다"라고 말했다. 그래서 곧 명령하여 마다시의 몸을 토막내게 하자 적의 기세가 크게 꺾였다.(『난중일기』)

이순신의 배에는 항왜降倭 준사가 타고 있었는데, 그가 적장 마다시의 신원을 확인하면서 적세는 더욱 크게 꺾였다. 남원 출신의 의병장 조경남趙慶男은 『난중잡록』에서 "내도수(마다시)의 머리를 베어 돛대 꼭대기에 매달자 장병들이 분발하여 적을 추격했다"고 전한다. 마다시는 일본 수군의 선봉장 내도통총來島通總(구르시마 미치후시)인데 그는 임진년(1592) 6월 당항포 해전에서 이순신에게 전사한 내도통지來島通之의 동생이다. 수십 배에 달하는 전선을 믿고 과거를 설욕하기 위해 달려들었으나 다시 패하고 만 것이다.

김돌손은 노비 출신으로 추측되는데, 이순신이 그의 이름을 알았다는 것은 그가 모든 군사들의 이름을 숙지하고 있음을 뜻한다. 적장의 머리가 내걸리면서 명량해전은 막바지에 이르렀다.

> 우리의 여러 배들이 나아가면서 지자포 · 현자포를 쏘고 화살을 빗발처럼 쏘니 그 소리가 바다와 산을 뒤흔들었다. 적선 서른 척을 쳐부수자 적선들은 물러나 달아나버리고 다시는 우리 수군에 감히 가까이 오지 못했다. 이는 실로 천행天幸이다.(『난중일기』)

조경남은 『난중잡록』에서 "적선에 불이 나 여러 배가 연소했는데, 연기와 불꽃이 하늘에 가득 차 넘쳤다"라고 전한다. 일본 수군에게는 통한의 불꽃이지만 조선 수군에게는 환희의 불꽃이었다. "신에게는 아직 12척의 배가 남아 있습니다"라면서 "전선 수가 적다 해도 미신微臣이 아직 죽지 않았으니 적이 감히 모멸하지는 못할 것입니다"라고 말한 이순신의 장담이 현실이 되는 순간이었다.

명량해전의 승리는 대단히 중요했다. 빼앗긴 제해권을 다시 되찾는 계기가 되었기 때문이다. 이로써 일본군은 임진년 때처럼 다시 식량 보급 통로를 빼앗겼다. 또한 일본군의 기본 전략인 수륙병진 작전도 폐기되어야 했다. 일본군의 재침전략은 근본부터 수정되어야 했다.

직산과 명량에서의 잇따른 패전으로 전의를 크게 상실한 일본군

도산성 전투도 명연합군은 가등청정이 지키는 도산성을 맹렬하게 공격했으나 실패하고 말았다.
현재 일본에 남아 있다.(개인 소장)

은 북상을 포기할 수밖에 없었다. 가등청정의 일본 우군은 추풍령을 통해 경상도로 후퇴해 양상·기장·서생포 등지로 들어가 장기 항전 태세를 갖추었고, 소서행장의 좌군 역시 충청도에서 전라도로 후퇴해 10월에는 정읍으로 들어가 장기 항전 태세를 갖추었다. 그러나 조선 수군이 제해권을 장악함에 따라 전라도 장기 주둔은 위험할 수밖에 없었다. 자칫 포위될 수 있기 때문이다. 소서행장의 좌군 역시 전라도를 버리고 사천·고성·창원·김해 등지로 분산 도주할 수밖에 없었다.

기세가 오른 조명연합군은 전쟁을 끝내기로 결정했다. 선조 30년(1597) 10월 하순, 대반격에 나서기로 결정한 것이다. 조명연합군은 제독 마귀가 이끄는 명군 4만여 명과 도원수 권율이 이끄는 조선군 1만 1,500명으로 구성된 총 5만 1천여 명이었다.

12월 23일에 조명연합군은 울산 동쪽에 가등청정이 지키는 도산성島山城을 포위하고 맹렬하게 공격했다. 이것이 제1차 도산성 전투인데, 명 경략 양호가 이끄는 명군과 도원수 권율이 이끄는 조선군이 몇 차례 총공세를 퍼부었으나 일본군은 완강히 저항했다. 일본군이 버티는 상황에서 경상도와 전라도의 일본 지원군이 온다는 정보를 들은 양호는 군사를 경주로 철수시키고 말았다. 그러나 일본군은 도산성 전투에서 1,200여 명이 전사하고, 수천 명이 부상했으며, 1백여 명이 포로가 되는 큰 피해를 입었다. 명군도 전사자 1천여 명, 부상자 3천여 명의 피해를 입었고, 조선군도 전사자 3백여 명, 부상자 9백여 명의 피해를 입었다. 일본군은 겨우 수성에 성공했으나 명나라 정벌은커녕 조선 남쪽에서 수성에 급급할 수밖에 없는 처지를 깨닫고 사기가 크게 저하되었다.

조명연합군의 총공세

전선은 다시 소강상태에 접어들었다. 임진년 이듬해와 비슷한 상황이었다. 임란 초기 기세를 올리던 일본군은 평양성 패전과 수군의 패전을 계기로 소강상태로 접어들었다. 정유재란도 직산 패전과 명량 패전으로 소강상태에 접어들었다. 조선 남부에 웅거한 일본군은 북상할 수 없었고, 조선도 일본군을 축출할 수 없었다. 국지적 전투는 계속되었지만 어느 쪽도 결정적 승기를 잡지 못했다. 임란 이듬해(1593)부터 지속된 상황이었다.

다급한 것은 조선만이 아니었다. 명도 결판을 내야 했다. 소강상태에서도 일본 수군은 가끔 산동반도를 공격했고, 북방에서는 여진족이 흥기하고 있었다. 자칫하면 명 영토 내에서 일본군과 여진군 둘을 상대해야 할 판국이었다. 명 조정은 양호를 경질하고 천진순무天津巡撫 만세덕萬世德을 신임 경리로 임명하고 군사를 증원했다. 조명연합군은 다시 총공세에 나섰다. 육군은 동로군東路軍 · 서로군西路軍 · 중로군中路軍으로, 수군은 수로군水路軍으로 재편했다. 명군의 동로군 제독 마귀麻貴는 2만 4천여 명, 서로군 제독 유정劉綎은 1만 3,600여 명, 중로군 제독 동일원董一元은 1만 4,500여 명, 수로군 제독 진린陳璘은 1만 3,200여 명을 이끌었다. 도합 6만 5,300여 명의 대군이었다.

조선도 전력을 기울였다. 동로군의 경상 좌병사 김응서는 5,500여 명, 서로군의 전라 병사 이광악李光岳은 1만여 명, 중로군의 경상 우병사 정기룡鄭起龍은 2,300여 명, 수로군의 이순신은 7,300여 명을 이끌었다. 도합 2만 5,100여 명인데, 가장 적어야 할 수군의 숫

왜교성 소서행장이 쌓은 성이라 전하는데 현재 남아 있는 왜성으로는 유일하다. 전라남도 순천에 있다.

자가 두 번째로 많은 것은 이순신이 그간 수군을 상당한 수준으로 복원시켰음을 말해준다.

선조 31년(1598) 8월까지 공세 준비를 완료한 조명연합군은 남하를 시작했다. 도산성·사천성泗川城·왜교성倭橋城을 한꺼번에 함락시켜 승전하려는 기세였다. 명 제독 마귀와 조선 경상 좌병사 김응서가 이끄는 동로군은 가등청정이 지키는 울산 도산성을 공격하고, 제독 동일원과 경상 우병사 정기룡이 이끄는 중도군은 도진의홍이 지키는 경상도 사천성을 공격하고, 제독 유정과 전라 병사 이광악이 이끄는 서로군은 소서행장이 지키는 순천 왜교성을 공격하는 작전이었다. 제독 진린과 이순신의 수로군은 육군과 함께 수륙병진 작전을 전개하기로 결정되었다.

선조 31년 9월 11일 동로군 선봉장인 명장 해생解生이 4,000여 명의 군사를 이끌고 도산성을 공격하면서 대공세의 막이 올랐다. 해생은 저항하는 일본군 1천여 명을 격파하고 도산성에서 서북쪽으로 1.5킬로미터 떨어진 학성산鶴城山을 점령했으며 김응서는 19일 동래 지역의 일본군을 몰아내고 울산과 부산을 연결하는 통로를 장악했다. 22일에는 제독 마귀가 2만여 명군을 이끌고 가세하면서 도산성은 곧 함락될 것처럼 보였다. 그러나 가등청정이 완강하게 수성하면서 양군은 대치했다. 일본이 대규모 지원군이 도착할 것이라는 소문을 들은 제독 마귀는 군사를 영천으로 철수시켰다. 명군은 지원군이 올 것이라는 소문만 들으면 철수하는 습성이 있었다.

사천성 점령도 쉽지 않았다. 조명연합군이 공격하자 일본군은 사천성을 포기하고 바다에 접해 있는 사천신성으로 이동해 항전했다. 이 와중에 명군의 포 진지에서 화포의 오발로 탄약고가 폭발하면서 군중은 큰 혼란에 빠졌다. 그사이 일본군은 성 밖으로 나와 명군을 타격했고, 명군은 큰 피해를 입었다. 큰 손실을 입은 명군이 합천을 거쳐 성주로 퇴각하면서 사천성 함락작전도 실패했다.

여수반도의 왜교성 공격도 마찬가지였다. 왜교성 전투에는 제독 유정이 이끄는 명군과 도원수 권율이 이끄는 조선군에다 수로군까지 합세했다. 그러나 육군 제독 유정과 수군 제독 진린이 수군 지휘권을 둘러싸고 다투는 바람에 수륙병진 작전이 뜻대로 전개되지 못했다. 수로군은 10월 3일 왜교성 부근에 상륙했으나 유정이 약속을 어기고 제때 군사를 보내지 않아 공동작전이 실패로 돌아간 것이다. 4일에도 수로군은 광양만의 왜교성을 공격했으나 역시 명 제독 유정이 싸움을 기피하는 바람에 수포로 돌아갔다.

이때 제독 유정은 이미 소서행장에게 매수당한 뒤였다. 유정은 10월 6일 조선군을 먼저 철수시키고, 다음 날에는 명군도 순천 서북방으로 철수시켰다. 이순신이 포함되어 있는 수로군은 철수 명령에 반발했으나 육군이 철수한 상황에서 단독 작전을 전개할 수는 없었다. 이순신은 『난중일기』 10월 6일자에 "도원수 권율이 군관을 보내 편지를 전했는데, '제독 유정이 달아나려 했다'고 썼으니 참으로 통분할 일이다"라고 썼다.

왜교성 함락도 실패함으로써 조명연합군의 당초 목표는 모두 실패했다. 조선 남부의 전황은 대공세 전과 마찬가지였다.

일본 내의 정세도 큰 변화가 있었다. 1598년 8월 18일 풍신수길이 병사한 것이다. 덕천가강德川家康(도쿠가와 이에야스) · 전전이가前田利家(마에다 토시이에) · 우희다수가宇喜多秀家(우키다 히데이에) · 모리휘원毛利輝元(모리 데루모토) 등 이른바 사대로四大老 중심의 집단지도체제가 수립되었다. 사대로는 풍신수길 사망 사실을 비밀에 붙인 채 8월 28일과 9월 5일 두 차례에 걸쳐 조선출병군의 철수를 명령했다. 이제 종전이 가까워진 것이다.

15_ 유성룡의 실각

북인이 총대를 멘 유성룡에 대한 공격은

유성룡의 전란 극복 정책에 대한 양반 사대부들의 불만을 대변한 것이다.

이들은 나라가 망하는 한이 있어도 서얼이나 천인들은 등용하거나 면천시켜서는 안 된다고 생각했다.

가난한 백성들이 다 굶어죽고 유리하는 한이 있어도 대동법 같은 것을 만들어

전주田主들에게 땅을 많이 가진 만큼 세금을 거두어서는 안 된다고 생각했다.

유성룡 공격받다

임란 이듬해인 1593년부터 유성룡은 영의정이자 도체찰사로 행정과
군무를 총괄했다. 한 사람이 감당하기에는 벅찬 일이었다. 이제 그
오랜 전란이 끝나려 했다. 그러나 이는 유성룡에게 끝이 아니라 새
로운 전란의 시작이었다. 그를 끌어내리려는 당쟁이 시작된 것이다.

　그에 대한 공격은 느닷없이 개시되었다. 『선조실록』에 유성룡의
탄핵기사가 처음 등장하는 것은 일본의 사대로가 조선출병군의 철
병을 명령한 지 한 달 후쯤인 선조 31년(1598) 9월 27일조에서다. 탄
핵을 받았다는 이유로 유성룡이 사직 차자를 올렸다는 내용이다.

　삼가 생각하건대 신이 탄핵당한 것은 중한 일로 결코 얼굴을 들고
　조정의 반열에 있을 수가 없습니다. 다만 때가 한창 위급하고 또 사

직하지 말라는 명을 받았기에 어제 공의公議에 범하는 것을 무릅쓰고 재차 대궐에 나온 것인데, 승문원 정자 유숙柳潚이 또 상소하여 신의 죄악을 극도로 진술하였습니다. (……) 신의 일로 인연하여 일마다 이 지경에 이르렀으니 사는 것이 죽는 것보다 못합니다. 이제 신은 성 밖에 나가 명령을 기다려야 하건만 사람들을 놀라게 할까 두려워 방황하며 답답한 심정으로 나아갈 수도 물러갈 수도 없는 궁지에 빠졌습니다. 바라건대 자애로운 성상께서는 속히 신의 관직 환수를 명하여 사람들의 논란을 그치게 하고 뭇사람들의 노여움에 사과하소서. 유사有司에게 내리어 신의 형벌을 의논하도록 명하시면 신은 죽어서도 결초보은하겠습니다. 신은 너무나 걱정되고 두려운 심정을 금치 못하겠습니다.(『선조실록』 31년 9월 27일)

이 차자를 본 선조의 대답은 심상했다. "사직하지 말라"고 했을 뿐 유성룡을 위로하거나 탄핵한 인물에 관한 비판은 없었다. 이는 선조의 마음이 유성룡에서 멀어졌음을 시사하는 것이다.『연려실기술』은 선조의 마음이 유성룡에게서 멀어진 이유를 종계변무宗系辨誣 사건 때문이라고 해석했다.『연려실기술』「선조조 고사본말」은 "무술년(1598)의 종계변무 때 유성룡이 어머니가 늙어서 가지 못한다고 말하였더니, 임금은 속으로 매우 못마땅하게 생각하였다"라고 기록했다.『연려실기술』은 유성룡의 실각 사건 바로 앞 사항에 종계변무 사건을 적어놓았는데, 여기에서는 일단 이 사건이 선조 22년(1589) 종결되었다고 설명했다. 한편 유성룡을 실각시킨 북인들이 작성한『선조실록』은 정응태丁應泰의 무주誣奏 사건 때문이라고 전한다. 명나라 과도관주사科道官主事 정응태가 경리經理 양호楊

鎬와 사이가 좋지 않아 양호가 울산에서 패전한 사실을 숨겼다고 비난하는 주문奏文을 올렸는데 '조선이 왜적을 끌어들였다'는 대목이 들어 있었던 것이다. 이때 조정은 즉각 사신을 보내 해명했고, 또 좌의정 이원익李元翼을 다시 보내 무고임을 밝혔다. 『선조실록』은 유성룡이 이때 사신으로 가는 일을 자청하지 않아 공격받았다고 적고 있다. 그러나 『연려실기술』은 유성룡의 실각을 다루면서 정응태의 무고에 대해서는 전혀 기록하지 않아 다른 사정이 있는지도 모름을 시사해준다. 그러나 『연려실기술』의 시각대로 종계변무든 『선조실록』의 시각대로 정응태의 무고든 당시 유성룡은 사신으로 갈 상황이 아니었다. 이원익은 이미 북경으로 떠났고, 우의정 이덕형李德馨도 제독 유정劉綎을 따라 순천에 가 있었기 때문에 그는 조정에 남아 있는 유일한 정승이었다. 그마저 명나라에 갈 수는 없었다. 전쟁 종결이 확실시되면서 선조는 유성룡을 제거하기로 결심했고, 이를 간파한 이이첨李爾瞻을 비롯한 북인들이 적극 가세하면서 현안이 된 것이다.

윤선거尹宣擧는 『혼정편록混定編錄』에서 "지평 이이첨이 맨 먼저 유성룡을 탄핵하자 윤홍尹宏·유숙柳潚·홍봉선洪奉先·최희남崔喜男 등이 서로 잇달아 소를 올렸다"라고 북인들의 공세로 사건이 본격화되었음을 전했다.

뜻밖에도 종계변무가 현안이 되자 유성룡은 늙은 노모를 핑계로 명나라에 가지 않으려 한 것이 아니라고 해명했다.

"신은 대신이 되어 평소에 대강 임금을 섬기는 의리를 배웠습니다. 국사가 위급하면 죽고 사는 것도 피하지 말아야 하는데 한번 명나라에 가는 것을 어찌 피하겠습니까. 단지 신이 창졸하여 경황이 없는 중에 일을 헤아림이 민첩하지 못하고 처리가 합당치 못하여 남들의 말을 야기惹起시켰습니다."(『선조실록』 31년 9월 26일)

'일을 헤아림이 민첩하지 못했다'는 말은 명나라 사신으로 가는 일이 당장 다급한 일이 아니라고 생각했다는 뜻이다. 유성룡의 상소에 대해 선조는 '대죄하지 말라'고 답했을 뿐 위로하는 말은 없었다. 같은 날 '영의정 유성룡이 백관을 거느리고 일을 아뢰었으나 결재하지 않았다'는 『선조실록』의 기사는 선조가 유성룡을 제거하려고 마음먹었음을 보여준다.

10월 1일 홍문관 부제학 김늑金玏·부응교副應教 홍경신洪慶臣 등은 유성룡 탄핵을 반박하는 차자를 올렸다.

"대저 간사한 자들이 남을 모함할 때는 반드시 임금의 마음이 동요되는 틈을 탑니다. 그러므로 저 재앙 일으키길 좋아하는 무리들이, 변무辨誣하는 것은 시급하지 않다는 말을 내어 좋은 제목으로 삼고서 어진 자와 정직한 자를 해칠 계획을 하면서 변무하는 일을 무너뜨리려 하니, 참으로 참혹합니다."(『선조실록』 31년 10월 1일)

유성룡이 명나라에 변명하러 가는 것이 시급하지 않다고 했다는 말을 퍼뜨려 유성룡을 실각시키려 한다는 말이다. 이 상소는 유성룡의 전란 극복 행적을 이렇게 평가했다.

"유성룡은 성상께 인정받아 시종侍從의 반열에 있은 지가 이미 30여 년이 되었습니다. 국사國事에 손을 댈 곳이 하나도 없는 위급한 때를 당하여 왕령王靈을 받들고 혼란을 평정하기 위하여 마음과 힘을 다해서 오래도록 국사를 대처하는 지위에 있으니, 그간 시행한 일의 잘잘못과 이해利害에 관해서는 성상께서도 잘 아시는 바이므로 한마디도 덧붙일 필요가 없습니다. (……) 삼가 바라건대, 전하께서는 사정邪正과 호오好惡를 잘 분변하여 일을 맡은 신하로 하여금 이러지도 저러지도 못하는 지경에 이르지 말게 하소서.”(『선조실록』 31년 10월 1일)

이 상소에 선조는 “그 말을 무얼 그릴 따질 것이 있겠는가마는 유념은 하겠다”라고 비답을 내린다. 선조의 속마음은 이 차자를 올린 승정원을 꾸짖은 데 있다. 선조는 승정원에 전교를 내려 꾸짖었다.

“부득이 밤에 결정할 일이라면 모르거니와 전일 밤중에 차자를 올렸으니 이 무슨 사체事體인가.”(『선조실록』 31년 10월 1일)

‘그 말을 무얼 그릴 따질 것이 있겠는가’라는 말과 ‘밤중에 차자를 올렸으니 이 무슨 사체인가’라는 말은 차자를 올린 홍문관과 이를 보고한 승정원을 비난한 것이다.

선조는 이제 유성룡을 제거할 때가 되었다고 판단했다. 선조와 유성룡은 전란 극복에 대한 방안이 달랐다. 한 해 전 명나라에서 평안도의 한 고을을 정해 명 관원을 두고 둔전屯田을 설치하겠다고 요청했을 때였다. 명이 상주 관청과 관원을 두고 둔전까지 하겠다는 것은 사실상 조선을 직접 지배하겠다는 뜻이다. 이때 선조는 “중국이 우리나라에 어찌 딴 뜻이 있겠는가”라며 찬성했다. 팔도에 모두 설치하는 일이라면 모르겠지만 평안도 한 고을에 설치하는 일이야 뭐가 해롭겠느냐는 것이다. 이때 유성룡은 “그 일은 해로운 점이 있습니다”라고 잘라 말했다.

“중국이 어찌 이로 인하여 우리나라를 취할 리가 있겠는가.”
유성룡이 아뢰었다.
“이는 참으로 의심할 바가 없으나 중국 관원이 나와서 모든 일을

일체 관찰사처럼 자기 뜻대로 하려고 한다면 우리나라는 다시 손을
댈 곳이 없을 것입니다. 더구나 나오는 자가 반드시 다 선한 사람일
수는 없을 것이니 마침내 견디내기 어려운 지경에 이를 경우 다시 철
거를 청하려 해도 되지 않을 것입니다."(『선조실록』 30년 4월 13일)

　　명나라가 조선을 취할 리 없다는 선조의 한가한 생각에 유성룡
은 한 번 설치하면 나중에 철거하려고 해도 되지 않을 것이라고 주
장한 것이다.

　　　상이 일렀다.
　　　"둔전의 일 한 가지는 시험하여 볼 수도 있다. 비록 폐단이 있다
하더라도 적이 오는 걱정에 비교한다면 차이가 있을 것이다."
　　　영돈녕부사 이산해가 아뢰었다.
　　　"둔전을 많이 설치한다면 반드시 견디기 어렵겠지만 한 관원을 내
어 둔전을 한다면 혹 가능하겠습니다."
　　　(중략)
　　　유성룡이 아뢰었다.
　　　"원元나라가 창원昌原에 정동행성征東行省을 설치하였는데, 오래 머무
르며 폐를 끼쳐 마침내 견디낼 수가 없었습니다."(『선조실록』 30년 4월 13일)

　　북인 영수 이산해가 둔전 설치를 받아들이자고 주장한 반면 남
인 영수 유성룡은 원나라 정동행성이 끼친 폐해를 들며 허용해서
는 안 된다고 주장했다. 여차하면 명이 조선을 합병하겠다고 나올
수도 있는 위험한 방안이었다. 국내에 명의 상주 관청과 둔전을 설

치하겠다는 위험천만한 방안은 유성룡이 강력하게 반대하여 중지되었다. 이는 선조의 요동내부책과 연장선상에 있는 문제였다. 유성룡은 이런 문제가 발생할 때마다 선조와 생각이 달랐다.

선조는 이제 이런 유성룡을 제거할 때가 되었다고 여겼다. 유성룡은 선조 31년(1598) 10월 1일 다시 자신을 체직시켜주기를 바라는 차자를 올렸다. 여기에 그의 억울한 마음이 잘 드러나 있다.

조정에서 대신을 대우하는 것은 본래 체모가 있어 죄가 있건 없건 마땅히 예의로써 진퇴시켜야 하고 소나 말처럼 매어놓을 수 없으며, 대신 또한 조정의 체모를 생각하여 진퇴할 때 염치를 차려야 하고 감히 무례하게 하인이나 종처럼 행동하지 말아야 합니다. (……) 어제 저녁에 부리府吏(의정부의 서리)가 유생들이 신을 공박한 상소를 등초해 가지고 와서 신에게 보였는데, 말을 하자니 역겹고 보고 있자니 놀라운 내용이었습니다. (……) 이 상소가 한번 나와, 조정에 전해졌고 사방에 전파되었으며 중국 사대부의 이목耳目에 전달되어 씻어버릴 수 없게 되었으니, 신은 어디를 가나 간사한 사람이 되고 말았습니다. 이와 같은데도 어리석게 물러갈 줄 모르고 벼슬을 차지하고 있는 것은, 비록 염치없는 하인이나 종도 그러지는 않을 것인데 더구나 명색이 대신인 자이겠습니까. (……) 삼가 빌건대, 성상께서는 여론을 굽어 살피시어 신의 직책을 빼앗아 충실하고 정직한 자에게 주시고, 유사有司에게 내려 신의 죄를 다스리게 하면, 인심이 모두 복종할 것이고 사기士氣가 크게 진작되어 국가의 일이 잘 시행될 것이며, 신 또한 기꺼이 눈을 감을 수 있어서 아무런 여한餘恨이 없을 것입니다. 신은 한없이 부끄럽고 황공함을 견딜 수 없어 죽기를 무릅쓰고 아룁니다.(『선조실록』 31년 10월 1일)

이 상소는 '조정과 대신이 모두 예의로써 대해야 한다'는 유성룡의 항변이다. '유사에게 내려 신의 죄를 다스리게 해달라'는 것은 자신이 무슨 죄를 지었는지 조사해달라는 말이다. 자신을 유사에게 내려 죄를 다스리면 '인심이 모두 복종할 것이고 사기가 크게 진작되어 국가의 일이 잘 시행될 것'이란 말은 강한 항변이다.

선조는 "그런 말을 따질 것이 뭐 있겠는가. 나와서 국사를 보살피라"라고 말했다. 선조는 유성룡이 공격받는 것을 즐기고 있었다. 그러나 선조나 유성룡을 탄핵하는 북인들은 유성룡의 잘못을 구체적으로 지목할 수 없었다. 10월 3일 사헌부 집의 송일宋馹의 탄핵 내용이 이를 말해준다.

"유성룡이 평소 행한 일에 마음씀이 간사한지 바른지는 논할 겨를이 없고 다만 근일의 일로 말한다면 그가 영의정이 되어 오래도록 국정國政을 잡고 임금의 총애를 받은 것이 지극하다고 할 수 있습니다. 그런데 하루아침에 임금께서 망극한 슬픔을 당해도 당초부터 사신으로 가기를 자청하지 않았으니, 이미 국가를 위해 목숨을 바치는 의리를 망각한 것입니다."(『선조실록』 31년 10월 3일)

기껏해야 변명하기 위해 사신으로 가는 일을 자청하지 않았다는 것뿐이다. '자청하지 않은 것'이 죄가 될 수는 없다. 탄핵의 명분이 약하자 전쟁을 일찍 끝내지 못한 것이 유성룡이 강화를 주창했기 때문이라는 희한한 이론을 만들어냈다. 윤선거는 『혼정편록』에서 "겨울에 정인홍의 문객 문홍도文弘道는 유성룡이 화의를 주장했다고 지목하여 비방하고 배척했다"고 전하고 있다. 이는 새로운 이론이다. 유성룡이 강화를 주장해 전쟁이 일찍 종결되지 못했다는 것이다. 사헌부가 가세했다.

사헌부가 아뢰었다.

"풍원 부원군 유성룡은 본래 재치 있고 언변이 뛰어난 자질이 있고 문필의 하찮은 기예를 가지고 오랫동안 국정國政을 전담하고 조정의 권력을 마음대로 농락하여 국가를 그르치고 백성을 병들게 했으니 그 죄는 모두 다 기록할 수 없습니다. 당초 계사년(1593)과 갑오년(1594)에 왜적의 기세가 약간 퇴축하고 양호兩湖(호남·충청)가 온전하였으니 만약 그때 지성으로 중국에 호소하여 군사와 군량을 요청하고 우리나라의 병력을 수습하여 한결같이 왜적을 토벌하고 원수를 보복하는 데 마음을 썼다면 중흥의 업을 이룰 수 있었을 것입니다. 그런데 제일 먼저 기미설羈縻說을 주창하여 마침내 강화講和의 발판을 만들어 인심이 해이해지게 하고 국세를 부진케 하여 오늘날의 혼란에 이르게 하였으니 중외中外의 인심이 누가 원망하지 않겠습니까. (……) 대신이 이러한 죄를 지고서는 하루라도 관작을 보전할 수 없으니, 삭탈관작시키소서." (『선조실록』 31년 11월 16일)

임진년 이듬해와 그 이듬해에 지성으로 중국에 군사를 요청하고 우리나라 병력을 수습해서 토벌했다면 중흥의 업을 이룰 수 있었을 텐데 그렇게 하지 못한 것이 유성룡 탓이라는 희한한 주장이다. 게다가 강화를 주장한 사람이 유성룡이라는 새로운 설까지 창조했다. 임진년 때 북인 영수 이산해가 파천에 찬성했다가 탄핵당한 사실은 까마득히 잊고 있는 듯했다. 그러나 이들은 선조의 마음을 간파하고 공세를 취한 것이다. 선조는 때가 되었다고 판단했는지 재위 31년(1598) 11월 19일 "유성룡을 파직시키라"고 명령했다.

북인들의 공세는 여기에서 끝나지 않았다. 파직에서 끝내지 말고 삭탈관작시키라고 한 것이다. 파직은 그 자리, 곧 영의정 자리를 파면시키는 것이라면 삭탈은 임관 자체를 말소하는 것이다.

『연보』는 "이때 대간의 논의가 날로 격증하여 닥쳐오는 화를 헤아릴 수가 없었다. 그러자 사대부들은 거기에 연루될까 두려워 서로 묻는 자도 없었다"라고 당시의 분위기를 전하고 있다. 『연려실기술』「선조조 고사본말」은 "처음 임진란 뒤에 유성룡이 7년 동안 국정을 잡아서 남인南人이 대성臺省(사헌부·사간원)에 벌여 있었다. 이경전李慶全을 경박하다고 하여 예조좌랑 직위에 허락하지 않더니, 이에 북인北人들이 드디어 기회를 틈타 성룡을 탄핵하여 파직시켰다"라고 그 내막을 전하고 있다.

유성룡이 공격받은 이유

전란 극복의 일등공신인 유성룡이 공격당하는데도 구원하는 세력이 그다지 많지 않은 것은 무슨 이유 때문일까? 『연려실기술』에 그 단초가 있다.

남이공 등이 두 번째 소를 올렸는데 대략, "(……) 국정을 담당한 6, 7년 동안에 그가 경영하고 배치한 것은 모두 유명무실한 것이며, 고집스럽고 강팍하여 자기 마음대로 일을 하여 정사에 해롭게 하였습니다. 그가 훈련도감과 체찰군문體察軍門에서 속오束伍·작미作米법을 만들고 (……) 이것을 빙자하여 이익을 탐내었으므로 마침내 백성들로 하여금 도탄에 빠지게 하고, 촌락이 퇴락하게 하여 원망은 임금에게 돌리고 이익은 자신이 독차지하였습니다. (……) 서예庶隷의 천한 신분을 발탁하여 줄 때는 그들로 하여금 둔전을 파수하는 관원으로 설치하였는데, 거의 모두가 치질이나 빨아주는 무리였습니다."(『연려실기술』「선조조 고사본말」)

'속오군 · 작미법'과 '서예의 천한 신분 발탁'은 모두 같은 맥락의 비판이다. 유성룡이 창설한 속오군은 양반부터 노비까지 포함된 군대였고, 역시 유성룡이 실시한 작미법은 토지 소유의 과다를 기준으로 세금을 부과하는 대동법을 뜻한다. '서예의 천한 신분 발탁'은 서얼이나 천인들을 발탁해 면천免賤시키고 벼슬을 주었다는 뜻이다. 이는 모두 양반 사대부들의 오랜 기득권을 흔든 제도이자 법이다. 양반 사대부들은 유성룡이 속오법, 작미법(대동법), 서예 면천 · 등용법 등으로 신분적 기득권을 흔든 데 큰 불만을 갖고 있다가 선조의 마음이 그에게서 멀어진 틈을 타서 대공세에 나선 것인데, 여기에 앞장선 세력이 북인들이다. 이들이 유성룡이 등용한 노비 출신 신충원을 공격한 것이 이를 말해준다.

남이공 등이 세 번째 아뢰기를, "성룡이 10년 동안 벼슬시키는 권한을 천단하여 친족이 안팎에 벌여 있고, 4도 체찰사의 임무를 맡아서 농장이 원근에 가득하옵니다. (……) 신충원의 범람함은 세상이 모두 미워하는 바인데, 한번 그에게 아첨하자 천거하여 둔전의 파수를 삼았습니다."(『연려실기술』「선조조 고사본말」)

결국 북인이 총대를 멘 유성룡에 대한 공격은 유성룡의 전란 극복 정책에 대한 양반 사대부들의 불만을 대변한 것이다. 이들은 나

라가 망하는 한이 있어도 서얼이나 천인들은 등용하거나 면천시켜
서는 안 된다고 생각했다. 가난한 백성들이 다 굶어죽고 유리하는
한이 있어도 대동법 같은 것을 만들어 전주田主들에게 땅을 많이 가
진 만큼 세금을 거두어서는 안 된다고 생각했다. 나라가 망하는 한
이 있어도 양반들은 병역의무를 져서는 안 된다고 생각했다.

　그들에게는 나라보다 양반 사대부 계급이 소중한 것이다. 신충
원은 유성룡이 실각한 후 집중 공격을 당한다. 『선조실록』 34년 9
월 10일조는 "형방 승지刑房承旨 최기崔沂가 신충원의 추안을 읽었는
데, 죄가 교형絞刑(교수형)에 해당되었다"라고 전한다. 범장죄犯贓罪
에 해당된다고 말하는 것으로 봐서 노비들을 면천시키며 돈을 받
았다는 혐의를 받은 것으로 추측되는데, 그는 심한 고문을 당한 끝
에 '한 사람당 단지 무명베 반 필씩을 받았다'고 자백했다고 기록
했다. 무명베 반 필씩을 받았다고 교수형에 처하겠다는 것은 괘씸
죄라고밖에는 설명할 수 없다. 노비 주제에 벼슬에 오르고, 다른
노비들을 면천시킨 신충원을 죽여 다시는 이런 일이 발생하지 못
하게 하겠다는 뜻이다. 그러나 이것이 무리라는 사실은 모두 알고
있었다. 지돈녕부사 유자신柳自新이, "이것만 가지고 형을 가한다면
옳지 못할 듯도 하니 다시 의논해야 하겠습니다"라는 신중론을 제
시하자 선조는 이렇게 대답했다.

　"내 생각도 이 사람은 의논해야 할 듯싶다. 당초 조정에서 공명
고신을 이런 사람에게 준 것이 잘못이다. 그리고 한마디 할 말이
있다. 이자는 유성룡이 천거한 사람이다. 유성룡이 실권失權하자 이
자가 죄를 얻었으니 이는 '엎더져 가는 놈 꼭뒤 찬다'라는 속담에
해당되는 말일 듯싶다."

선조도 대신들도 신충원이 죄를 받은 것은 유성룡이 실각했기 때문이라는 사실을 알고 있었다. 유성룡이 실각하자 노비 출신으로 면천되고 벼슬까지 한 사람들이 공격 대상이 된 것이다. 유성룡이 실각하자 위기의식을 느낀 사람은 이들만이 아니다. 불세출의 전쟁영웅 이순신도 커다란 위기의식을 느꼈다.

노량해전

유성룡이 파직된 선조 31년(1598) 11월 19일은 공교롭게도 이순신이 노량해전을 치른 날이다. 『연보』는 "통제사 이순신은 고금도古今島에서 선생이 논핵되었다는 말을 듣고 실성해서 '시국 일이 한결같이 이 지경에 이르는가'라고 탄식했다"고 전한다. 후견인 유성룡이 공격당하는 것을 보면서 이순신은 자신도 무사하지 못할 것이란 사실을 직감했다. 유성룡이 영의정으로 있을 때도 죽을 지경의 고문까지 당한 이순신이다. 유성룡의 실각은 곧 자신의 죽음을 의미했다. 그래서 이순신은 전선에서 죽기로 결심했다. 사실 노량해전은 이순신이 싸우지 않아도 되는 해전이었다. 철병 명령을 받은 소서행장은 명 제독 진린에게 뇌물을 써서 안전한 철수 보장을 요청했다.

> 당초에 소서행장이 천위天威(황제의 위의)를 두려워하여 유 제독(유정)과 진 도독(진린)에게 강화하자고 하면서 유 제독에게는 수급 2천을, 진 도독에게는 수급 1천을 보내줄 터이니 자기를 돌아가게 해달라

노량 앞바다 이순신이 일본 수군과 마지막 해전인 노량해전을 벌인 곳으로 지금은 남해대교가 있다.

고 하였다. 진 도독은 그 말을 믿고서 말하기를 '나에게도 수급 2천을 보내주면 보내주겠다'고 하자, 소서행장이 날마다 예물과 주찬酒饌·창 검槍劍 따위의 선물도 끊이지 않고 보냈다.(『선조실록』 31년 12월 4일)

진린은 철수하겠다며 보내는 뇌물을 거부할 이유가 없었다. 철수하는 일본군과 싸우다가 부상이라도 당하면 자신만 손해라고 생각한 것이다. 진린과 소서행장은 마치 전우라도 되는 것처럼 부하들이 서로 왕래하는 사이가 되었다.

도독 진린이 부하 장수 진문동陳文同을 적의 진영으로 보냈다. 갑자기 적장 오도주五島主가 배 3척에 말과 창·검 등을 싣고 와서 도독에게 바치고 돌아갔다. 이때부터 왜의 사자들이 도독부에 끊임없이 왕래하더니 마침내 도독이 공(이순신)에게 화친을 허락해주도록 부탁했다. 이에 공이 말했다.

"대장된 사람은 적과 강화한다는 말을 해서는 안 됩니다. 이 원수는 결코 놓아 보낼 수 없습니다."

도독이 부끄러워 얼굴이 빨개졌다. 왜의 사자가 다시 오자 도독이 말했다.

"내가 너희 왜인들을 위해서 통제사에게 말했다가 거절당했다. 이제 두 번 다시 말할 수는 없다."(『행록』, 선조 31년 11월 16일)

또한 이순신은 진린과 달리 자신이 소서행장의 회유에 넘어갔다간 끝장이란 사실을 잘 알고 있었다. 만일 자신이 진린의 권유에 조금이라도 응했다가는 바로 '적을 놓아보냈다'는 혐의가 씌워졌을 것이다. 이순신이 완강하게 거부하자 진린은 한 가지 방책을 냈다.

이때 도독은 이미 적의 뇌물을 많이 받은 뒤여서 빠져나갈 길을 터주려고 하면서 공(이순신)에게 말했다.

"나는 잠시 소서행장을 치는 것을 그만두고 먼저 남해에 있는 적을 토벌하러 가겠소."

이순신이 답했다.

"남해에 있는 사람은 모두 우리나라 사람으로 적에게 포로로 잡혀간 백성들이지 왜적이 아니오."

"이미 적에게 붙은 자는 그들 역시 적이요. 지금 그곳으로 가서 토벌한다면 힘도 안 들이고 머리를 많이 벨 수 있을 것이오."

"황제께서 적을 무찌르라고 보낸 것은 우리나라 백성들의 목숨을 구원하기 위해서였소. 그런데 이제 구원하지는 않고 도리어 그들을 죽이겠다는 것은 황제의 본의가 아닐 것이오."

도독은 성을 내며 말했다.

"우리 황제께서 내게 장검을 하사하셨소."

"한번 죽는 것은 아까워할 것이 없소. 대장인 나는 결코 적을 놓아두고 우리 백성을 죽일 수는 없소."(『행록』, 선조 31년 11월 16일)

명 신종이 하사한 검을 들먹이며 죽이겠다고 위협하는데 '한번 죽는 것은 아까워할 것이 없소'라고 대답한 것은 이미 죽음을 결심한 이순신의 결기였다. 『행록』은 다음 날 초저녁에 소서행장이 봉화烽火를 올려서 남해의 적들과 서로 연락을 취했다고 전한다. 안전한 철수가 불가능하다고 판단한 소서행장이 이순신과 결전을 하기 위해 휘하의 군사들을 결집한 것이다. 이순신은 모든 장수들에게 군비를 엄하게 하고 기다리라는 영을 내렸다.

이튿날인 11월 18일 저녁부터 무수히 많은 일본 전선들이 몰려오기 시작했다. 이순신은 진린과 함께 이날 밤 10시쯤 출발해서 새벽 2시쯤에 노량해협에 이르렀다. 적선은 무려 5백여 척이었고, 이순신의 조선 수군은 85척이었다. 진린이 이끄는 명 수군과 함께 나갔다고 하지만 중국 배는 선체가 작은 데다 싸울 의사도 없었으므로 조선 수군 단독 해전이었다. 진린과 등자룡鄧子龍 두 장수만이 조선 판옥선板屋船을 빌려 타고 싸움에 나서 체면치레를 했을 뿐이다.

노량해협과 그 아래 관음포에서 적선 5백여 척과 조선 함선 85척이 뒤섞여 최후의 해전이 벌어졌다. 『행록』은 이렇게 전한다.

"이날 밤 자정에 공은 배 위에서 손을 씻고 하늘에 무릎을 꿇고 빌었다. '이 적을 제거할 수만 있다면, 죽어도 여한이 없겠습니다此讐若除死則無憾.' 그때 문득 큰 별이 바다 속으로 떨어졌는데, 그것을 본 이들은 모두 이상하게 여기었다."

이순신은 진린에게는, '한번 죽는 것은 아까워할 것이 없소'라고 말하고, 하늘에는 '죽어도 여한이 없겠습니다'라고 거듭 죽음에 대해 말했다. 이렇게 18일 저녁부터 시작된 싸움은 유성룡이 파직되는 19일까지 계속된다. 이순신이 최후를 맞은 것은 19일 새벽이다.

이순신은 시석矢石을 무릅쓰고 몸소 힘껏 싸우고 있는데, 날아온 탄환이 그의 가슴을 뚫고 등 뒤로 나갔다. 곁에 있던 부하들이 부축하여 장막 안으로 옮기자 이순신은, "싸움이 한창 급하니 내가 죽었다는 말을 내지 말라"고 하고 말을 마치자 곧 숨을 거두었다.(『징비록』)

조경남의 『난중잡록』은 조금 더 생생하게 그 광경을 묘사했다.

날이 이미 밝았다. 이순신은 친히 북채를 들고 함대의 선두에서 적을 추격해서 죽였다. 적선의 선미에 엎드려 있던 적들이 순신을 향해 일제히 조총을 발사했다. 이순신은 적탄에 맞아 인사불성이 되었다.(『난중잡록』 11월 19일)

『난중잡록』은 이순신이 마치 죽음을 자초한 것처럼 묘사하고 있다. 융복을 입어 적의 눈에 잘 띄는데도 이순신이 직접 북채를 들고 싸움을 독려했다는 것은 적에게 자신을 쏘아달라고 자청하는 일이나 다름없다. 선조가 유성룡을 파직시킨 날 이순신은 노량해 전에서 세상을 떠나고 말았으니 묘한 일치이자 묘한 운명이다. 이순신은 죽음으로 7년 전쟁의 대미를 장식했다. 이순신은 전사했으나 조선 수군은 큰 승리를 거두었다. 그러나 선조는 이를 믿고 싶지 않았다.

좌의정 이덕형이 "왜적이 대패하여 물에 빠져 죽은 자는 이루 헤아릴 수 없고, 왜선 2백여 척이 부서져 죽고 부상당한 자가 수천여 명입니다"라고 보고하자 선조의 반응은 냉담했다.

상이 일렀다.
"수병水兵이 대첩을 거두었다는 설은 과장된 말인 듯하다."
이덕형이 아뢰었다.
"수병의 대첩은 거짓말이 아닙니다. 소신이 종사관 정혹을 보내 알아보니 부서진 배의 판자가 바다를 뒤덮어 흐르고 포구에는 무수한 왜적의 시체가 쌓여 있다고 하였습니다. 이로 보면 굉장한 승리임을 알 수 있습니다."(『선조실록』 32년 2월 2일)

선조는 이순신의 승전을 인정하고 싶지 않았다. 그러나 이제 이순신은 선조를 제외하고 그 누구도 부인할 수 없는 군신軍神이 되었다. 유성룡을 실각시킨 북인들의 시각에서 쓴 『선조실록』의 사관도 이순신의 죽음을 애석해하지 않을 수 없었다.

이순신이 전사한 관음포 이순신이 선조의 시기를 피하기 위해 전사를 위장했다는 설도 있다.

　　왜적이 마침내 대패하니 사람들은 모두 '죽은 순신이 산 왜적을
물리쳤다'고 하였다. 부음이 전파되자 호남 일도—道의 사람들이 모두
통곡하여 노파와 아이들까지도 슬피 울지 않는 자가 없었다. 국가를
위하는 충성과 몸을 잊고 전사한 의리는 비록 옛날의 어진 장수라 하
더라도 이보다 더할 수 없다. 조정에서 사람을 잘못 써서 순신으로
하여금 그 재능을 다 펴지 못하게 한 것이 참으로 애석하다. 만약 순
신을 병신년(선조 29)과 정유년(선조 30) 사이에 통제사에서 체직시키
지 않았더라면 어찌 한산閑山의 패전을 가져왔겠으며 양호兩湖가 왜적
의 소굴이 되겠는가. 아! 애석하다.(『선조실록』 31년 11월 27일)

그러나 선조는 달랐다. 이순신이 일본군을 격퇴하는 동안 자신이 임금으로서 한 일은 적이 나타나기도 전에 도주한 것과 김덕령·이순신·유성룡 같은 인재들을 죽이거나 제거하려 한 것뿐이다.

선조는 이들 덕분에 전쟁에서 승리하고 나라가 다시 보전되었다는 사실을 인정하고 싶지 않았다. 여기에서 전란 극복 공로에 대한 선조의 이상한 논리가 등장한다. 선조는 명나라 제독 유정에게 이렇게 말했다.

"우리나라가 보전된 것은 순전히 모두 대인(유정)의 공덕입니다. 우리나라의 일은 대인께서 익히 아시니 우리나라의 일을 주선하는 문제는 대인만 믿을 뿐입니다."(『선조실록』 32년 2월 2일)

선조의 논리는 '승전은 명나라 덕분'이라는 것이다. 유성룡을 비롯한 수많은 문신과 이순신·권율을 비롯한 수많은 무장 덕분에 승리한 것이 아니라 명나라 지원군 때문에 승리했다는 것이다. 유정은 왜교성 전투에서 진린과 이순신의 수군이 지원하는데도 약속을 어기고 나오지 않아서 왜교성 함락을 무산시킨 용장庸將이다. 이런 용장에게 '우리나라가 보전된 것은 순전히 모두 대인의 공덕'이라고 말하는 사람이 선조다.

16_ 두문불출

유성룡은 세상사를 잊기로 했다. 나라를 전란에서 구했으니 그것으로 되었다고 생각했다.

한준겸이 경상 감사가 되었다고 찾아오려고 하자 글을 보내 사양했으며,

고향 근처 군읍의 사대부들이 상소를 올려 억울함을 호소하려고 하자 사람을 보내 말렸다.

선조 33년 1월 25일에는 옥연정사에 나아가 보허대步虛臺에 소나무를 심었다.

충절의 상징 소나무를 심는 것으로 자신의 심경을 나타낸 것이다.

1598년 11월 19일에 파직당한 유성룡은 이튿날 서울을 떠나 남쪽으로 향했다. 22일에는 경기도 양근楊根의 대탄大灘에서 유숙했다. 용진龍津과 합류하는 여강驪江 하류였다. 유성룡은 용진 하류의 북쪽 언덕인 도미천渡迷遷에서 하마해 삼각산을 바라보고 네 번 절했다. 이 언덕을 넘으면 다시는 서울의 산을 볼 수 없었기 때문이다. 유성룡은 이곳에서 시를 한 수 썼다.

전원으로 돌아가는 3천 리 길
유악의 깊은 은혜 40년
도미천에 말 멈추고 뒤돌아보니
종남산 산색은 여전히 의연하구나

田園歸路三千里/帷幄深恩四十年/立馬渡迷回首望/終南山色故依然

종남산은 중국 낙양 부근의 성인데, 여기에서는 서울 남산을 뜻한다. 『연보』는 이때 "주머니와 전대가 모두 텅텅 비어서 급히 고향 집에 사람을 보내서 양식을 가져오게 하였다"고 전한다. 전란 극복의 일등공신인 유성룡이 전란 종결과 동시에 파직당해 낙향한 것이다. 그가 낙향하는 도중에도 그의 삭탈관작 요구는 계속되었다.

12월 5일 유성룡은 태백산 아래 도심촌道心村으로 가서 모친을 만났다. 만감이 교차했다. 다음 날 삭탈관작되었다는 소식이 들려왔다. 고향 하회마을로 돌아온 그는 마음을 다스려야 한다고 생각했다. 선조가 정적으로 여기는 이상 관작이 회복될 기미는 없었다. 다른 꼬투리를 잡아 죽일지도 모른다.

그와 같이 전란 극복에 힘쓴 인물들은 유성룡의 삭탈관작에 분개했다. 선조 32년(1599) 초 명나라에서 돌아온 좌의정 이원익은 차

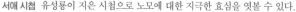

서애 시첩 유성룡이 지은 시첩으로 노모에 대한 지극한 효심을 엿볼 수 있다.

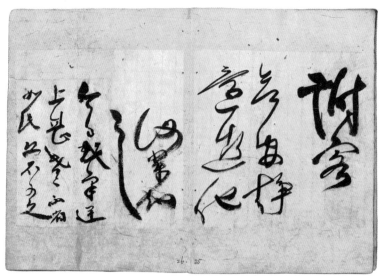

하회마을 민속적 전통과 건축물이 잘 보존돼 있어 중요민속자료 제125호로 지정되었다. 경상북도 안동시 풍천면 하회리에 있다.

자를 올려 항의했다.

　"유성룡은 청렴하고 지조가 있어 자신을 지키고 혈성으로 나라를 걱정하였는데, 이제 전하께서 홍여순洪汝諄 등의 참소를 좇아 어진 이를 끝까지 쓰지 못하고, 일시의 착한 무리를 유성룡의 당이라고 하여 멀리하고 배척하시니, 신은 사림의 화가 이를 따라 일어날까 두렵습니다."(『연려실기술』「선조조 고사본말」)

그는 또 경연에서도 유성룡을 재등용하도록 주장했다.

"오늘날 정승을 선택하는 데 유성룡 외에는 가히 맡길 만한 자가 없습니다."

유성룡 재등용 주장이 거부되자 이원익은 자신도 물러나겠다고 했다. 그러자 선조가 만류했다.

"경은 종척宗戚(전주 이씨) 대신으로 나를 버리고 장차 초나라로 갈 것인가, 진나라로 갈 것인가."

남인 이원익뿐만 아니라 서인 우의정 이항복도 유성룡의 삭탈관작에 크게 항의했다.

"의정부 아전이 옥당의 차箚辭를 전하므로, 신이 남에게 부축을 받아 억지로 일어나서 한번 보았는데, (……) 신은 다 읽지 못하고 놀라 스스로 정신을 잃었습니다. (……) 이제 크게 화의를 배척하는 논의를 내걸고 조정의 기강을 엄숙하게 하려고 하여 차례대로 화의를 말한 사람을 제거하려 하니, 마땅히 신도 제거되어야 할 것입니다."(『연려실기술』, 「선조조 고사본말」)

이항복은 유성룡을 처벌하려면 자신도 처벌하라고 요구했다. 이 상소에서 이항복은 "신이 창졸간에 한때의 소견으로 전하 앞에서 대강을 진술한 바가 있고"라고 말했는데, 이는 선조 자신도 다 아는 사실이 아니냐는 힐난이다.

유성룡은 세상사를 잊기로 했다. 나라를 전란에서 구했으니 그것으로 되었다고 생각했다. 한준겸이 경상 감사가 되었다고 찾아오려고 하자 글을 보내 사양했으며, 고향 근처 군읍의 사대부들이 상소를 올려 억울함을 호소하려고 하자 사람을 보내 말렸다. 선조 33년 1월 25일에는 옥연정사에 나아가 보허대步虛臺에 소나무를 심

보허대 소나무 유성룡이 낙향한 후 심은 소나무로 전한다. 유성룡이 앉았다는 바위가 앞에 있다.

였다. 충절의 상징 소나무를 심는 것으로 자신의 심경을 나타낸 것
이다. 그렇다고 억울한 마음이 없을 수는 없었다. 그의 「두문불출
〔杜門〕」이란 글이 이를 말해준다.

내가 근년에 와서 마음이 답답하고 쓸쓸한 병이 있어 강촌江村에서
문을 닫고 종일토록 묵묵히 앉아 있으면서 심성을 수양하는 공부에
종사하고 있지만, 솥과 그릇은 닳아 이지러지고 평생의 업적은 수은
처럼 녹아 흩어져〔銘汞銷散〕 다시 갈라진 틈을 보충해 막기를 바랄 수
가 없게 되었다. 그러나 심성을 수양하는 이 일이 아니면 시일을 보
낼 수가 없기 때문에 비록 고생을 하고서 성공하기가 어렵다 하더라

도 감히 그만둘 수가 없으니, 그래도 공부하지 않는 것보다는 낫다고 여기기 때문이다.

가장 싫은 것은 나와 관련이 없는 사람이 갑자기 지나가면서, 나의 조용한 심경을 부딪쳐 와서 헐어버리는 일이다. 매양 이웃에서 서로 알고 지내는 사람이 찾아와 무엇을 물으면 마지못해 대답은 하지만 마음이 매우 즐겁지 않다. 이런 일이 마음속에 쌓인 지가 오래되어 나쁜 버릇이 생겨서 남의 발소리만 듣게 되어도 곧바로 가슴이 두근거리며 두려워하게 되었다.(『잡저』, 「두문불출」)

두문불출하며 사람이 오는 것을 두려워할 만큼 세상이 싫어진 것이다. 유성룡은 이제 세상을 버렸다. 아니 선조를 버린 것인지도 모른다. 그러나 그는 나라를 버리지는 않았다. 백성들도 마찬가지다. 고향인 하회동으로 돌아온 그는 전란 중에 겪은 성패成敗의 자취를 이 나라와 백성들, 그리고 후손들에게 전해야 한다고 생각했다. 전쟁회고록인 『징비록』은 이렇게 탄생한 것이다. 선조 34년(1601) 12월에 다시 서용의 명이 내려졌지만 나가지 않았다. 이듬해 청백리로 명선命選되었지만 역시 개의치 않았다. 미수 허목은 「서애유사」에서 "영의정 이항복이 선생의 이름을 우두머리에 적어 놓고 동석한 사람들을 돌아보면서, '이 어른의 성덕盛德은 한 말로 일컬을 수 없으나 특히 사환仕宦 중 치부했다는 누명을 벗겨야 되겠기에 청백리로 뽑은 것이다'라고 말했는데, 이는 문홍도가 선생을 무고한 일을 말한 것이다"라고 했다.

선조 36년(1603)에 다시 부원군府院君으로 복귀되었으나 유성룡은 바로 상소를 올려 사면시켜달라고 요청했다. 그는 선조가 주는 어

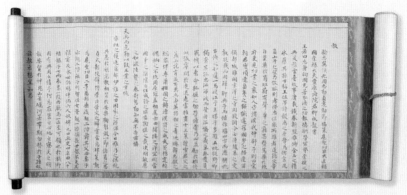

호성공신 교지 호성공신 유성룡에게 노비를 내린다는 교지다. 유성룡은 호성공신에 책봉되는 것을 거부했다.

떤 관작도 사양하기로 결심했다. 선조 37년 호성공신을 책봉하면서 유성룡을 2등공신으로 책봉했다. 문신이 주로 뽑힌 호성공신의 1등은 이항복·정곤수이며, 무신이 주로 뽑힌 선무 1등공신은 이순신·권율·원균이다. 원균은 당초 2등으로 의정했으나 선조가 우겨서 1등으로 올라갔다. 유성룡은 이 역시 상소해서 사퇴하는 동시에 공신녹권功臣錄券(공신명부)에서 자신의 이름을 빼달라고 요청했다. 충훈부忠勳府에서 화가를 보내 공신의 화상을 그려야 한다고 말하자 공신녹권에서 빼달라고 요청한 상태라며 그대로 돌려보냈다.

선조 38년(1605) 정월에 공신들이 모여서 회맹會盟했는데, 유성룡은 물론 불참했다. 3월에 선조가 봉조하奉朝賀의 녹祿을 내렸으나 이 역시 사양했다. 선조는 이를 되돌려 보내면서 몇 차례 더 소명했으나 유성룡은 모두 거부했다. 선조도 유성룡이 자신을 거부한다는 사실을 알아차렸을 것이다. 그러나 방법이 없었다. 벼슬을 거부한

병산서원 조선 광해군 5년(1613)에 유성룡의 학문과 덕행을 추모하기 위해 세운 서원이다.
경상북도 안동시 풍천면에 있다.

다고 죄를 줄 수는 없었다. 유성룡은 선조의 양심에 돌을 던진 것인지도 모른다.

유성룡은 더 이상 세상에 나갈 마음이 없었다. 선조 40년(1607), 유성룡은 병이 중해졌고 4월부터는 병문안도 모두 사양하면서 이렇게 말했다.

"편안하고 조용하게 조화造化로 돌아가련다."

도인의 경지에 접어든 듯한 말이다. 평소에도 그는 "도道를 배울 뜻이 있으면서도 이루지 못한 것이 한이다"라고 말했다. 그 스스로 인생의 목적을 도의 완성에 둔 것이다. 그해 5월 6일, 유성룡은 숨을 거두었다. 향년 66세. 조선조 500년 최고의 재상이라 평가받는 유성룡은 이렇게 세상을 떠났다.

선조는 3일 동안 정사를 정지하게 했는데 선조를 당혹하게 하는 일이 또 발생했다. 『연보』는 '사대부들이 성남城南 옛집 터에 신위를 마련하고 친척상처럼 통곡을 했다'고 전한다. 성남은 남산 남쪽을 뜻한다. 선조를 놀라게 한 것은 시민들이 조정에서 정한 일자보다 하루를 더 철시하면서 눈물을 흘린 것이다. 시민들은 길에서 눈물을 흘리며 서로 말했다.

"우리들이 이 어진 정승을 잃은 것은 어린아이가 어머니를 잃은 것과 같다."

허목의 「서애유사」는 시민들이 4일간이나 시장 문을 닫고 "선생이 없었던들 우리들이 지금 어떻게 살아남았겠는가"라고 말했다고 전한다. 그가 황해도에서 소금을 구워 전라도에서 쌀로 바꾸어 도성에 공급하지 않았으면 굶어죽었을 사람이 얼마인지 알 수 없다. 그가 대동법(작미법)으로 가난한 백성들의 세금 부담을 덜어주지 않았으면 굶어죽었을 백성들이 또 얼마인지 알 수 없다. 양반 사대부들과 싸우면 백성들 편에 서주던 재상이기에 시민들이 자발적으로 하루를 더 철시하는 사상 초유의 일이 벌어진 것이다.

장삿날 사대부와 유생이 4백여 명이나 모였고, 졸곡이 지나도록 술과 고기를 먹지 않은 자도 있었다. 허목은 조정의 늙은 중신이나 숙장宿將, 또는 오래된 관리들이 모두 이렇게 말했다고 전한다.

"선생의 충성과 갈력竭力, 주선이 없었다면 위험에 처해 쓰러져가는 국운을 다시 일으키지 못했을 것이다. 나아가 선조조의 중흥을 이룩하고서 부자, 형제 등 국민들이 서로 삶을 유지하며 호의호식好衣好食하고 편안한 데 거처하며 직업에 종사하는 바가 진실로 선생의 힘이 아니고서 그 누구의 힘이겠는가."

이듬해 2월 선조 이연도 세상을 떠났다. 저승에서 선조는 서애의 낯을 볼 면목이 없었을 것이다. 그렇게 한 시대가 끝이 났다.

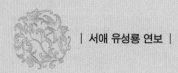

1542년(중종中宗 37)
경상도 의성현義城縣 사촌리沙村里(외가外家 동리)에서 황해도 관찰사黃海道觀察使 유중영柳仲郢의 둘째 아들로 태어나다.(10월 1일)

1558년(명종明宗 13) **17세**
광평대군廣平大君 5세손 이경李坰의 딸과 결혼하다.

1562년(명종 17) **21세**
안동安東 도산陶山에서 퇴계退溪 이황李滉 선생에게서 『근사록近思錄』을 전수받다. 퇴계 선생은 "이 젊은이는 하늘이 내린 사람이다〔此人天所生也〕"하여 유성룡이 장차 대성할 인물임을 예언하다.

1566년(명종 21) **25세**
문과文科에 급제하여 승정원承政院 권지부정자權知副正字로 임명되다.

1569년(선조宣祖 2) **28세**
사헌부 감찰司憲府監察이 되어 성절사聖節使의 서장관書狀官(상사上使는 이후백李後白)으로 명나라 연경燕京에 가다. 이때 명의 태학생太學生 수백 명이 왕양명王陽明과 진백사陳白沙의 학문을 주장한 데 대하여, 유성룡은 설 문청薛文淸이 정통 유학의 종주임을 주장하여 감탄과 존경을 받다. 또한 궁중 서열에서 유생을 도사道士와 승도僧徒의 뒷줄에 세우는 잘못을 지적하여 그 자리에서 시정하게 함으로써 명나라 조정을 놀라게 하다.

1570년(선조 3) **29세**

사가독서의 은전을 받다.

병조좌랑兵曹佐郎 겸 홍문관 수찬弘文館修撰으로 임명되다.

붕당의 징후를 아뢴 전 영의정領議政 이준경李浚慶의 유차遺箚를 문제 삼아 그의 관작을 추탈하자는 공론이 크게 일었으나, 유성룡이 그 부당함을 주장하여 이를 저지하다.

1580년(선조 13) **39세**

노모를 봉양하고자 여러 번 관직을 사양하자, 선조께서 유성룡을 상주 목사尙州牧使로 특명하여 노모를 모시도록 하다.

1581년(선조 14) **40세**

홍문관 부제학弘文館副提學이 되어 왕명으로 『대학 연의大學衍義』를 지어 올리다.

1582년(선조 15) **41세**

사간원 대사간司諫院大司諫이 되다.

우부승지右副承旨에서 도승지都承旨로 특진되다.

사헌부 대사헌司憲府大司憲에 올랐으며, 왕명으로 『황화집皇華集』 서문을 지어 올리다.

1583년(선조 16) **42세**

회재晦齋 이언적李彦迪 선생의 『구경 연의九經衍義』의 발문跋文을 짓다.

경상도 관찰사慶尙道觀察使가 되다.

1584년(선조 17) **43세**

왕명으로 『문산집文山集(송나라 충신 문천상文天祥의 문집)』 서문을 지어 올리다.

예조판서禮曹判書 겸 동지경연 춘추관사同知經筵春秋館事, 홍문관 제학弘文館提學이 되어 향약鄕約을 반포하다.

1585년(선조 18) **44세**

왕명으로 『정충록精忠錄』 발문을 지어 올리다.

포은圃隱 정몽주鄭夢周 선생의 문집을 교정하고 그 발문을 짓다.

1586년(선조 19) **45세**

야은冶隱 길재吉再 선생의 지주 중류비砥柱中流碑의 음기陰記를 짓다.

1588년(선조 21) **47세**

형조판서刑曹判書 겸 홍문관 대제학弘文館大提學, 예문관 대제학藝文館大提學, 지경연 춘추
관사知經筵春秋館事, 성균관사成均館事가 되다.

1589년(선조 22) **48세**

사헌부 대사헌에 병조판서兵曹判書를 겸무兼務하다.

이조판서吏曹判書가 되다.

1590년(선조 23) **49세**

황윤길黃允吉, 김성일金誠一 등을 통신사通信使로 보내 왜국倭國의 정세를 살펴 오게 하다.
우의정右議政에 오르고 이조판서를 겸하다. 명나라에 그릇되게 기재된 조선 왕조 종계宗
系를 바로잡은 공로로 광국공신光國功臣, 풍원 부원군豊原府院君으로 서훈敍勳되다.

1591년(선조 24) **50세**

좌의정左議政에 오르고 여전히 이조판서를 겸무하다.

조정의 많은 반대를 물리치고 왜국이 침공할 조짐을 명나라에 통고하도록 하다.

왜란倭亂에 대비해서 장재將材를 천거하여 정읍 현감井邑縣監 이순신李舜臣을 전라도 좌
수사全羅道左水使로, 형조정랑刑曹正郎 권율權慄을 의주 목사義州牧使로 임명하도록 하다.

조선의 국방체제를 제승방략체제制勝方略體制에서 진관체제鎭管體制로 바꾸도록 건의했
으나, 반대론에 부딪혀 실현되지 못하다.

1592년(선조 25) **51세**

『증손 전수 방략增損戰守方略』이라는 병서兵書를 저술하여 이순신에게 보내 실전에 활용
하도록 하다.

좌의정으로서 특명으로 병조판서를 겸임하다.

도체찰사都體察使로 임명되다.

광해군光海君을 왕세자로 책봉하도록 계청하다.

『근왕 애통 교서勤王哀痛教書』를 널리 반포하고, 왕자들을 각 도道에 파견하여 근왕병勤
王兵을 소집하도록 제청하다.

경상 우병사慶尙右兵使 김성일을 사면하도록 주청하여 윤허를 받다.

왜병의 도성 침입이 임박하여, 왕을 모시고 개성開城에 이르러 영의정領議政으로 임명되
었으나, 일부의 모함으로 그날로 파직되다.

동파역東坡驛에서 "사태가 위급하면 국경을 넘어 명나라로 가자"는 조정 공론을 "나라
를 버리는 계책이다(大駕離東土一步地 朝鮮非我有也)"라고 극력 반대하여 국내 항전 태세를
굳히다.

풍원 부원군으로 다시 서용敍用되다.

평양平壤을 고수하자고 주장했으나 윤허를 얻지 못했으며, 함경도로 거동하자는 공론을
극력 반대하여 의주義州로 파천播遷하도록 하다.

평양까지 침공한 왜군의 전방을 막고 후방을 차단하여 포위하는 유격전을 지령하다.

군수 물자 보급과 명나라 장관將官들의 접대 임무를 맡다.

건주위建州衛(청淸 태조太祖 누루하치)가 구원병을 보내주겠다는 제의를 거절하도록 계청하다.

평안도 도체찰사平安道都體察使로 임명되다.

왜군의 간첩인 김순량金順良 등을 잡아 처단하여 군기 누설을 예방하다.

명군明軍 제독提督 이여송李如松과 안주安州에서 회견하여 평양 탈환을 협의하다.

1593년(선조 26) 52세

명군과 협력하여 평양성을 탈환, 수복하다.

호남에서 운송되어 온 곡식으로 기민飢民을 구제하도록 계청하여 시행하도록 하다.

임진강臨津江에 부교浮橋를 놓아 대군大軍을 건너게 하다.

충청·전라·경상 삼도 도체찰사三道都體察使로 임명되다.

이여송의 대왜 강화 교섭에 항의했으나 명군이 일방적으로 정전停戰하여 왜군이 철수하
자 명군과 함께 서울을 수복하다.

훈련도감訓練都監을 설치하고 장정壯丁을 모집하였으며, 조총鳥銃과 대포 등의 화기火器
로 증강하다.

『기효신서紀效新書』를 본뜬 군병 훈련을 실시하도록 건의하다.

압록강鴨綠江 연안의 중강中江에서 우리나라의 소금·철·은·면포 등과 중국의 양곡을
교역하도록 해서 식량을 확보하도록 하다.

다시 영의정에 임명되었으며, 훈련도감 도제조都提調를 겸무하다.

조선을 더 이상 구원할 뜻이 없는 명나라는 사신 사헌司憲을 파견하여 우리의 국정을 살피고, 명나라가 왜군을 물리쳐주기만을 바라는 선조를 퇴위하도록 하고, 우리 국토의 직접 통치를 강요하는 국서를 보내왔으나, 유성룡이 극력 반대하여 이를 물리치다. 유성룡의 충성심과 지략에 감탄한 사헌은 유성룡이 "나라를 다시 일으킨 공[山河再造之功]이 있다"라고 선조에게 극구 찬양하고, 유성룡으로 하여금 국사를 전관專管하도록 하라는 말까지 하다.

1594년(선조 27) 53세

진관법을 다시 쓰기로 하여 국민군國民軍 제도를 확립시키다.

공물貢物을 미곡으로 대신하여 바치도록 하고, 소금을 증산해서 이를 전매제專賣制로 하여 군량미를 확보하도록 하다.

민심 안정이 난국을 수습하는 기본임을 역설하여, 흩어진 국민들의 생활을 돌보는 안집도감安集都監을 설치하고 도제조로 임명되다.

지방관의 근무 실태를 조사하여 해이해진 관의 기강을 쇄신하도록 건의하다.

대신을 명나라로 보내 왜군의 동정을 알리고 대책을 협의하도록 하다. 『군국 기무 십조軍國機務十條』를 올리다.

연병 사무練兵事務를 병조에서 전담하도록 하다.

문벌·신분·출신지의 차별 없이, 총포銃砲·도검刀劒·기계器械·수학數學·광업鑛業·주철鑄鐵·화약火藥·제염製鹽 등에 유능한 인재를 널리 등용하도록 건의하다.

1595년(선조 28) 54세

한강 유역에 둔보屯堡를 구축하고, 둔전병屯田兵 제도를 설치하도고 건의하다.

소疏를 올려 기축년己丑年(1589)의 정여립鄭汝立 옥사獄事 때 억울하게 죽은 이의 오명을 씻어주도록 건의하다.

경기·황해·평안·함경 사도 도체찰사로 임명되다. 사도 순찰사巡察使에게 군병의 교련을 유시諭示하다.

관영官營의 제철장製鐵場을 설치하여 대포와 조총을 제조하도록 하다.

남한산성南漢山城을 순시하고 승장僧將 사명대사四溟大師(유정惟政)에게 성을 쌓고 창고를 설치하도록 지시하다.

1596년(선조 29) **55세**

군병을 훈련하는 규칙을 제정하여 각 도에 반포하다.

건주위의 침입에 대비하여 북변北邊의 방위를 강화하도록 평안도와 함경도의 순찰사에게 지령하다.

이순신에게 죄를 주자는 의견에 반대하여 사직 상소를 올리다.

청야책淸野策을 채용하여 왜적의 재침에 대비하도록 하다.

1597년(선조 30) **56세**

이순신이 무함誣陷으로 파면될 때 그 부당함을 극력 진언했으나 윤허되지 않아, 그를 천거한 책임을 지고 재차 사직소를 올렸으나 받아들여지지 않다.

왕명으로 경기·충청 지방을 순시하여 민심을 안정시키고, 제장諸將들의 공과功過를 살피다.

1598년(선조 31) **57세**

여러 번 사직 상소를 올렸으나 윤허되지 않다.

명나라 정응태丁應泰의 무주誣奏 사건에 대한 진주사陳奏使를 고사하다.

북인들의 탄핵으로 영의정을 파직당하다.(11월 19일. 이날 이순신이 전사함)

모든 관작을 삭탈당하다.

1599년(선조 32) **58세**

향리鄕里 하외河隈(하회河回)로 돌아오다.

1600년(선조 33) **59세**

직첩職牒을 되돌려 받다.

1602년(선조 35) **61세**

청백리淸白吏로 뽑혀 『염근 청백록廉謹淸白錄』에 이름이 오르다.

『영모록永慕錄』을 찬술撰述하다.

1604년(선조 37) **63세**

『징비록懲毖錄』 저술을 마치다.

다시 풍원 부원군으로 서용되고 호성공신扈聖功臣으로 서훈되다.

충훈부忠勳府에서 공신인 선생의 초상화를 그릴 화사畫師를 보냈으나 나라에 공이 없다고 사양하여 그대로 돌려보내다.

1605년(선조 38) 64세

봉조하奉朝賀의 녹봉祿俸을 사양하는 상소를 올렸으나 윤허되지 않다.

1607년(선조 40) 66세

선생의 병보病報를 접한 선조가 내의內醫를 보내 병환을 살피게 하다.

향리 농환재弄丸齋 초당草堂에서 운명하다.(5월 6일)

부음이 서울에 전해지자 항곡巷哭이 일어났으며 1,000여 백성이 선생의 옛 집터에 모여 통곡하고, 조정에서는 사흘 동안 공휴公休를 선포하고 상민들은 자진하여 나흘 동안 철시撤市하다.

풍산현豊山縣 수동壽洞의 남향 땅에 예장禮葬하다.

선조가 예조좌랑禮曹佐郎 구혜具惠에게 치제致祭토록 하다.

1614년(광해군光海君 6)

병산서원屏山書院에 선생의 위판位版을 봉안했으며, 그 뒤에 남계서원南溪書院, 여강서원廬江書院, 삼강서원三江書院, 도남서원道南書院, 빙산서원氷山書院 등에도 위판이 봉안되다.

1627년(인조仁祖 5)

문충文忠이라는 시호諡號가 하사되다.

(출처 : 국역정본 『징비록』, 유성룡 지음, 이재호 옮김)

난세의 혁신 리더

유성룡

초판 1쇄 발행 2012년 6월 4일 초판 6쇄 발행 2019년 10월 7일

지은이 이덕일 펴낸이 연준혁

기획 설완식

출판1본부 이사 배민수
출판4분사 분사장 김남철

펴낸곳 (주)위즈덤하우스 미디어그룹 출판등록 2000년 5월 23일 제13-1071호
주소 경기도 고양시 일산동구 정발산로 43-20 센트럴프라자 6층
전화 031)936-4000 팩스 031)903-3891
전자우편 wisdom1@wisdomhouse.co.kr 홈페이지 www.wisdomhouse.co.kr

값 19,000원 ⓒ이덕일, 2012 사진ⓒ권태균
ISBN 978-89-93119-43-5 03900

국립중앙도서관 출판시도서목록(CIP)

난세의 혁신 리더 유성룡/이덕일 지음. --고양 : 위즈덤하우스,
2012
p.; cm

ISBN 978-89-93119-43-5 03900 : ₩19000

유성룡(인명)[柳成龍]
조선사[朝鮮史]

911.0553-KDC5
951.902-DDC21   CIP2012002456